U0621252

现代大学体育选项教程

主编 赵永林 叶 鹏 史鲜玲

人民体育出版社

图书在版编目（CIP）数据

现代大学体育选项教程／赵永林，叶鹏，史鲜玲主编
. -- 北京：人民体育出版社，2017
ISBN 978-7-5009-5225-1

Ⅰ. ①现… Ⅱ. ①赵… ②叶… ③史… Ⅲ. ①体育-
高等学校-教材 Ⅳ. ①G807.4

中国版本图书馆 CIP 数据核字（2017）第 205946 号

*

人民体育出版社出版发行

北京俊林印刷有限公司印刷

新 华 书 店 经 销

*

787×1092　16 开本　20 印张　500 千字

2017 年 8 月第 1 版　2019 年 8 月第 3 次印刷

*

ISBN 978-7-5009-5225-1

定价：36.00 元

社址：北京市东坡区体育馆路 8 号（天坛公园东门）

电话：67151482（发行部）　　邮编：100061

传真：67151483　　　　　　　邮购：67118491

网址：www.sportspublish.com

（购买本社图书，如遇有缺损页可与邮购部联系）

《现代大学体育选项教程》

编委会

主　编： 赵永林　叶　鹏　史鲜玲

副主编（按姓氏拼音为序）：

陈　超　陈　岩　巩庆伟　卢澎涛

卫　超　徐金广　杨　桢　张　颖

参　编（按姓氏拼音为序）：

李　丹　李文明　吕广霞　吕延利

孟慧丽　汪士博　王　豫　杨旭峰

张传龙　张　璐

前　言

　　体育教育是高等教育的重要环节，是高等学校文化教育的重要组成部分。高校体育是集大学生身体及心理健康教育、思想道德教育、科学文化教育于一体的一门必修课程，是大学生学习掌握体育知识、技能，增强体质，促进健康的教育活动，是对青年学生进行培育和塑造的一个重要过程。

　　近年来随着高等学校教育改革的不断深化，高等学校的体育教学也面临着巨大的挑战，体育教育更加科学化、制度化、规范化，是未来的大势所趋。体育教育应贯彻落实全国教育工作会议精神，体现"学校教育健康第一"的指导精神，全面实施"阳光体育工程"，落实《全国普通高校体育课程教学指导纲要》，在体育教学过程中切实把增进学生的身心健康放在首位，培养大学生终身体育意识。

　　在此背景下，我们组织了一批有着丰富体育教学工作经验的教师，并结合我国高等学校体育课程改革研究实践，牢牢把握"素质教育，健康第一，以人为本"的指导思想，编写了这本《现代大学体育选项教程》。这本教材主要体现了以下几个鲜明的特点。

　　第一，知识性。按照认知结构的形成与迁移规律，对体育课程的教学内容进行了详细的描述，使学生能够全面掌握体育的基本理论和基本运动技能。

　　第二，可读性。根据高校体育教学课时少的特点，本教材在编写过程中，详细介绍了各项运动的基本技战术，并力求通俗易懂、图文并茂，以便于学生课外自主学习。

　　第三，以人为本。本教材以培养学生"身心健康，体魄强健"为根本目标，着重突出学生的主体地位和健康主题，将体育运动与理论知识联系在一起，以全面提高学生的综合素质能力。

　　由于时间仓促和编者水平有限，书中难免存在一些不足之处，敬请广大专家和读者批评指正。

编者
2017 年 6 月

目　录

第一章　高等学校体育教育

第一节　高等学校体育教育的地位

体育教育是高等教育的重要组成部分，也是我国全面推进高校素质教育的基本内容和重要手段。高等学校体育教育负有为现代社会培养全面发展的高层次人才的使命，同时又是实现社会体育、终身体育的基础体育教育。因此，高等学校体育的社会地位在不断提高，主要表现在以下3个方面。

一、体育与高校全面教育

高等学校体育教育在高等教育中的地位和作用，这是由高等学校体育的结构和功能及社会发展对其教育的要求所决定的。它既是高等学校教育的重要内容，也是高等学校教育的重要手段。《中国教育改革和发展纲要》明确提出："教育必须为社会主义现代化建设服务，必须与生产劳动相结合，培养德、智、体全面发展的建设者和接班人。"实践证明，随着现代体育的多功能特征被社会所确认，以提高人的体力、智力和能力为宗旨的体育教育，已在健全发展劳动者体格、体能、心理与提高民族素质、促进社会生产力发展社会经济等方面充分体现了体育教育的价值和地位。

二、体育与身心健康教育

学校体育教育是全民体育的基础，重视高校体育教育不仅是学校全面教育的需要，更是增进大学生身心健康的需要。高校体育教育是学校后期的身体教育，从大学生生长发育规律及人体发展全过程来看，其身心发展已进入一个较为成熟的阶段。大学生经过青春发育期后，同化与异化作用基本达到平衡，人体生长发育渐趋稳定，身体各器官系统的机能和适应能力均已发展到较高水平，性发育也已成熟，此时正处于人体生命力最旺盛的时期。因此，高等学校体育教育应抓住这个良好的时机，在体育教育过程中将增进学生身心健康放在首位，利用体育教育对大学生的体格、体能、心理和智力等方面进行加工改造，以促进大学生身心健康发展与自我完善，这对提高全民族身体素质和促进全民健身战略的实施都具有重要意义。对大学生来说，应树立健康的意识，养成良好的体育习惯，努力全面提高自身身体素质，获得良好的体能，形成良好的生活方式，这对祛病健体、增进健康等都具有深远的影响。

三、体育与校园文化生活

随着社会物质文化生活水平的提高，人们对体育文化生活的需求日趋强烈，体育日益成为人类现代文明生活中的重要内容。大学生在校期间，更需要文明、健康、娱乐、享受、和谐、丰富的课余文化空间和校园文化生活，使其身心得以健康发展，精神追求也得到满足。大学校园体育活动以其丰富多彩、形式多样的内容和手段来吸引广大学生的参与和观赏，既能使大学生获得享受体育文化的能力，同时又能从直接参与健身娱乐的体育实践中调节生活内容、丰富课余文化生活、改变生活方式、享受精神乐趣。

体育作为社会主义精神文明建设的重要手段，它是文化建设的一项重要内容的一个重要手段。因此，重视校园体育活动的开展，通过丰富多彩、形式多样的体育内容，扩大校园体育教育空间，这对引导学生文明健康生活，抵制精神污染，防止和纠正不良行为具有十分重要的意义。

第二节　高等学校体育教育的作用

遵循教育学观点，高等学校体育教育对大学生的影响深远，在服务于育人方面，既育体又育心，为培养和造就国家需要的高层次合格人才发挥着特殊的作用。

一、增进健康，增强体质，全面发展身体

大学阶段由于大学生各个器官系统的机能和代谢水平处于旺盛状态，整个机体充满朝气，因此高校体育教育充分利用这一年龄段学生的特点，有效促进大学生身体健康发展，改善其对外界环境的适应能力和对疾病的抵御能力，塑造健美的体态，全面发展体能，使体格更加强健、精力更加充沛，为从事长时间和较大负荷的脑力劳动和体力劳动奠定良好的身体素质。

（一）促进身体形态生长发育

身体形态是指人体的概括性外部特征，常用评价指标有身高、体重和胸围等。生长是指细胞的繁殖和细胞间质的增加所造成的形体上的变化，是人体量变的过程。而发育则是指在成长过程中各器官系统、结构的逐渐完善，机能逐渐成熟的质变过程。量变和质变过程都受遗传变异、营养条件和自然生长的影响，体育锻炼能够加速完善这个过程。

（二）提高生理机能水平

生理机能是指人体在新陈代谢的作用下各器官系统的工作能力，通常以脉搏、血压、肺活量等指标来衡量。具有一定水平的生理机能是提高身体素质、掌握完善动作技能的必要条件。

（三）全面发展体能

体能是指人体各器官系统的机能在肌肉活动中表现出来的能力，也称为体适能（Physical Fitness），体能的发展基本上与提高生理机能水平的过程相一致。例如，发展耐

力素质，人体的心血管系统、呼吸系统的机能和肌肉的工作持久性都得到相应的发展。因此，全面发展体能是促进身体形态和生理机能协调发展的一个重要因素。体能是掌握和完善运动技能的必要条件。良好的体能主要通过体育锻炼获得，同时与科学饮食、口腔卫生、休息时间和身心放松等也休戚相关。

（四）提高适应能力

适应能力是指人体在适应外界环境时所表现出来的机体能力，它包括对环境条件的适应能力、应激能力和对病菌的抵抗、免疫能力。经常在各种气候和环境条件下进行体育锻炼，能改善身体体温的调节功能，从而提高对外界环境变化的敏感度，增强应付各种复杂多变环境的能力。同时，由于运动能促进人体血液循环，加速新陈代谢，提高造血功能，增强免疫力，从而提高人体对各种疾病的抗御能力。

二、掌握体育知识和技能，培养体育能力

体育知识是在运动实践中认识和经验的总和。体育知识是学习和掌握运动技术、技能，并且有效运用的先决条件。高校体育教育在系统传授体育知识、技能和培养体育能力的过程中，充分利用大学生抽象思维能力较强、分析综合能力较高、求知欲望强烈、接受和理解知识较为深刻的有利条件，使大学生深刻理解体育的概念、功能、作用和价值等，掌握运动项目特征，加速体育技能的形成，掌握科学的锻炼方法，在体育实践中不断增强运用体育知识能力和自身体育运动能力，提高体育文化素养和体育审美能力，培养良好的锻炼习惯，并能更有效地进行自我体质评价与自我调节，学会健康地生活，使其终生受益。

三、体育在德育发展中的作用

体育是促进高校德育教育的重要手段。由于体育本身具有教育性，加之自身的特点，决定了体育活动更有助于人们良好思想品德和道德行为的形成，为进行德育教育提供了可能性。体育教育中的德育教育内容极其丰富，对人的教育作用是多方面的。它不仅影响着人的身体，而且还影响着人的思想品德和精神。体育对促进德育发展所起的积极作用如下。

第一，激烈的体育活动过程中，人际间行为关系变化频繁，互动作用强烈，情感流露真实，是进行针对性地教育的最佳契机。同时，参与体育活动的过程也是一个自我调节、自我控制、自我发展完善的过程。

第二，运动中的许多项目需在特定的器械上或环境中进行，要求练习者克服种种生理上和心理上的障碍，这有利于培养人的勇敢、顽强、果断、坚毅和勇于克服困难的优良心理素质。

第三，体育的一个显著特点是竞争性强，在公正的条件下，它既是技术、战术的竞赛，又是体育道德风尚的竞赛。通过各种体育竞赛活动，有利于培养学生遵守规则、竞争拼搏、不骄不躁、尊重裁判、尊重对方、与同伴协作等优良品质和作风。

第四，通过介绍我国现代体育的发展史，学习体育健儿为国争光的爱国主义思想和努力拼搏的精神，并从优秀运动员具体事例中受到感染，从而获得教育。

四、体育在智育发展中的作用

智力是在掌握人类知识经验和从事实践活动过程中发展起来的，它是先天素质、社会历史遗产、教育影响以及个人努力等因素互相作用的产物。体育是智力增长和发展不可缺少的重要因素。体育是身体的实践活动，如果缺乏这种活动，智力发展就会受到阻碍。运动可促使大脑功能加强，促使脑的潜在智力得以更好地开发，这对大学生来说是开发自身资源的需要，也是体育对智力开发的核心。体育为智力的增长和发展提供有利条件，同时它本身也是对智力要求很高的身体活动。运动技术的高难度性、战术配合的默契性和造型的艺术性，正是逻辑思维和创造思维的具体体现，是人类智慧的结晶。敏捷性、自主独立性和控制性思维也同时体现在体育活动中。这些都是体育运动中体力与智力同步发展相结合的表现形式。

五、体育在美育发展中的作用

美育发展的目标在于完善人的审美心理结构，通过审美的感知力、想象力、理解力以及审美趣味和审美理想进行心灵的雕塑。人的体质结构是审美心理结构的物质基础，体质结构的改善将直接影响审美心理的健全与发展，因此体育对美育发展起着独特的促进作用。体育以丰富的、美的内容和寓美于教的独特教育形式来发展学生的社会主义审美观。许多体育项目就是体育与艺术、自然科学和美学的结合，它的各种技术动作能使人体美得到充分的展示，技能水平越高，则越能表现出运动美的力度，给人以健、力、美的享受。这些生动、鲜明、具体和优美的形象同时富有很强的感染力，使人们在知觉意识上不断产生连锁反应，即欣赏羡慕—向往思维—自觉实践，这种情绪心理起着激发作用，有效地促进美育的发展。通过全面的体育锻炼，不仅使人体各部分骨骼和肌肉都得到均衡协调发展，获得健美的身体形态，精神饱满、精力充沛的整体形象，而且还使人们懂得动作美、仪表美和行为美、心灵美是和谐统一的，提高人的感受美、鉴赏美、表现和创造美的能力。

第三节　高等学校体育教育的目标

高校体育教育目标是指在大学阶段，通过体育实践和理论知识的传授所应达到的预期的体育教育效果。高校体育教育目标的确定，必须根据现代社会的发展对高层次人才的要求和大学生身心的发展特点来考量，把实现教育目标和终生教育联系起来，以满足社会需要和学生群体的需要。

一、高等学校体育教育的目标体系

（一）高等学校体育教育的总体目标

高等学校体育教育以"育人"为宗旨，培养大学生的体育意识和建立正确的体育观念，提高体育能力，增强体质，促进身心全面发展，使其成为我国社会主义现代化建设所需要的身体健康的高层次合格人才。高等学校体育教育的总体目标从根本上反映了体育的本质特征，并影响着高校体育教育的全过程，同时也体现了我国社会教育和体育发展的基本要求，以及大学生主体的需要。

（二）高等学校体育教育的具体效果目标

根据总体目标的要求，为了便于检测和评价，可以通过下列具体效果目标来反映高等学校体育教育的效果。

（1）能较为系统地掌握体育锻炼中的保健、卫生以及与健康生活有关的基本知识，正确认识体育对人类及当代社会的重要意义和作用，增强体育意识，提高体育文化素养，学会科学锻炼身体的技术、技能和方法，获得从事体育运动的基本能力，养成终身锻炼的兴趣和习惯，为自身的全面发展奠定良好的基础。

（2）有效地增强体质，促进大学生身心健康发展，达到《大学生体育合格标准》和体育教学过程中规定的指标和规格要求。

（3）通过各种形式的体育培养过程，对学生进行政治思想、社会道德行为准则和体育审美的教育，培养服从组织、遵纪守法、团结合作、热爱集体、勇敢顽强、拼搏进取、敢于竞争及开拓创新等优良品质，加强学生个性发展和健康心理品质的培养，促进个体社会化进程，以促成学生文明、健康、科学生活方式的形成。

（4）通过课余运动训练和体育竞赛，满足学生对运动竞技的需求，推进校园体育活动和促进全面健身运动的开展。有条件的高校可组建高水平的运动队和运动俱乐部，对竞技体育才能较高的和有培养前途的学生进行系统的运动训练，提高专项运动技术水平，为国家竞技运动输送人才，在国内外体育比赛中发挥应有的作用。

二、大学生体育规格

体育规格是对学生体育教育的规定和要求，是国家教育方针、高校培养目标在身体教育方面规范化的具体体现。高等学校体育规格的建立，有助于加强学校体育教育的规范化、科学化管理，有利于发展学生身体，促进学生德、智、体和谐统一地发展。

（一）体育思想规格

（1）具有终身体育锻炼的思想和正确的体育观念。

（2）明确高等学校体育教育的地位、作用和教育目标。

（3）能正确处理好德、智、体三者间的关系，并能用以指导日常学习和工作实践。

（二）体质规格

（1）身体形态发育水平：体格健壮，身体发育匀称和谐，姿态端正（包括正确的站、立、走姿势），用维尔维克指数评定，达到《大学生体育合格标准》。

（2）身体机能：神经系统有较高的兴奋性和灵活性，思维敏捷；心血管功能较强，肺活量指数达到《大学生体育合格标准》。

（3）身体素质：一般身体素质要达到《国家体育锻炼标准》，耐久力较强，反应敏捷；视力达到视力等级正常标准（≥1.0）；精神状态良好。

（三）体育知识规格

体育知识规格是学校体育教育所传授的、学生均应具备的体育基本理论知识和体育卫生保健知识的内容与要求。

（四）体育能力规格

体育能力规格包括运动能力、终身体育锻炼能力、体育组织与管理能力、体育环境和条件的创造能力和适应能力等。

综上所述，大学生体育规格是一个完整的统一体，具体规格之间相互联系。其内容体系是根据体育的特点，以育人为宗旨，定性与定量相结合，具有一定的客观性、科学性和可操作性。

第二章 体育与人类的需要和发展

第一节 体育的产生和发展

一、体育的产生

人类体育活动的历史与人类社会的历史一样悠久，有人类即有体育，故体育为人类生活中的要素。任何生物欲适应其环境，必须要有运动，此种运动即为"体育"。在漫长的原始社会时期，原始人在极其艰险的生活条件下，逐步掌握了跑、跳跃、投掷、攀登、爬越、游泳以及其他技能，但这些技能的掌握目的只有一个，就是为了生存，还没有达到锻炼身体或增强体质的层次。用历史唯物主义观点来分析，原始人当时掌握的这些技能既是劳动活动，也是生活技能。而这些又都是现代体育的前身，现代体育正是从这些活动中脱胎而来。

二、体育的发展

（一）体育是人类心理和生理的需要

人是自然和社会的结合体，是唯一兼有自然属性和社会属性的动物。体育的发展与人类的心理、生理需要更是密不可分。同时，原始人类行为与原始体育也有着密切的联系。原始人类由于认识能力的低下，产生了各种崇拜意识，常用身体动作（如舞蹈、模仿狩猎劳动过程等各种形式）来表示对神的虔诚，试图影响自然力量，体育就是从中发展起来的。

（二）体育是军事发展的必然产物

体育的发展与军事的发展有着密切关系。人类发展的历史，常常伴随着战争。从史前时代部落间为争夺土地、牧场和血亲复仇引起的暴力冲突，到原始社会末期以掠夺财产为目的的奴隶战争，都不断推动着人们积极从事军事操练和与之有关的身体训练。因此，体育的发展直接受军事发展的影响。统治者为了提高士兵身体素质和掌握武器的使用方法，使之接受的训练有队列（阵法）、格斗、摔跤、弓箭、举重（耍石锁）、马术等。体育作为军事训练的辅助手段，对提高士兵的体力和意志品质具有重要意义，这些辅助手段不仅丰富了体育的内容，而且使体育的一些项目得到了广泛的发展。

（三）体育与教育相辅相成

体育与教育的发展是紧密联系的。体育从诞生之日起，就是教育的一个组成部分，是教育的基本内容之一。在社会主义的中国，毛泽东同志曾指出："我们的教育方针，应该使受教育者在德育、智育、体育几方面都得到发展，成为有社会主义觉悟的、有文化的劳动者。"随着社会的不断发展，对在学校教育中所采用的体育内容和组织方法的要求日益提高，从而也就促进了体育的发展。

（四）娱乐活动使体育活动更加丰富

在人类社会的不断发展中，体育的一些项目是在人们娱乐活动中发展起来的。各种游戏活动，以及在各民族之中流行的带有民族色彩的一些体育项目都是休闲的娱乐项目，如清明踏青、放风筝、荡秋千、拔河以及端午节赛龙舟等。另外，体育的内容也是在生产、生活中发展起来的，如打猎、钓鱼、划船等。当人们认识到体育活动具有增强体质、防治疾病、延年益寿等功能后，总结出了一些有益于身心健康的体育活动。

（五）体育是社会和科技的进步成果

体育随着社会和科技的不断进步而发展。从古代体育到近代体育，再到今天的现代体育，人们对体育的热情也随着体育综合体系的完备、社会公益事业的发展，以及健身、养生的需要而不断高涨。随着社会经济的繁荣和人民生活水平的提高，人们的体育知识和体育意识不断加强，体育运动已经成为人类社会不可缺少的重要组成部分。

第二节　体育的功能

体育的功能是指体育系统所具有的作用、行为、能力和功效等。体育功能的存在与发挥，取决于其本身的特点和社会需要的激励。体育除具有促进人的自然属性发展作用的健身本质功能外，还是促进人的社会属性全面发展的重要手段，同时还具有教育、娱乐、社会情感、社会交往、政治、经济等派生功能。

一、体育的健身功能

强身健体是体育最主要的本质功能，科学的体育锻炼对增强体质所起的作用是至关重要的。体育实践证明，人体在科学的体育锻炼影响下，在改造人体器官、系统方面所起的积极作用，不仅有利于人体骨骼、肌肉的生长和改善，促进形体良好变化和内脏器官正常发育，而且有利于增强人体对外界的适应能力，使血液循环、呼吸、消化、排泄等系统机能状况得以改善，提高人体的适应和防卫能力。另外，系统的体育锻炼对发展人体力量、耐力、灵敏、柔韧等基本身体素质和人体的基本活动能力都有着十分明显的功效。这些表明，当人体生理机能、身体素质、基本活动能力水平得以同步提高和发展时，人体就可能充分发挥潜在的运动功能，改善对环境的适应能力，最终达到增强体质的目的。此外，体育对人的精神健康所起的积极作用是至关重要的。通过各种体育手段和方法，可以锻炼意志、增强信念、催人进取、培养集体观念、协调人际关系、促使心理调节能力得以提高，同时也有利于各种不健康的心理因素在体育活动中得以及时排除。通过人体中枢神经的良性调节，使个体与环境达到和谐统一，使个体变得轻松、活泼，以利于精神健康，并使身体健康得到良好维护。

二、体育的教育功能

教育功能是体育最基本的社会功能，就其作用的广泛性而言，它对社会所产生的影响是巨大的，各种社会现象都孕育着教育的因素。体育的教育功能集中表现在学校教育体系之中。尽管世界各国的社会制度、政治观点和意识形态不尽相同，但是充分发挥体育在教育中的作用的目标是不约而同的。

（一）学校教育

学校体育教育是学校完整的教育过程和体系中不可缺少的组成部分。体育在学校这个特定领域里，对全面培养和发展人才所起的重要作用是显而易见的。学校体育教育采取体育课、课外体育活动、运动训练和体育比赛等各种组织形式，以其本身的动态特征，充分发挥教育作用的空间，利用身心共同参与体育过程的有利条件，对参与者进行体育素质教育，以达到促进个体生长发育、增进健康、增强体质、提高身体素质和身体基本活动能力的体育教育目标。同时，学校体育教育与德育、智育紧密配合，对受教育者进行思想政治、意志品德和道德情操的教育，使学生通过学校教育成为新一代全面发展，能适应未来社会工作和生活需要的人才。

（二）社会教育

就社会教育意义而言，由于体育运动具有活动性、群聚性、国际性、技艺性、竞争性和礼仪性等特点，使它成为传播体育价值观的一种理想载体，在激发人们的爱国热情、振奋民族精神，以及培养社会公德和教育人们应与社会保持一致等方面具有非常重要的意义。运动竞赛场上的竞赛礼仪形式、激烈竞争与拼搏的气氛、高超的技艺、比赛胜负结果和赛场内外产生的极其复杂的感情交流等因素往往能够激发人们的荣誉感、责任心、集体观念、民族意识和奋发向上的进取精神，使人们受到极大的教育和鼓舞，由此被诱发的社会情感教育因素，使体育的社会影响变得更加深刻，产生不可低估的社会教育作用。例如，我国 1990 年举办的北京亚运会，举国上下以高昂的热情投身其中，那种为亚运会奉献的精神，严密、高效、卓越的组织工作能力，尤其是在亚运会实践中创造的北京亚运精神，不但表现了中华民族的自尊、自强和自信，更提高了国家的国际威望，也进一步增强了全国各条战线争创一流的现代化意识。再如，在 2008 年北京奥运会上，我国运动员经过顽强拼搏，获得 48 枚金牌、22 枚银牌、30 枚铜牌，位居金牌榜第 1、奖牌榜第 2，实现了历史性突破。这使全国人民包括海外华人、华侨无不为之感到自豪，由此产生了中华民族空前的民族凝聚力。可见，体育运动已远远超越其本身的价值，是一种有效的教育手段，对整个社会的教育作用是非常广泛而深刻的。

三、体育的娱乐功能

体育的娱乐功能是因人们精神文化生活的需求而客观存在的，娱乐身心、充分享受生活乐趣一直是人的心理需要不可缺少的内容，所以体育的娱乐功能也是被人类挖掘和利用较早的社会功能。

随着社会的发展，物质生活不断丰富，人们的闲暇时间逐渐增多，急需社会为之提供丰富多彩、积极健康的娱乐方式来善度余暇。让身心在欢悦中获得积极的休息，并达到净化情感和充分享受生活乐趣的目的，这将越来越成为社会的共识。而体育对解决这一社会性问题起到重要的作用，从而使体育的娱乐功能得到发挥。比如，观赏现代体育运动，特别是竞技运动，运动技艺已达到了尽善尽美的程度，使健、力、美高度统一，加之和谐的韵律、鲜明的节奏、默契的配合、完美的艺术造型，使体育观赏给人以健与美的艺术享受和情感满足；而参与体育运动，在完成各种动作练习的过程中，在与对手的竞争中，在与同伴的默契配合中，在与自然的挑战中，自然而然地体验和享受创造人生价值的乐趣，从而使其由工作带来的紧张情绪迅速缓解，在和谐的氛围中获得精神快感，正因为体育运动如此富有魅力，所以它作为最理想、最健康的娱乐方式，来满足社会各个层次人们的心理和生理的需要，将越来越受到人们的青睐。从目前身心娱乐的发展趋势来看，随着自娱性休闲体育的出现，体育的娱乐功能日益突出，将导致现代体育的基本结构产生新的变化，使体育向自娱消遣的形态转移。

四、体育的政治功能

体育作为一种特殊的社会现象，既有不属于上层建筑范畴的部分（如运动技术、战术，教学训练的原则、方法，器材、场地设施等），也有属于上层建筑范畴的部分（如体育的目的和任务、政策法令、制度等）。因此，体育与政治始终有着客观存在的相互联系，受到政治的影响、指导和制约，服从政治的需要，同时也对政治产生巨大的影响。由于体育本身的特点，使体育具有体现政治方面的灵活性，它既可作为正义的政治宣传手段，又可被某种政治欺骗目的所利用。

综观体育史的长河，《神圣休战条约》，开创了体育为政治和平服务的先河。第 11 届奥运会被笼罩在纳粹法西斯主义的不祥气氛之中，为法西斯分子提供了难得的反动政治宣传机会。又如，体育在宣传民族自强及爱国主义精神方面的政治作用更加微妙。1984 年洛杉矶奥运会开幕式上美国在绿色草坪上用人群组成的美国地图和飞机在蓝天撒出"USA"的字样，充分渲染了自己的爱国热情。在我国成功举办的第 11 届亚运会和 2008 年北京奥运会中，同样表现出全国人民热爱祖国的高度政治热情。再如，体育在维护国家主权和民族尊严方面的政治立场比较鲜明。1956 年我国毅然宣布不参加第 16 届奥运会是为抗议国际反华势力制造"两个中国"的政治阴谋；非洲国家体育组织抵制 1976 年蒙特利尔奥运会是为抗议民族歧视；中国"乒乓外交"促使中美关系正常化；为苏伊士运河争端寻求外交同情，埃及和部分阿拉伯国家在第 16 届奥运会上曾拒绝与美国、法国及以色列运动员比赛。像这样为提高国际地位和达到某种政治目的而利用体育为本国外交政策服务不乏其例。

由此可见，体育的政治功能主要表现在以下 3 方面。

第一，体育是一种超越语言和社会障碍的"国际语言"，通过国际体育交往，可以增进世界各国人民之间的友谊和团结，加强国际间的文化交流，为外交政策服务。

第二，利用国际比赛为国争光，提高民族威望和国际地位，振奋民族精神。

第三，通过国内体育竞赛活动，特别是全国性的大型运动会，能加强各民族间的联系，增进友谊与团结，激发爱国热情。

五、体育的经济功能

体育与经济的相互促进作用决定了体育的经济功能的存在，体育的经济功能是近代才被认识和开发的社会功能。国民经济制约着体育的发展，发展体育又直接有力地促进着社会经济的发展。体育与经济的相互促进作用，构成了体育经济功能的内涵。经济学家认为，生产力的提高是社会经济发展的重要标志，所以，在对生产力进行评价时，人的素质（身体素质、文化素质、道德素质）是最主要的衡量标准。而身体素质作为人诸多素质的物质基础，显得至关重要。因此，体育对发展劳动者体力的作用被世界各国格外重视，以期减少发病率，达到促进社会生产力提高的目的。体育能促进社会经济效益的发展，其经济功能最初是由体育的健身作用所决定的，通过提高国民身体素质，从而再转化为劳动生产力，因而，重视体力方面的投资与科研，将有力地促进社会经济的发展。

在高度发达的商品经济社会里，群众性体育活动正由行政型向社会型转变、事业型向经营型转变、福利型向消费型转变，体育的发展对国民经济的直接促进作用更加明显。体育作为第三产业以劳务形式向社会提供服务消费，其所产生的经济价值和体育的普及程度必然刺激体育产业的迅速发展，使之在国民经济中逐渐形成一个庞大的体育产业。当前，一些经济发达国家非常重视发挥体育的经济功能，使体育表现出鲜明的商业化倾向，如利用国际体育竞赛、商业性体育旅游、体育娱乐、体育健身、竞技观赏型体育等多种途径获得体育经济效益。同时，利用竞技体育与商品经济利益的密切联系来刺激科技、工业、旅游、商业、交通、新闻出版等行业的发展，增加国民经济收入。在我国，体育的经济功能已经得以充分发挥，并在不断挖掘内在潜力的同时寻求各种商业性体育的新的经济增长点。

第三章 体育卫生与保健

第一节 健康概述

一、健 康

（一）什么是健康

20世纪30年代，美国健康教育学专家鲍尔（Bauer W. W）和霍尔（Hull H. C）指出："健康是人们在身体、心情和精神方面都自觉良好，活力充沛的一种状态。"1948年，世界卫生组织（World Health Organization，WHO）明确指出："健康不仅是免于疾病和虚弱，而且是保持身体上、精神上和社会适应方面的完美状态。"

世界卫生组织根据健康的新含义，曾经提出健康的10条标准。

（1）精力充沛，对担负日常生活和繁重的工作不感到过分紧张疲劳。

（2）乐观，积极，乐于承担责任，工作效率高。

（3）善于休息，睡眠良好。

（4）应变能力强，能适应环境的各种变化。

（5）抗疾病的能力强，能够抵抗一般性的感冒、传染病等。

（6）体重适当，身体匀称。站立时，头、肩、臂位置协调。

（7）眼睛明亮，反应敏锐。

（8）牙齿清洁，无空洞、无痛感、无龋齿、无出血现象，齿龈颜色正常。

（9）头发有光泽，无头屑。

（10）肌肉丰满，皮肤富有弹性，走路、运动感到轻松。

综上所述，人的健康标准大致可概括为3个层面：身体健康、心理健康和社会适应良好。一个人只有同时具备了这3个条件，才称得上是完全健康的。

（1）身体健康，指人在生物学方面的健康，即机体完整或功能完善。同时，还要掌握常见健康障碍和疾病的预防、治疗的基本知识，并能采取合理的预防、治疗和康复措施。

（2）心理健康，指人的内心世界丰富充实，处事态度和谐安宁，与周围环境保持协调。心理健康包括两层含义：其一是自我人格完整，心理平衡，有较好的自控能力，有自知之明，能正确评价自己，及时发现并克服自己的缺点；其二是有正确的人生目标，不断追求和进取，对未来充满信心。

（3）社会适应良好，指一个人的外显行为和内在行为都能适应复杂的社会环境变化，能为他人所理解，为社会所接受，行为符合社会身份，能与他人保持正常的人际关系。

（二）什么是亚健康

现代医学将健康称作"第一状态"，疾病称作"第二状态"，将介于健康与疾病之间的生理功能低下的状态称作"第三状态"，也称"亚健康状态"或"中间状态"。亚健康状态一般指机体虽无明显疾病，却呈现出活力下降，适应能力不同程度减退的一种生理状态。专家认为，亚健康状态包括不良的心理行为、低迷的精神状态、对社会的不适应以及身体各部位的某种不适等。具体表现有情绪低落、心情烦躁、忧郁、焦虑、失眠、头晕、头痛、疲劳、慢性咽痛、淋巴结肿大、肌肉关节疼痛以及反复感冒等一系列难以用某种疾病予以解释的症候群，而身体检查又无重大异常。

要克服亚健康状态需要做到以下几点。

（1）均衡营养，克服不良的生活习惯。一些坏习惯如吸烟、过度饮酒、睡眠不足、不吃早餐、经常熬夜等，正是人体出现亚健康状况的源头。平时要及时调整生活规律，合理搭配营养，保证充足睡眠。

（2）增加户外锻炼，保证每天有一定的运动量。运动能够转移人的注意力，能够在现代生活紧张和节奏过快中享受一份特有的放松。适量的运动能够及时消除工作和生活中的疲劳感，而且有助于睡眠。

（3）提高自我保健意识，并有针对性地选用保健品。要克服亚健康状态首先要有自我保健意识，并能针对自己的亚健康状态分析原因，及时纠正。另外，有目的地服用一些适宜的保健品，可以帮助克服亚健康状态。例如，工作紧张繁忙，经常处于疲劳状态时，可服用西洋参含片缓解疲劳，增强身体的免疫力；经常睡眠不好的人可服用松果体素片睡个好觉来消除疲劳，保持每天的好心情。

（4）注意身心健康。现在社会竞争激烈，工作和生活节奏加快，人们的心理压力不断增加，精神压力也不断增大。如果不及时排解，将导致心理失衡、神经系统功能失调、内分泌紊乱，引起各种疾病。保持健康的心理状态，提高心理素质，是抵御疾病的有力武器。我们应该有科学的人生观、价值观，淡泊名利，知足而乐。

（三）影响健康的因素

影响健康的因素很多，概括起来有先天因素和后天因素2种。

（1）先天因素主要是来自于遗传。遗传是指子代和亲代之间在形态结构以及生理功能上的相似，是一切生物共有的基本特征。遗传除了影响人的自然寿命外，在人的生长发育过程中，身高、体重、皮下脂肪、血压等多项形态和生理指标都有不同程度的家族性倾向，尤以身高最为明显，而遗传病是当前医学领域中严重危害人类健康的疾病之一。

（2）后天因素包括认知水平、饮食和起居、气候因素、社会环境因素等。

①认知水平。"意识主导理念，理念主导行为"，有宏观与正确的意识，才能指导正面而有意义的行为。平时关注自身健康，注意身体的需要，及时注意身体传递给自己的各种需要的信息，并对之做出反应，即具有自我保健的意识和常识，做到定期体检，有病及时就医。

②饮食和起居。饮食和起居是身体健康的重要保证。身体健康的人，常得益于良好的生活方式，比如不吸烟、节制饮酒、每天吃早餐、注意饮食营养、维持正常体重、保证高

质量的睡眠，以及坚持中等负荷的体育锻炼。保证有适量的社交活动。

③气候因素。生病的诱因主要表现为风、寒、暑、湿、燥、火6种因素侵袭人的身体，例如，春天多风，常发风温；夏天炎热，多发热病、中暑。实际上，一定的地理环境会导致一定的气候变化，如居西北之地，气候多风多寒；江南沿海，气候湿热，因而对健康的影响有所不同。

④社会环境因素。社会经济发展状况、社会秩序、伦理道德、风俗、教育等因素构成的社会环境都可能直接或间接地影响人的健康状况。

（四）身体素质及其测试

身体素质包括2大部分，分别是身体运动素质和身体健康素质。

身体运动素质通常是指在中枢神经系统的指令下，人体在体育运动中所表现出来的力量、速度、耐力等机能能力。身体运动素质包括肌力、耐力、关节柔韧性、速度、敏捷性、平衡性和协调性。这些能力是由机体的形态结构、机能水平、物质能量储备及其代谢水平所决定的。而身体健康素质更能代表人体的综合健康状况，它反映了人们在日常生活中表现出来的身体机能能力。身体健康素质包括身体成分，心血管系统的功能，肌肉的力量、耐力和身体的柔韧性。

1. 身体运动素质与身体健康素质的关系

体能就是人的心脏、血管、脏腑及肌肉组织等都能发挥有效作用时机体所表现出的能力。其中，心血管系统健康状况、身体成分与健康的关系较为密切，应归类于身体健康素质；而速度、力量等素质则主要决定运动能力，因此应归类于身体运动素质。

有关体能、身体健康素质、身体运动素质的概念及其相互关系，还有很多不同的观点。

第一种观点认为，体能是指一个人的工作能力及有余力从事休闲活动；同时认为一个人的健康应包含5部分，即社会、心智、情绪、精神和身体。当上述5种健康要素处于平衡状态时，才可以说是健康状况良好。而健康体能计划，应该以获得均衡发展为目的而制定。

第二种观点认为，个体的体能是指外在与内在活动的能力（运动能力只是其中的一部分），内容包括个人的特性及运动能力表现出的特征，如肌力、耐力、柔韧性、敏捷及速度等。若专指运动素质来说，所强调的是肌力、耐力、柔韧3项。而身体健康素质是指身体各生理系统的状况，表现在能有效率地承担身体工作任务的能力，绝不是包含所有的要素。

还有一种观点是从运动生理学的角度分析，认为健康体能应表现代谢能力（作业时能量的产生）、肌肉系统效率（机械作业的能力表现）、循环与呼吸系统效率（氧气传输效率）。而且认为要促进健康体能，需通过运动训练的方式来调整人体的生理功能，并制订系统的运动训练计划。

综上所述，体能是衡量人体体质强弱的重要标志之一，是指人体各器官系统的主要生理功能以及在体育活动中表现出来的能力，包括力量、速度、耐力、灵敏、柔韧等基本身体素质，以及走、跑、跳、投、攀、爬、悬垂、支撑等基本活动能力。发展体能的目的：一是促进个人身体健康，二是有效提高人体对活动的适应能力。内容方面，则因个体需要的差异而有所不同。然而，无论是与健康有关还是与运动能力有关的素质，彼此间均有交融，很难截然划分，而且都要通过有计划的训练才能改善。

2. 身体健康素质测试

身体健康素质是与身体健康关系密切的一些要素，包括身体成分、心肺循环系统的功能、肌肉的力量和耐力、柔韧性，而体质测试正是围绕提高这几个要素来开展的。

（1）身体成分。人体由骨骼、肌肉、脂肪等组织及内脏器官组成，人体的体重也就是这些组织和器官重量的总和。可通过测量去脂体重来测定人体体脂含量。身体成分通常以体脂百分数来表示。

（2）心血管系统的功能。心血管系统由心脏和各种血管及其中的血液构成，其功能是将消化系统吸收的营养物质和肺吸收的氧气运送到全身各器官、组织和细胞，并将它们的代谢产物，如二氧化碳、尿素等运到肺、肾或皮肤等器官，排出体外，保证人体新陈代谢的正常进行。

（3）肌肉的力量和耐力。肌肉力量就是肌纤维收缩时所产生的力，它是力量性活动的基础。研究证明，肌肉力量的大小与肌肉生理横断面的大小密切相关，和性别、年龄没有直接关系。女性的力量不如男性，是因为女性的肌肉不如男性粗大。

（4）柔韧性。柔韧素质是指跨过关节的肌肉、肌腱、韧带的伸展能力，即关节活动幅度的大小。儿童的骨骼和肌肉弹性好，关节韧带的伸展度大，所以年龄越小，柔韧性越好，女孩比男孩柔韧性好。

身体素质测试通过测试指标来体现，测试指标有身高、标准体重、台阶试验指数、肺活量体重指数、立定跳远、握力体重指数、仰卧起坐、坐位体前屈等。

二、健康教育的目的和要求

健康教育是指有计划地通过传播和教育等手段，动员全社会和各类人群参与，使人人拥有维护健康的意愿、知识、技能和行为的教育活动。通过健康教育可以消除或减少影响健康的因素，降低人群发病率、伤残率和死亡率，提高人们的生活质量。

（一）健康教育的目的

健康教育的目的主要有以下4点。

1. 了解健康新概念，树立健康意识

在我国，大多数人还未接受健康新概念的教育，仍认为无病就是健康，甚至有些人认为头痛发热无关紧要，更没有定期进行体检的习惯和要求。学生时代正是身体生长发育的关键时期，在一般人的眼中，学生是最健康的群体，而他们也以年轻为资本，忽略自身的保健，从而埋下了疾病的隐患，可能造成终生影响。因此，健康教育的首要任务就是要宣传健康新概念，帮助人们树立强烈的现代健康意识，使他们了解现在和未来的健康需求。

2. 学习和吸取卫生知识，提高自我保健能力

了解与健康有关的知识，是促使行为改变的基本条件。因而，加强对学生的卫生知识教育，提高学生的自我保健能力，是健康教育的又一要求。

3. 改善生活方式，形成健康行为

生活方式是指个人和社会的行为模式。生活方式虽然受到自然环境和社会环境的影响，但又是可由个人选择及控制的。众所周知，心脑血管疾病和癌症已成为人类因病死亡的主要原因，而不良行为和不健康的生活方式又在这其中起着巨大的作用。

4. 重视环境因素，增强维护健康的责任感

环境污染造成生态环境的持续恶化，已成为影响人类健康的一大因素。改善健康必须改善环境，这已成为人们的共识。为做好环境保护工作，应进行环境教育，阐明环境与健康的关系，把有害健康的主要环境因素及其作用过程与规律等正确地传授给人们，使每个人熟知在环境保护中应尽的义务。

（二）健康教育的要求

鉴于以上目的，对于健康教育提出了以下要求。

（1）作为一种有计划、有目的、有评价的教育活动，健康教育帮助和鼓励人们树立增进健康的愿望，促使人们采取有益于健康的行动，形成健康的生活方式，以消除或降低危险因素的影响，创造健康的环境，并学会在必要时寻求适当的帮助，从而达到保护和促进健康的目的。

（2）健康教育不仅着眼于生物体的人，更重要的是看到人所具有的社会性的一面，即教育对象是受社会道德规范和法律约束、受社会文明程度影响、与社会不可分割的人。健康教育的任务是要使人类达到身体上、精神上和社会适应方面的完美状态。

（3）健康教育还要促进人们树立高尚的人生观，形成科学、文明和健康的生活方式，为社会环境以及生产、生活条件日益向有益于健康的方向转化做出应有的贡献。

第二节　体育与健康文明生活方式

体育运动之所以能在现代人的生活方式中占有显著的地位，在很大程度上与它本身的特点和所具有的社会功能分不开。由于它表现了人体美、动作美、技巧美、心灵美等多种美的形式，由于它的形象性、感染性、创造性等特点和特殊魅力，不仅能给紧张提供"缓解剂"，舒展肢体，消除疲劳，调节心理平衡，满足精神文化生活的需要，而且还可以陶冶情操，愉悦身心，培养高尚的审美情趣，激发人们追求美、创造美的热情。

一、现代生活方式对体育提出的挑战

在现代社会中，城乡居民的健康观念正在发生着巨大变化。越来越多的人把健康问题放在了首位，把通过体育手段获取健康看得越来越重要，开始接受"花钱买健康"的理念。这一切给体育的发展提供了很好的机遇。

（一）余暇的使用存在较大浪费

随着人们生活水平的不断提高、收入逐年增长、社会服务系统与第三产业的发展以及家庭规模逐渐缩小，21世纪初的劳动时间可以达到每周平均30小时左右。据20世纪80年代中期的一项统计，一个美国人每天的余暇，无事可做、闭目养神、聊天闲扯的时间平均为7.1分钟，苏联人平均为9.3分钟，德国人平均为12.6分钟，而我国城市居民则平均为48.77分钟。在我国实施了双休日之后，这个时间又延长了40多分钟。这一切数据说明我国城乡居民可支配的余暇在不断增长，但我国城乡居民支配余暇的能力还是比较差的。因此，社会应当积极引导人们用科学、文明、健康的方式利用余暇。体育运动如何进入人们的生活，如何通过体育活动改善人们的生活方式，提高生活质量，把更多的余暇投入到体育中来，已经成为一种新生活理念而且是必须讨论的问题。

（二）互联网时代的到来影响着人们的生活质量

我国居民每天停留在手机、电脑、电视机前的时间较长，这基本反映了我国居民在闲暇时间内的普遍情况。如何将居民调动到运动场上，去参加身体力行的体育锻炼和体育娱乐，已经成为发展社会体育必须解决的问题。

（三）疾病谱的变化要求人们必须注重体育

由于生活方式和环境的变化，特别是膳食结构的变化，以及人们体力支出的减少，我国城镇居民的疾病死亡原因发生了本质的变化，从20世纪五六十年代的营养性疾病、新生儿疾病、传染病、呼吸系统疾病转为90年代的恶性肿瘤、脑血管疾病、心脏病等文明病。疾病谱的转变对体育的目的、任务以及方法手段都提出了新的要求。如何根据这一情况重新认识体育在生活方式转变过程中的重要性，如何根据居民现在的体质状况制订新的健康计划和锻炼方案，都是新的生活方式对体育工作者提出的新挑战。

二、体育在现代生活方式中的作用

体育运动通过对构成生活方式各要素的作用来影响现代生活方式。体育运动对构建新型现代生活方式的促进作用主要表现在以下几个方面。

（一）体育运动可以促进人们形成良好的行为习惯

体育行为习惯是生活方式的重要构成因素。体育运动可以改善人们的睡眠，提高睡眠质量；体育运动还可以增进食欲，改变厌食、挑食的不良习惯。

（二）体育运动可以丰富人们余暇活动内容

进入新世纪，体育运动内容更加多样化、体育运动形式更加大众化、体育运动方法更加科学化、体育运动设施更加现代化，体育运动的参与和观赏价值大大提高。体育运动是以"玩"为活动形式，以身体运动为主要特征，以促进身心全面发展为目的，具有浓厚娱乐气息的一种身体活动；体育运动具有健身性、动态性、趣味性、群众性（普及性）、社会性、教育性、创造性、竞争性等多种特点，它寓锻炼于体育运动之中，融体能、智能、技能于一体。人们既可在娱乐中有趣味地竞争，也可在竞争中体验着愉悦，真可谓健身、益智、育德、促美。在轻松活泼的气氛中，求得健康和精神享受，这正是体育运动的巨大价值和魅力所在。

体育运动已成为人们的一种追求，极大地丰富了人们的余暇生活，成为人们社会生活和余暇活动中一个重要的内容，成为人们完善身心、充实自我、展示自我、体现人生意义的一个重要领域。

（三）体育运动可以缓解快节奏生活的压力

虽然我们的工作时间只有父辈的1/3，但实际上我们能好好休息的时间并不多。科学发展的日新月异，要学习、要掌握的知识越来越多，并且要不断地学习和更新，谁能在最短的时间内掌握最快、最多的信息，谁就能取得成功。这无疑加重了人们的思想负担和精神压力，使生活变得匆忙而影响身心健康和长寿，我们可以通过体育运动缓解快节奏的生活给我们带来的压力，消除紧张情绪，融洽人际关系，克服现代社会竞争所带来的冷酷、孤独，陶冶情操。体育运动能为现代人迎接快节奏生活的挑战，做好充分的生理上和心理上的准备。

（四）对体育运动的需求可以使生活空间更加合理

随着人们参与体育运动的兴趣与积极性的不断提高，人们对居住环境周围体育设施的需求也不断提高，最明显地体现在各种健身器械在居民小区中的普及，促使人们的居住环境以及生活空间设置更加趋于合理。

（五）体育运动可以使生活消费的结构更加合理

体育消费是人们在参与和观赏体育活动方面的个人及其家庭支出。广义的体育消费包括一切与体育活动有直接或间接联系的个人及其家庭的消费行为，包括对体育各种物质的、劳务的、精神的商品消费。体育消费受到人们的收入水平、文化程度、对体育运动的认识程度以及体育商品流通的发达程度等诸多因素的影响。

体育消费也是一种节假日消费，成为城乡居民周末、长假期的主要消费形式。体育消费的增加和发展，促进了家庭和个人消费结构的优化，提高了生活质量。

三、体育与新型现代生活方式的构建

体育在新型现代生活方式构建的过程中发挥着举足轻重的作用。

（一）体育与营造高格调的消费文化

消费文化是生活方式的底蕴，现代生活方式必须蕴含现代消费文化。对现代消费文化的营造要从树立科学的价值观、人生观、生活观等着手。这是消费文化的核心内容，也是怎样生活、建立什么样生活方式的指导思想，对现代生活方式的建立起指导作用。现代生活观念主要包括个人价值与社会价值相统一的观念、可持续消费的观念、绿色消费观念、人与自然和谐共处的生活观念、信息化消费观念、知识与智力是最重要消费资源的观念、终身学习的观念、健康第一的观念等。有了这些现代生活观念，人们的生活方式才能与整个社会的脉搏合拍，才能获得生态的、社会的、经济的、健康的多重效果。

（二）体育与创造丰富的物质财富

大力发展社会生产，创造出越来越丰富的物质消费资料，这是人们选择自己所喜欢的生活方式的大前提。而人作为劳动者是创造物质财富的主体，体育对社会物质财富创造的促进作用体现在以下几点。

1. 可以培养劳动力

青少年经常参加体育锻炼，有利于身体的发展，形成良好的身体形态，练就强健的体魄，成为国家建设的合格劳动力。

2. 可以保护和修护劳动力

随着工业化程度的不断加大，各种"文明病"应运而生，经常参加体育运动可以增强机体对环境的适应能力，减少职业特点对身体产生的不良影响和伤害，降低发病率。另外，随着生活方式的变化，精神压力的增加，生活节奏的加快，各种疾病的患病率大大提高，通过适当的体育锻炼可以治疗疾病，使身体得到不同程度的康复，劳动者精力旺盛、体魄强健也是提高劳动生产率的重要保证。

3. 可以形成独立产业

随着社会分工的日益细化，体育产业已从非独立型行业逐渐发展成为独立行业。体育产业作为工业化社会的产物，是满足人们精神、文化、健身等需要的产业。作为一种新兴产业，它不仅解决了部分劳动者的就业问题，同时还生产出丰富的社会物质财富，并促进了国民经济其他部门的发展。

第三节　体育运动卫生常识与保健

要进行科学有序的体育健身活动，学生需要掌握一些体育卫生常识，了解科学锻炼时的生理特点和人体自然发展规律，学会自我医务监督，掌握基本的卫生保健知识。

一、体育健身锻炼卫生常识

（一）正确做好准备活动

（1）正式运动前要做准备活动。因为它能提高中枢神经系统的兴奋性，加强各器官系统的功能，克服各种功能惰性，为正式运动做好充分的功能准备。

（2）准备要充分。尤其在寒冷季节，以自我感觉发热、微出汗为好。

（3）准备活动具有针对性。做完一般准备活动后，要结合专项训练和主要内容，进行相似的专门练习，即专项性的准备活动。

（4）准备活动距专项运动时间要合适，一般以 1~4 分钟为宜。当运动间歇较长时，运动前应再做准备活动。

（5）做准备活动时要循序渐进，让机体有一个适应过程。

（二）运动后不宜立即进食，饭后不宜立即进行体育运动

因为运动时主管骨骼肌、心肌运动的大脑皮质神经处于一种相对兴奋状态，而其他部位则处于一种相对的抑制状态，大量血液分布在运动系统，消化系统血液较少，胃肠蠕动减弱，消化液分泌减少，功能下降，即便停止了运动，在短时间内仍会保持以上状况，所以运动后立即进食会影响食物的消化吸收，对身体不利，久而久之还会引起消化不良、慢性胃炎等肠胃疾病。饭后由于胃内有大量食物，妨碍腹肌活动，呼吸受到很大影响，这不但不利于运动，而且还容易牵扯肠系膜，造成腹痛和不适，甚至会出现胃下垂。正确的方法是：在运动后休息半小时进食，或者饭后 1.5 小时以后进行运动。

（三）早晨空腹不宜进行长时间剧烈运动

长时间剧烈运动要消耗大量能量，而能量主要来源于体内血糖的氧化。早晨空腹进行长时间剧烈运动，无充足的血糖补充，易发生低血糖症状。另外，空腹进行长时间剧烈运动，可导致胃发生痉挛性收缩，出现胃痛，久而久之会产生胃炎疾病。正确的方法是：晨

起空腹运动，时间一般不超过 1 小时，强度不宜过大。

（四） 刚睡醒后不宜做大强度的锻炼

人在刚睡醒时，高级神经中枢的抑制过程才过去，内脏活动趋于缓和，各器官呈惰性，全身肌肉还处于软弱无力的松弛状态。如果在这种情况下进行大强度的锻炼，不仅很难得到应有的效果，反而还可能由于用力过急、过猛，超过身体所承受的负荷量，给身体带来不利影响，甚至发生损伤。正确的方法是：做好充分的准备活动后，感到身体发热、血流旺盛、精神振奋、活动自如时，再逐步投入到大强度的锻炼中去。

（五） 大运动量后不宜立即用热水洗澡

人体在大强度运动时，心跳加快，体温增高，肌肉血流量增加。当训练停止后，这种现象仍要持续一段时间，如果此时马上去洗热水澡，由于热的刺激会使皮肤血管进一步扩张充血，体内血液量将会进一步进入皮肤、皮下组织和肌肉，相应地会使心脏和大脑供血严重不足，而导致头昏眼花，胸闷不适，甚至晕厥。正确的方法是：休息 15～30 分钟，待体温、心率恢复正常后再去洗热水澡，水温以 37℃～40℃ 为宜。

（六） 夏天运动后不宜立即进行冷水澡

运动训练时新陈代谢增强，体温升高，全身皮肤表面血管扩张，汗毛孔放大，排汗增多。如果立即洗冷水澡，就会刺激皮肤表面血管，使其立刻收缩，汗毛孔迅速关闭，导致体内大量的热不能散发，体温正常调节受到阻碍，很容易导致其他疾病。正确的方法是：把汗擦干，适当休息，然后再洗冷水澡。

二、大学生体育运动卫生

（一） 体育运动的心理卫生

1. 心理卫生的概念

心理卫生也称精神卫生，它是关于保护与增强人的心理健康的心理学原则与方法。心理卫生不仅能预防心理疾病的发生，而且可以培养人的性格，陶冶人的情操，保持和增进心理健康，提高对社会生活的适应能力。

2. 心理卫生健康的标志

心理卫生健康是指个体在各种环境中都能保持一种良好的心理状态。心理健康的人，应该能够随着自然环境和社会环境的变化而不断地调整自身的心理结构以达到与外界的平衡。大学生心理卫生健康的标志总体上可以归纳为以下 5 个方面。①有理想，自我意识明确，刻苦学习，努力工作；②热爱生活，人际关系良好；③适应环境能力强，能创造性地处理问题；④情绪的自控能力强，从容乐观，沉着冷静；⑤充分了解自己，对自己能作出正确的评价。这几个方面互相联系、相辅相成。

3. 心理卫生对健康的影响

人的一切心理活动都是由大脑皮质统一指挥的，生理的疾病会影响心理活动，如果心理不健康，也必然会引起生理变化。古今医学研究表明，激烈的情绪反应是重要的致病因素，有时甚至能致命。要消除不良的心理，就应当讲究心理卫生。

讲究心理卫生主要应注意以下 4 个方面。

（1）接受良好的心理教育。其主要是学习心理卫生知识，培养坚定、顽强、豁达、开朗、乐观的性格。

（2）要有健康的精神生活。其主要是树立共产主义的理想和信念，热爱祖国，热爱生活，热爱事业，有明确的奋斗目标，有丰富的文化娱乐活动，努力用科学知识充实自己的头脑，注意陶冶高尚的情操。

（3）要注意保护大脑。做到生活有规律，劳逸结合，脑力劳动与体力劳动结合，避免持续的精神紧张和过度的脑力疲劳，保持充足的睡眠。

（4）要经常从事体育锻炼。体育锻炼既能增强体质，又能陶冶情操，还是一种积极休息的好形式。脑力劳动后，从事适量的体育锻炼可以消除大脑的疲劳，促进肌体的新陈代谢，改善大脑的营养状态，使人精力充沛。

4. 大学生常见的心理障碍、心理疾病及心理调节方法

大学生正处于青春期，形态、生理和内分泌的改变直接会导致他们心理和行为的改变。由于学习上的压力以及择业等方面的诸多问题都会在心理上产生很大的影响，如不注意调节则易发展为一些心理疾病。因此，对于学生中存在的心理问题必须引起高度重视。

心理障碍是指影响个体正常行为和活动效能的心理因素或心理状态。常见的心理障碍有焦虑、麻木或冷漠、逆反心理等。心理疾病一般指精神而言，常见的有 3 类：一是神经功能症（神经衰弱、焦虑症、强迫症、恐惧症、疑病症等）；二是身心疾病；三是精神分裂症（单纯型精神分裂症、青春型精神分裂症）。

心理调节的方法是使人获得心理健康的方法和手段，它能有效地保护和促进心理健康，保持和改善对环境的适应能力，预防心理障碍。

进行心理调节的方法有以下 4 种。

（1）心理咨询。其是指咨询专家给来访者以心理上的帮助过程。它是通过向咨询专家诉说有关学习、工作、生活、恋爱等遇到的困扰，经过专家的启发诱导，排除疑虑，打通心思，建立信心的过程。心理咨询是通向心理健康的有效途径。

（2）一般疗法。可采用同别人交谈、听音乐、看电视、读书看报、回忆美好往事等方法。

（3）体育疗法。通过参加体育活动、体育比赛、散步、旅游等活动使身心愉快，缓解紧张心理，沟通感情，使人产生亲切感，缓解紧张的人际关系，使人朝气蓬勃、充满活力，增进心理健康。

（4）民族传统体育保健疗法。传统体育保健是我国古代养生术与锻炼身体方法相结合的宝贵文化遗产。唐代名医孙思邈说过："善养性者，则治未病之病，虽其意也。"即通过调养精神和形体来保持健康状态。传统体育保健历史悠久，内容丰富，包括气功、太极拳、按摩等项目。

（二）体育运动的环境卫生

1. 利用环境健身的依据

人类与自然环境之间最本质的联系是物质和能量的交换，自然环境的任何异常变化超过一定范围时，就会对人类产生不良影响，如对人类威胁较大的心脑血管病、癌症、糖尿病等，有 80% 以上是由于环境污染所致。人们在进行体育锻炼时，体内各器官会发生明显的生理性变化，如新陈代谢速度加快、呼吸加快加深、耗氧量增加等。如果在被污染的环境中进行锻炼，就会造成组织缺氧，特别是造成脑组织缺氧，肌肉张力减退，使人产生疲劳、头晕、头痛、胸闷气急等感觉。另外，大量吸入有害气体，还会导致气管炎、咽喉炎等呼吸道疾病和一些过敏性疾病的发生，不但达不到增进健康的目的，还可能造成适得其反的效果。

2. 健身环境的选择

一般来说，健身活动应该选择在空气新鲜、阳光充足、无噪声和污染的环境中进行，如海滨、公园、绿化好的街道，尽可能远离汽车来往繁忙的公路及烟囱等有污染源的地方。

3. 健身时间的选择

从总体上讲，要考虑到一年之中季节的变化及每天空气较清洁的时间。一年之中夏季和秋季比较清洁，冬季和春季前一两个月空气污染严重。一天之内空气污染的程度也不一样，污染最严重的时间是上午07：00—09：00时、下午18：00—20：00时，在这2个污染高峰期间，污染物的浓度比平时要高2~3倍。每天空气较清洁的时间是上午09：00—15：00、冬季早晨06：00和夏季07：00之前。早晨参加体育锻炼能使人体从睡眠的抑制状态转为积极的兴奋状态，为一天的学习、工作在身体机能方面做好准备活动。早晨空气新鲜，杂质和灰尘较少，是一天中环境条件最好的时间。但是早晨锻炼时间不宜过早、过长。时间过早，太阳还未升起，树木未能发生光合作用放出氧气，锻炼时呼吸不到新鲜空气，会降低锻炼效果。

（三）生活卫生

1. 制定科学的生活制度

生活制度是指对一天中睡眠、饮食、学习、工作、休息和体育锻炼等各项活动时间进行科学安排。

时间对于人生命活动的效率具有重大意义。如果每天都在同一时间里进食，就会产生固定的条件反射，消化器官分泌大量的消化液，以保证消化过程更有效地进行；如果每天有节律地在同一时间里进行脑力劳动（学习）或体力活动（体育锻炼），那么就会提高脑力劳动能力和身体工作的能力。因此，建立科学的、有节律的作息制度是使有机体具有高效能的重要条件之一。

科学的生活作息制度必须保证以下几点：在严格规定的时间内完成各种活动的内容；正确地交替学习（工作）、锻炼和休息；定时进食；睡眠充足。在高校里，科学的生活规律不仅有助于增进身体健康，还能提高学习效率，从而使各项素质得到全面发展。相反，生活没有规律，不遵守作息制度，起居无常，劳作无度，不仅会影响学习效果，还会危害身体健康，久而久之就会诱发各种疾病。

2. 平衡饮食结构

大学时代，要从事紧张而又有秩序的学习、生活和体育锻炼等活动，在不断完善自己身体功能的同时，还要完成学习、综合素质和各种能力的培养等艰巨任务。在整个生命活动的过程中，能量的消耗是很大的，这些能量都要从饮食中得到补充。倘若营养不足，就会影响身体健康，使精力和体力减退，学习效率降低，甚至还可能产生一些疾病。大学生合理饮食一般应从以下几方面考虑。

（1）热能供应量。每日男生需要摄取1980~2340卡路里的热量，女生需要摄取1800~1900卡路里的热量。

（2）营养素摄入比例。蛋白质、脂肪、糖的摄入比例，每日应以1:0.7:5为宜，身体能量消耗比较大的锻炼者为1:1:7。经常进行体育锻炼的人，膳食的原则是高糖低脂肪。

（3）维生素、矿物质的摄取。在饮食中要适当多吃含无机盐丰富的食物、新鲜蔬菜和水果等。经常进行长时间运动时，应适当补充维生素和氯化钠。

（4）合理的饮食制度。一日三餐中，早餐、午餐、晚餐的比例是3:4:3。早餐要注意质量，适当增加一些乳制品、鸡蛋等。参加体育锻炼与饮食时间要科学，一般饮食后休息2~2.5小时才能进行剧烈活动，运动前不应吃得过饱，以七分饱为宜。饮食时要注意食物的酸碱性，要做到合理搭配，达到酸碱平衡。

（5）水分的摄取。运动时饮水要做到少量多次，切忌一次饮水过多。运动后饮水也不要一次过多。不要喝凉水，应饮用含盐、糖、维生素和碱性物质的饮料。

3. 充足的睡眠

睡眠是人们消除疲劳、保持身体健康的生理功能之一，是一种重要的生理现象。一个人每天都要有充足的睡眠。睡眠时间的长短，要根据不同年龄而定。一般来说，学龄儿童每天需要10小时的睡眠，青少年每天需要9小时的睡眠，成年人每天需要8小时的睡眠。但睡眠时间长并不等于休息好。衡量睡眠的标准主要是"质"，即睡眠的深度，深沉而恬静，一觉到天亮，就能有效地消除疲劳，在这种情况下，可以适当缩短睡眠的时间。失眠使人很痛苦，引起失眠的原因是多方面的，有些大学生失眠往往是由于学习、看小说、打牌、下棋、上网、跳舞等过度而引起的。由于这些活动打破了正常的生活规律，影响了睡眠的节奏，精神长期处于紧张状态，致使大脑皮质的兴奋与抑制发生紊乱，造成失眠。要想睡得好，首先要加强体育锻炼，其次就是要安心，只有心"安"，才能眠"静"。宋代的蔡季通在《睡快》中说："睡则而屈，觉正而伸，早晚宜时，先睡心，后睡眠"这是很有科学道理的。

（四）饮水卫生

水是人体不可缺少的组成部分，人体内水的含量占体重的60%~70%。在进行体育锻炼时，体内新陈代谢旺盛，丧失水分很多，特别是在炎热的夏季。合理而及时地补充水分，对机体的血液循环和散热、促进健康是有益的。

（1）避免喝生水。经常看到一些同学在锻炼时或下课后，喝未经净化的自来水，而生水中的细菌很多，饮用未经煮沸的自来水，会危害消化系统，引起胃腹胀病，甚至导致急性肠胃炎。

（2）运动前适量饮水。运动前可以适当补充一些水，但不易过多。饮水过多不仅吸收不了，反而会滞留在胃中引起胃部不适，不利于运动。

（3）避免运动中和运动后大量饮水。运动时饮水过多，水分积聚在胃肠道内，使人感到腹部沉重坠胀，妨碍膈肌活动，既影响呼吸，又不利于继续运动，而且大量饮水还会由于一些水分渗透到血液中，使血液浓度稀释，血量增多，增加心脏和肾脏的负担，有损健康。运动中的口渴，主要是由于运动时呼吸加强，口腔和咽部水分蒸发较快和唾液分泌减少的缘故，并不是反映体内缺水。通常先用水漱口，再少量喝水，就能止渴。

运动结束后更不能大量饮水。这是因为运动后心脏的活动还很剧烈，大量饮水会增加循环血量，使心脏增加负担。真正需要饮水时，应以少量多次为原则，即使在天热出汗多的情况下，也应如此。为了补充身体丧失的盐分，可在饮水时加入少量的食盐。另外，运动后不宜喝冰凉饮料，冷刺激会使肠胃血管突然收缩，使供血量减少，导致胃痉挛，发生腹痛、恶心等现象。

（五）消除运动性疲劳的方法

1. 整理放松活动

整理活动是消除疲劳、恢复体力的好方法。剧烈运动后进行整理活动，可使心血管系统、呼吸系统仍保持在较高水平，有利于恢复到正常状态。整理活动使肌肉放松，可避免发生局部循环障碍而影响代谢过程。整理活动包括慢跑、呼吸体操及各肌群的伸展练习。

2. 良好充裕的睡眠

睡眠是消除疲劳的最好方法之一。睡眠时间一般每天不少于 8~9 小时，大运动量锻炼和比赛期间，睡眠时间还可适当增加，并安排一定时间的午睡。

3. 积极性休息

积极性休息是除睡眠以外的消除疲劳的一种较好的手段，对由于紧张训练和比赛而引起的肌肉和精神的疲劳有良好的缓解作用。积极性休息的内容和方法很多，如在公园、湖滨或海边散步、听音乐、观看演出、钓鱼、下棋和参观游览等，可根据条件和个人爱好进行选择和安排。

4. 按摩放松

按摩是消除运动性疲劳的重要手段之一。通过全身或局部的按摩，对放松肌肉、消除肌肉酸痛和恢复体力会产生极佳的效果。

5. 物理疗法

训练后采用淋浴和局部热敷是一种简易的消除疲劳的方法。淋浴时水温不能过高，一般以温水浴（水温 40℃）为佳，时间 15~20 分钟为宜。温水浴有良好的镇静作用，能促进血液循环、放松肌肉，达到消除疲劳的目的。如有条件，还可采用蒸汽浴、干燥空气浴等恢复手段。热敷能减少肌肉中酸性代谢产物的堆积，消除肌肉僵硬、紧张以及酸痛等症状。热敷的温度以 47℃~48℃ 为宜，时间 10 分钟左右。

6. 药物疗法

运动训练和比赛后，适当服用一些中药如黄花、刺五加、参三七、麦芽糖和花粉，对于消除疲劳和增强体力有较好的促进作用。

7. 心理恢复

心理恢复法能减轻紧张情绪，放松肌肉，对消除疲劳和延迟疲劳的产生有良好的效果。它包括心理调整、自我暗示、放松训练和气功等手段。

8. 氧气吸入和负离子吸入

吸氧可以促进运动训练和比赛后血液中大量酸性代谢产物和乳酸的继续氧化，对消除运动性疲劳，特别是无氧训练后的疲劳有一定效果。负离子有提高神经系统的兴奋性和加速组织氧化还原过程的作用，因此有助于消除机体运动后的疲劳。

三、女子体育卫生

在进入青春发育期后，由于内分泌和生殖系统的迅速发育，使她们身体各方面出现急剧的变化，男女在身体形态上、生理机能和心理特征方面都出现较大的性别差异。这个时期女子除心脏、呼吸、骨骼和肌肉等方面的发育和功能与男子的区别越来越显著外，还开始出现月经初潮。因此，对女子进行体育教学和训练时，在运动项目的选择和运动负荷的安排上，必须考虑到女子的解剖生理特点，并提出相应的体育卫生要求，同时要注意女子经期的体育卫生。

（一）女子身体发育的一般特点

女子进入青春期的时间，一般较男子早两年，结束也早两年，女子除骨盆较宽，皮下脂肪较多，体重和身高变化较大外，其余各种身体形态、机能指标均落后于同龄男子。在体形方面，女子肩部较窄，骨盆较宽，下肢较短，躯干相对较长，这种体形使女子的身体重心比较低，有利于维持平衡，对完成下肢支撑的平衡动作较为有利，但对跳跃、速度的发挥不利。

女子体内的脂肪约占体重的28%，男子约占18%，女子皮下脂肪多，使身体显得丰满。女子皮下脂肪虽然较厚，但下腹部对冷的刺激仍较敏感，故在冬季锻炼及月经期时，要注意下腹部的保暖。

（二）女子体育卫生的几种要求

1. 营养要求

女子的体态和生理上有两个鲜明的特点：一是女子的体态比较丰满；二是女子生理上常年有月经。

女子的体态比较丰满，主要是女子的皮下脂肪储存率达28%，比男子高出10%。女子常年有月经，每次月经都有经血的流失，经血平均50~60毫升，少则20毫升，多则100毫升，同时还伴有一系列的全身反应。经期要持续2~7天，多数为3~5天，这期间对女子食欲、睡眠、精神和体力均有一定的影响。可见，月经对女子来说是一种体能的损耗，需要获得生理性的补偿，在膳食中应供给充足的蛋白质和铁，以满足合成血红蛋白的需要。含铁较多的食物为动物的肝脏、蛋黄、豆类、绿色蔬菜、五谷的外皮及胚叶部分。此外，做菜时最好用铁锅，并加少量的醋，可使铁锅的铁质溶解，增加食物中铁的供应量。蛋白质和维生素C能够促进铁质的吸收，但在食物中若脂肪过多则会影响铁的吸收。

2. 卫生要求

要注意饮食卫生和加强营养，要多吃新鲜肉类、蔬菜和水果，避免偏食，食物要易于消化吸收，有助于增进月经期间的身体健康。

女子月经期间由于生理与心理变化的影响，抗病能力减弱，加上子宫颈口轻微张开，子宫内膜脱落，阴道酸性分泌物被经血冲淡，容易感染而引起疾病。因此，在行经期间，必须注意卫生。

在平时或月经期，应经常用清洁的温水清洗外阴，月经期洗澡时不可洗盆浴，以免细菌进入阴道引起感染；也不要用洗脚盆洗外阴。

行经期间要少吃生冷或有刺激性的食物，如辣椒、酒等，多喝开水，以保持大便通畅。月经期间必须保持充分的睡眠，以增强身体抗病的能力。重体力劳动或剧烈体育活动容易造成经血过多或延长经期，对健康不利。因此，月经期必须减少劳动或体育活动的强度。身体受凉会使血管收缩，尤其是下半身受寒可引起月经减少、经病等现象，应避免用冷水洗澡、洗脚或坐凉地、下凉水等，下腹部对寒冷刺激较敏感，更应防止受寒。保持愉快乐观的情绪，情绪波动会影响身体健康和月经状况。

3. 对健身运动的要求

青春发育阶段后期，由于女子在体格发育，内脏器官功能水平及身体素质方面逐渐落后于男子，出现了明显的差别，而且女子有月经来潮，因此在体育课的教学内容与要求上应区别于男子。对女生的锻炼标准、运动成绩的要求还应低于男生，女生使用的运动器械应轻于男生。

女子的心血管和呼吸系统功能较差，运动负荷安排要小于男生。女子肩部较窄，臂力较弱，做两臂支撑、悬垂和摆动动作吃力，在这类动作的学习中应加强对女生的保护。女子身体重心较低、平衡能力较强、柔韧性好，适合于平衡运动及艺术体操等项目的活动。在教学中，应注意保持和发展其柔韧性，有目的、有步骤地加强肩带肌、腹肌、腰背肌和盆底肌的锻炼。

女子不宜多做从高处跳下的练习，以免使身体受到过分震动，影响骨盆的正常发育和盆腔内器官的正常位置。因此，要多安排一些增强腹肌、盆底肌的练习，以免由于跑跳等练习的剧烈震动引起子宫移位。根据体形和心理特点，女子适合艺术体操、高低杠、平衡木、自由体操和健美操等项目的锻炼。在游泳方面女子具有一些有利条件：由于女子肩部窄而细，游泳所受水的阻力较小；女子皮下脂肪较多，因而耐冷，用脂肪做能源的利用率较高，故热能供给较充足。在较长距离方面，女子在形态和功能方面也具有优越性，除体能较多，用脂肪做能源的利用率较高外，女子氧的利用率和调节体温能力高于男子，对能量消耗时所引起的体温升高有较好的散发能力，对热应激的适应能力较好且脱水较小，在单位时间内能量消耗也较小，要积极指导和启发女子参加体育锻炼的自觉性和积极性，通过锻炼克服本身的弱点，提高内脏器官的功能，发展力量、速度、耐力、柔韧和灵敏素质。在专业人员的指导下，使她们逐渐承担更大的运动负荷量，增强健康水平和提高运动成绩。

但需要指出的是，随着女子体育运动的不断发展，一些常被认为不适宜女子锻炼的"禁区"如足球、拳击、柔道等项目，正在被突破。因此，应鼓励女子通过体育锻炼克服自身的生理弱点，在医务监督下，使她们有更多的运动项目选择，以满足其不断增长的运动需要。

（三）月经期体育卫生

月经是女子正常的生理现象，在月经期间，人体一般不会出现明显的生理异常变化。身体健康、月经正常的女子，月经期参加适当的体育活动是有益的，因为体育活动可以调节大脑皮质的兴奋和抑制过程，改善盆腔的血液循环，减轻月经期的不适感。同时，由于腹肌和盆底肌肉的收缩与放松，对子宫起着轻柔的按摩作用而有利于经血的排出。月经虽属正常现象，但由于月经期子宫膜脱落出血，生殖器官抵抗力较弱而易于感染等特点，故应特别注意下列卫生要求。

（1）适当减少运动量，运动时间不宜过长，特别是月经初潮不久的女性，由于月经周期尚不稳定，更应注意运动量不宜过大，要循序渐进，逐步养成经期锻炼的习惯。

（2）月经期不应从事剧烈运动，尤其是震动强烈、增加腹压的动作，如疾跑、跳跃及力量性练习等，以免子宫异位和经血过多。

（3）月经期要避免冷和热刺激，如冷水浴、阳光下曝晒等，特别是下腹部不要着凉，以免引起卵巢功能紊乱而导致月经失调。

（4）月经期不宜游泳，以免病菌浸入生殖器引起炎症。

（5）有痛经或月经紊乱的女子，月经期应停止体育活动。

第四章　体育锻炼

第一节　大学生体育锻炼的原则

大学生体育锻炼可以增进健康、提高身体的运动素质和基本活动能力，并能够防治疾病。但是，并不是只要参加体育锻炼，就一定会获得良好效果。如果锻炼内容、练习强度和练习方法等选择或运用不当，反而有害于健康。科学的体育锻炼原则是体育锻炼过程中客观规律的反映，是人们成功经验的总结和概括，也是人们参加体育锻炼所必须遵循的准则。具体包括从实际出发原则、循序渐进原则、持之以恒原则和全面锻炼原则。这4个锻炼身体的基本原则是相互联系、相互促进的，在参加体育锻炼时，只有全面贯彻执行科学锻炼身体的原则，才能使身体得到全面发展，不断提高健康水平。

一、从实际出发原则

从实际出发的原则是指锻炼身体应从个人的实际情况和外界环境条件的实际出发，这是增强身体素质及提高运动水平必须遵循的原则。

（1）从自身的实际出发：由于性别、年龄、体质和健康状况的差异，体育锻炼要从自己的实际情况出发，有目的地选择和确定运动项目、练习方法，合理安排锻炼的时间和运动负荷。在每次锻炼前，都要评估自己当时的健康状况，使运动项目的难度和强度不要超过自己身体的承受能力。

（2）从外界环境条件的实际出发：参加体育锻炼时，一方面要根据自身的实际情况，另一方面还要从季节、气候、场地、器材等外界条件的实际情况出发，按照科学锻炼的方法，合理选择运动项目、练习时间、运动负荷，才能收到良好的锻炼效果。例如，在冬季应着重发展耐力和力量素质；在春秋两季应重点进行技术性的项目；在炎热的夏天，游泳是比较理想的运动项目，但在运动时不要在阳光下运动时间太长。在力量训练前，要仔细检查器械，避免伤害事故的发生。

二、循序渐进原则

循序渐进原则主要是指在安排锻炼内容、难度、时间及负荷等方面要根据人体发展规律和超量负荷原理，有计划、有步骤地逐步提高要求，使人体在不断适应的同时，体质逐步得到增强。体育锻炼只有遵循人体生理、心理发展的基本规律，根据自己身体健康状况，科学地安排适宜的运动负荷和练习内容，才能收到良好的锻炼效果。

（1）运动负荷的循序渐进：进行体育锻炼时，当机体对一定运动负荷产生适应之后，这种负荷对机体的刺激会变小，此时，可以适当增加练习时间和练习次数，让机体产生新的适应。但运动负荷的增加要由小到大，逐步提高。体育锻炼的开始阶段或中断后又恢复锻炼时，强度宜小，时间宜短，不要急于求成。

（2）练习内容上的循序渐进：练习内容要由简到繁，在动作要求上应由易到难，逐步加大难度。应首先考虑简单易行、容易收到锻炼效果的项目和内容。在每次练习时，也应先从动作简单、强度不大的内容开始练习，然后逐渐增加动作难度和运动负荷。

三、持之以恒原则

锻炼身体要有连续性和系统性，只有经常参加体育锻炼，安排适合自己兴趣爱好的运动项目，科学地制订健身计划，才能不断有效地增强体质。科学实验表明，不经常参加体育锻炼或中断体育锻炼的人，会使原有的身体机能、素质和运动技术水平明显下降，中断锻炼持续时间越长，下降越明显。

掌握一项运动技术也需要持之以恒。人的大脑中有大量的神经突触，必须通过固定形式的重复练习对这些突触连续进行某种刺激，才能在大脑中形成一整套固定形式的反应，即动力定型。动力定型建立后，运动者就能习惯性地、熟练地完成一整套练习。如果不能坚持练习，已形成的条件反射就不能及时得到强化而慢慢消退，动作记忆就不牢固。

四、全面锻炼原则

全面锻炼原则是指通过体育锻炼使身体形态、机能、身体素质和心理品质都得到全面而和谐的发展。

人体是一个有机的统一体，各个器官和系统的机能都是相互联系和相互影响的。因此，体育锻炼选择的练习内容和方法应力求全面影响身体，使身体素质和身体各器官系统的机能得到全面发展。练习内容和练习手段的选择不能过于单一，因为每种练习内容或练习手段对身体的影响都具有局限性，练习内容和练习手段应多种多样，应避免长期局限于只锻炼身体某部位，只发展某种身体素质的练习。在锻炼中可以以某一项为主，辅以其他锻炼内容。如健美爱好者应在进行肌肉力量练习的同时，可增加一些发展有氧耐力和柔韧素质的练习，使身体得到全面的锻炼。

第二节　体育锻炼的内容和方法

一、体育锻炼的内容

体育锻炼的内容丰富，根据不同的锻炼目的和要求，可分为以下 5 类。

（一）健身运动

健身运动主要是指能促进身体的正常发育，使身体各部位协调发展，增强人体的各器官的机能，发展身体素质，提高人体活动能力，为增进身体健康而从事的体育锻炼。在实践中，一般采用能增强心肺功能的锻炼项目。比如，走、跑、健身操、武术、游泳、滑冰、划船、骑自行车及各种球类活动等。经过锻炼，人体的最大吸氧量可以提高 25% ~ 30%，最大吸氧量的提高是心肺功能提高的重要标志。

（二）健美运动

健美运动是为了形体的健美而进行的体育锻炼。健美运动不仅可以增进健康，还可以培养审美能力和身体的表现能力。近年来，健美运动普及率逐年提高，除了青年人，很多中年人，甚至中老年人也加入到这一行列。为了保持良好的身体形态，可采用艺术体操、健美操、舞蹈的一些练习；为了使肌肉发达、增强肌肉力量可采用举重和器械体操练习，还可选择一些简便易行的练习项目，如俯卧撑、仰卧起坐、原地纵跳、跑步、健身操等（图4-1）。

图4-1　健美运动

（三）娱乐性体育

娱乐性体育是为了调节精神，丰富文化生活而采用的体育活动。这类活动能使人身心愉快，既锻炼了身体又陶冶了情操，如活动性游戏、体育舞蹈、保龄球、台球、钓鱼、划船、郊游等（图4-2）。

（四）格斗性体育

格斗性体育是指掌握和运用格斗的攻防技术，强身、健体、自卫的体育活动。格斗性体育在高校中正逐渐展开，很多高校都开设了这类选修课，如擒拿、散打、推手、拳击、跆拳道等。

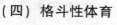

图4-2　娱乐性体育

（五）医疗和康复体育

医疗和康复体育是指为了预防和治疗疾病而进行的体育锻炼。这种身体锻炼必须在医生或专门的教师的指导下进行，如太极拳、广播操、保健气功等。这些运动已被证明对多种疾病的治疗起到了积极的作用，如心血管疾病、糖尿病、高血压等。

二、体育锻炼的方法

要想获得好的锻炼效果，必须按照科学的锻炼方法进行练习。锻炼身体的方法很多，练习者可根据自身的年龄、性别、职业、体质、健康状况等进行选择。练习方法可分为重复练习法、间歇练习法、变换练习法、循环练习法等。

（一）重复练习法

重复练习法是指锻炼者在相对固定的条件下，按照健身计划和要求反复练习同一锻炼内容的方法。这种方法适用于：第一，运动负荷较小或用时较短的练习；第二，动作技术比较复杂，难以掌握的练习；第三，运动负荷较大，难以一次完成的练习，如蛙泳2000米，可将练习分成5组，组间休息片刻，以保证计划的完成。采用重复练习法应注意以下几个方面。

（1）合理安排重复练习的总次数、每次练习的距离或时间、每次练习的强度（速度或时间）、各次重复练习之间的间歇等。

（2）保证每次重复练习的质量。不能因重复练习的次数多而降低动作要求或减少计划练习的数量。

（3）注意克服重复练习的枯燥感。一方面要锻炼意志，树立信心；另一方面可在练习前后或间歇穿插一些轻松、有趣的辅助性练习。

（二）变换练习法

变换练习法是指改变锻炼内容、强度和环境进行练习的方法，如变换练习的项目、提高或降低运动负荷、调整练习要素、改变练习地点等。采用变换练习法，可以提高中枢神经系统的灵活性，发展身体的调节能力和适应能力。采用变换练习法应注意以下几个方面。

（1）以锻炼的实际需要为前提，有针对性地变换练习条件。

（2）合理安排采用变换练习法的锻炼计划，在锻炼中注意收集反馈信息，加强医务监督，及时根据练习者的身体健康状况调整计划。

（3）变换练习法是短期的计划安排，变换练习主要是调整，变换练习时间过长、过于频繁都不利于锻炼计划的执行。

（三）循环练习法

循环练习法是根据身体锻炼的需要，确定循环练习的各项练习内容，在一次练习中依次循环进行练习的方法。这种练习方法，可以弥补单一练习对身体发展作用的不足，使各练习之间的作用互相补充，有利于身体的全面发展。此外，由于锻炼内容多样，能够调动锻炼者的积极性。采用循环练习法应注意以下几个方面。

（1）要根据锻炼目的，确定循环练习的各项内容，使之互相配合。练习的组合一定要兼顾发展身体的不同部位、不同运动素质，使锻炼取得促进身体全面发展的效果。

（2）合理确定各项练习的比例和顺序。进行循环时，确定一个中心练习，其他练习可围绕着这一中心练习做出适当的安排。

（3）合理确定每项练习的间歇时间，应保证能顺利过渡到下一项练习，要根据锻炼者的身体健康情况而定。

（四）确定运动负荷的方法

运动负荷包括负荷强度和负荷量，无论以哪种方式进行健身，适宜的运动负荷是非常关键的，在这里介绍一些实用的确定运动负荷的方法。

（1）运动时即刻心率测定法。在一组或是一次运动后，立即测定自己的心率，以此来确定运动负荷的大小，一般认为 180 次/分以上为大负荷运动，150 次/分为中等负荷运动；130/分以下为低负荷运动。体弱或是初次参加做运动的选择中等强度的体育运动；体质强壮、运动水平较高的人采用大、中运动负荷相结合的体育运动，效果会更好。

（2）基础心率测定法。在运动前及运动后的第二天分别测定自己的基础心率（早晨醒后立即测定自己的心率 3 次，取平均心率），然后进行比较。对于经常进行体育锻炼的人，他的基础心率应该是稳定的，或略有起伏；刚参加体育锻炼的人，运动后的基础心率会略有加快，但幅度不应过大，一般不应超过 60 次/分，若超过了 120 次/分，而又持续不下降，说明运动负荷过大，应及时调整。

（3）用运动中的自我感觉来衡量运动负荷的大小。要想达到锻炼健身的目的，必须有一定的运动负荷做保证。如果在运动中过于轻松，说明运动负荷过小，一般人在进行体育运动时，应有一定的疲劳感，表现为呼吸、心跳加快，出汗等，这是比较适宜的运动负荷，但若在运动中感到过于吃力、出汗过多，说明运动负荷过大。这种方法以主观判断为主，虽然不够精确，但由于简便易行，运动者可以根据反馈信息及时调整运动负荷。

（4）用锻炼期间的自我感觉来衡量运动负荷的大小。在运动期间，自己身体的种种征状是判断这种方法的主要依据。根据食欲、睡眠、精神状态等主观感觉，来监测运动负荷。在运动的最初阶段会感到肌肉酸痛、身体疲劳，这是一种正常的生理反应。但若持续感到疲劳，或是睡眠不好、食欲不振，说明运动负荷过大，应有针对性地进行调整。

三、制订个人锻炼计划

制订锻炼计划是参加体育锻炼不可缺少的重要环节。锻炼计划一般分为阶段计划和每次锻炼计划。阶段锻炼计划主要是对一段时间的锻炼地点、时间、内容、方法和运动负荷等进行合理、全面、系统的安排。每次锻炼计划主要是对每一次锻炼内容、时间分配、重复次数、练习强度和密度、准备活动、整理活动等进行科学、具体的安排。计划的制订应包括：选择有益的锻炼内容，合理安排锻炼的次数、时间和运动负荷、注意事项等。

（一）选择有益的锻炼内容

锻炼的内容要根据锻炼者要达到的目的去选择，如为了提高心肺功能和发展耐力素质，可选择走、跑、跳绳、骑自行车、游泳、滑冰等练习；为了增强肌肉力量，促进肌肉发达、体形健美，可选择用哑铃、实心球、联合健身器械进行力量性练习。

（二）锻炼的次数

锻炼的次数是指每周锻炼的次数。安排每周至少锻炼 3~4 次，即隔日 1 次。运动负荷较大时，两次间隔时间可长一些。此外，锻炼者在锻炼时可进行自我医务监督，身体出现异常时应及时调整运动负荷或者停止锻炼。

（三）锻炼的时间

每次锻炼持续的时间，一般为 20~60 分钟。锻炼时间与运动负荷有关，运动负荷大则锻炼时间短，运动负荷小则锻炼的时间应相对长一些。每次锻炼的程序安排如下：首先做与快步行走相结合的准备活动 10 分钟，然后再进行慢跑有氧运动 20 分钟（心率达到 110~130 次/分），接着做柔软体操 5 分钟，进而做提高腹肌力量的仰卧起坐 5 分钟，最后 10 分钟做放松体操及走步等整理活动。

（四）运动负荷

运动负荷对运动效果、安全有直接的影响，运动负荷合适与否，是制订和执行计划的关键。一般常用运动中的心率来测定运动负荷。一个做法是用 220（或 200）减年龄，作为运动中心率数。采用最大心率的 60%~90% 作为运动中适宜心率，相当于 57%~78% 的最大耗氧量的心率值。健康人在锻炼时的心率应达到最大心率的 60%~90%；老年人、弱体质的人的心率应达到最大心率的 60% 或以下。

制订体育锻炼计划，目的在于使自己的学习、工作和体育锻炼有一个科学合理的安排，同时也便于检查锻炼的效果和进行总结。

制订个人锻炼计划，应以体育锻炼的各项原则为依据；计划内容应包括锻炼的目标、内容、方法、时间等。锻炼的内容应合理搭配，课外体育锻炼的内容应与体育课的内容相结合，与自己的爱好和特长相结合；科学地安排锻炼项目的先后顺序，合理地安排锻炼的时间，充分利用早操、课间操、课外体育活动时间；坚持每天 1 小时的锻炼时间。

在制订个人锻炼计划时，应将周锻炼计划、阶段锻炼计划和全年度锻炼计划有机地结合起来。如安排周锻炼计划时，应包括本周锻炼的主要任务、锻炼的时间、锻炼的主要内容。课外安排以球类为主的练习项目，另外安排一些身体素质练习等。

第三节　发展身体素质的方法

一、提高心肺循环系统功能

人体的呼吸系统、血液与血管系统组成了人体的氧运输系统。氧运输系统对人的健康及生命有十分重要的作用，它把氧气运送到各个器官组织，满足人体生命活动的需要，呼吸系统把氧气从体外吸入体内，氧气进入血液与血液中的血红蛋白结合，由心脏这个血液循环的"动力站"不停地推动，使血液流到全身，将氧气送到人体各个组织器官。人体通过肺脏（呼吸器官）与外界环境间进行气体交换称为外呼吸；把氧气和营养物质源源不断地输送到人体的各个细胞的过程又称为内呼吸，使之维持人体的新陈代谢。

（一）经常参加体育锻炼对肺循环系统、心血管循环系统的意义

1. 经常参加体育运动可以增加心脏的重量、体积，使心脏具有更强的工作能力

一般人的心脏（图4-3）重约300克，而运动员或是经常参加运动的人的心脏重量可以达到400~500克；一般人的心容积为750毫升，而运动员或是经常参加运动的人的心容积可以达到1000毫升以上。

由于心脏的重量、容积增大，收缩力量增强，从而使每搏输出量增多。这样在安静状态下，心脏就可以每分钟较少的搏动次数，保持与一般人同等的心输出量。因而，运动员安静时的心率低于一般人，在 50 ~ 60 次/分，而一般健康成年人心跳约为75次/分。安静时的心率减慢，可使心肌获得更多的休息时间，从而使心力贮备

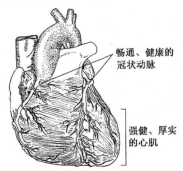

畅通、健康的冠状动脉

强健、厚实的心肌

图 4-3　心脏图

增加。在人体运动时，心跳加速，经常锻炼的人由于每搏输出量增加，每分输出量也就大大高于一般人，可以提供更多的氧供给身体活动的需要。

2. 经常参加体育运动对血管的影响

血管分为动脉血管、静脉血管和毛细血管，它是血液流通和营养运输的通道。血压是指血液对血管壁的侧压力。经常参加体育运动可以使血管壁的弹性增加，减小血流的阻力，提高血流量，有利于血液循环。经常运动还可以增加毛细血管的数量及横截面积，使末梢血流量增加。

3. 经常参加体育运动对预防心血管系统疾病的作用

锻炼不仅能增强心脏功能，还能改善体内物质的代谢过程，减少脂类物质在血管内的沉

积，增加纤维蛋白溶解酶的活力，防止血栓形成，保持与增进血管的良好弹性；同时运动还可以改善微循环，调节体内内环境的平衡与稳定；另外，在运动过程中，肌肉的收缩会产生一些化学物质（三磷酸腺苷、组织胺等），这些物质进入血液内有扩张血管的作用，从而使血压降低。因此，经常参加体育运动可以预防高血压，对心血管疾病起到积极的预防作用。

4. 体育锻炼对呼吸系统的影响

锻炼时肌肉活动产生的二氧化碳刺激了人体的呼吸中枢，使呼吸频率加快，肺容量加大，与此同时呼吸肌（膈肌、肋间上肌和肌间内肌）和呼吸辅助肌得到了锻炼，特别是膈肌的上下运动幅度增大。另外，在体育锻炼时，由于肌肉活动时需要更多氧气，因而呼吸次数增加，深度加深，肺通气量大大增加。譬如，安静时一般人每分钟呼吸 12~16 次，每次呼吸吸入新鲜空气约 500 毫升，肺通气量 6~8 升/分；而剧烈运动时呼吸次数可增至 40~50 次/分，每次吸入空气达 2500 毫升，为安静时的 5 倍，肺通气量可高达 70~120 升/分。因此，在体育锻炼中，呼吸器官可得到锻炼与增强。如一般人在安静时，由于需氧量不多，只需要大约 1/20 的肺泡张开就可以满足人体氧的供给。而在体育锻炼时，由于需氧量的增加，促使大部分肺泡充分的张开，这对肺泡弹性的改善起到良好的作用。同时，运动时肺部的毛细血管的循环得到改善，加强了肺部的营养，提高了肺的机能。

（二）在进行以提高心肺循环系统功能为目的的体育运动中应注意的问题

1. 运动环境

人在过冷、过热、空气污染严重的环境中运动对心肺系统有很大的损害，因为人体在运动时，体内与周围环境之间的物质和体内物质转化过程加快，心跳加快，血液循环加快，肺的通气量比安静时增大约 20 倍，达到 100 升/分以上。若在过热的环境中运动，由于外界温度过高，人体的水分、盐分丢失过多，一方面会使心血管系统及肺的负荷加大，对其造成不良影响；另一方面，还可能导致热痉挛、中暑等。在过冷的环境中运动，由于外界温度低，冷空气对呼吸道有不良刺激，同时低温对心血管系统也有不良的影响。在有污染的环境中运动更是有百害无一益，污染的空气中含有大量的硫化物、氯化物等有害的有机物，由于运动中循环代谢加快，会吸入更多的有害物质，不仅不能达到运动的目的，而且还能导致肺功能下降，引起呼吸道疾病。

2. 血压、血脂等指标不正常的人进行体育锻炼必须系统化、科学化

心血管系统疾病每年夺走 1200 万人的生命，接近世界人口总死亡率的 1/4，成为人类健康的头号杀手。但靠合理膳食、控制血压、禁烟、体育锻炼等非药物治疗手段每年可挽救 600 万人的生命。因此，这一人群的体育锻炼必须系统化、科学化，运动负荷不宜过大，可选择骑车、步行、慢跑、打太极拳、气功等运动方式。另外，运动中还要注意饮食结构，应以低脂低盐食物为主，不吃动物内脏，少食动物性脂肪，多吃蔬菜、水果、木耳、山楂等。

（三）提高心肺循环系统功能的基本手段和方法

1. 有氧运动

长时间、长距离的运动项目主要靠"有氧代谢"供能，称有氧运动。据有关资料表明：经常参加一些慢跑、骑自行车、滑雪和游泳等有氧运动项目，对改善心肺系统功能有明显效果。在有氧运动中，注意掌握适宜的运动负荷。若运动负荷强度过大，会造成氧供给不足，有氧代谢会转变为无氧代谢，对人的身体状况及运动水平有较高要求。

2. 无氧运动

人体在进行剧烈运动时，氧供应满足不了对氧的需求，人体主要靠"无氧代谢"供能维系运动，这称为无氧运动。因为无氧运动负荷强度大，对于体弱者及初次参加运动者不适合，但是对经常参加体育运动的人来说，进行一定量的大强度的无氧运动，对进一步提高心肺功能、增强心肺循环系统的适应能力，具有良好的作用。

二、提高肌肉力量和耐力

（一）提高肌肉力量和耐力的必要性

加强肌肉的力量和耐力，不仅可以增大肌肉的体积和提高运动成绩，也有助于美化形体、矫正体态、强健体魄，更重要的是能提高运动者对自然环境的适应能力和提高工作、学习的效率，对人的一生都有益处。研究表明，通过科学合理的力量练习，能增强肌肉重量，提高人体的基础代谢率，增加休息状态时人体的热量消耗。

合理的力量练习还可以促进骨骼的生长发育。力量练习可以防止钙的丢失以及推迟骨质疏松症的发生；还可以加快血液循环，从而使骨得到充分的营养。长期的力量练习可以加强关节周围肌肉的力量，使关节软骨增厚，防止肌肉、肌腱和韧带的损伤，从而增强关节的稳固性，提高关节的灵活性。

（二）提高肌肉力量和耐力的原则

1. 渐增阻力原则

渐增阻力原则是指在力量练习过程中，要逐渐增加运动负荷。随着肌肉力量和耐力的增长，原来采用的重量、组数和重复次数以及间歇时间等这些构成运动负荷的因素都需要逐步进行调整。当肌肉对某一运动负荷从不适应到完全适应之后，原来的超负荷变成了非超负荷或低负荷，此时如果不增加负荷，则力量、耐力就不能增长。例如，要增加局部肌肉的耐久力，就要逐步减少组与组之间的间歇时间或增加训练组数和训练次数。运动负荷要由小到大，动作由易到难、由简到繁，一切都要逐渐增长。

2. 专门性原则

专门性原则是指在练习中针对不同运动项目的需要或专项力量、耐力的需求程度而采取的练习手段和方法。在完成练习动作过程中，每块肌肉都有着各自的作用，但总有一块肌肉群是起主要作用的。如果要想最大限度地单独发展某一部位的肌肉，就要尽可能使主要用力肌肉与其他肌肉活动分开。例如，要单独加强上肢肱二头肌的力量，采用两臂弯举练习比采用引体向上练习的效果要好。再如，举重物练习中，采用大负荷、少组数的练习，可以增加肌肉的力量和体积，不能增加肌肉的耐力；而采用小负荷、多组数的练习，可以加强肌肉的耐力，但肌肉力量的增加不明显。

3. 经常性原则

"持之以恒""贵在坚持"，增加肌肉的力量与耐力，要通过长期的、系统的训练。研究结果表明，如果每隔 72~96 小时（3~4 天）不进行适当的超负荷练习，肌肉就会变弱变小。停止练习 30 周后原增长水平完全消退。每周 1 次力量练习只能保持原有水平，每周两次练习可以增加力量，每周进行 3~4 次练习可以明显增加肌肉的力量。

（三）提高肌肉力量和耐力练习的要求和注意事项

1. 制订科学的训练计划

根据要发展的肌肉部位和专项力量、耐力的需要，制订科学的计划。

（1）练习时间安排。根据个人工作、学习条件，早晨、白天和晚上都可以练习。早晨进行轻器械小负荷的一般身体训练为宜。因为经过一夜睡眠，人体各部位肌肉都处于放松状态，神经和肌肉反应较迟钝，肌肉不易很快兴奋。所以，早晨进行紧张的大运动负荷训练，容易引起伤害事故。上午可以进行大运动负荷训练，但需要一个适应过程，否则身体潜力不能得到最大发挥。训练最好安排在下午 15：00—18：00 点，因为在这段时间里，体力处于最佳状态，可承受大运动负荷的练习，从而保证练习的最佳效果。晚上练习应以不影响睡眠为原则，一般要在睡前 1 小时结束。练习一定要在饭后 1~1.5 小时开始，饭前半小时结束。

（2）练习次数与练习时间。力量练习分为 3 个阶段：开始阶段、慢速增长阶段和保持巩固阶段。

①开始阶段（1~3 周）：每周练习 2 次，每次 1 小时左右。

②慢速增长阶段（4~20 周）：每周练习 2~3 次，每次 1~1.5 小时。

③保持巩固阶段（20 周以上）：每周练习 1~2 次，每次 1~1.5 小时。

（3）动作数量、组数、重复次数及间隔时间。增强肌肉力量与肌肉耐力的训练，其差别是负荷量和负荷强度的不同。原则上，肌肉训练所遵循的是大强度、少次数，即每组为 4~10 次。而肌耐力训练则是小强度、多次数，所用重量相对轻些，每组在 10~25 次。如每组次数在 15 次左右，则具有肌力和肌耐力的综合训练效果。上述所说的次数是以每个动作做 3 组为前提的。

①开始阶段：每次练习 6~7 个部位的肌肉，每个部位练 1 个动作，每个动作练 1~3 组，总组数为 12~20 组，每组之间休息不超过 1 分钟。每次训练课的练习动作应不同，以使局部肌肉得到全面锻炼。

②慢速增长阶段：每次练习 4~5 个部位的肌肉，每个部位练 2~3 个动作，每个动作练习 3~4 组，总组数为 20~30 组，每组之间休息 1~2 分钟，然后再进行下一个练习项目。

③保持巩固阶段：每次练习 3~4 个部位的肌肉，每个部位练 2~3 个动作，每个动作练习 3~4 组，总组数为 20~30 组，每组之间休息 1 分钟。

（4）运动负荷：运动负荷包括负荷量和负荷强度，其中包含密度、时间和数量等因素。"密度"是指组与组之间的间歇时间；"时间"是指一次练习的时间；"数量"是指完成动作的数量和组数。最大的器械重量应当是每组只能重复 6~7 次，大重量重复 8~9 次，中等重量重复 10~12 次，小重量重复 13~15 次。不同负荷量负荷强度安排如下，见表 4-1、表 4-2。

表 4-1　一次训练课负荷量和负荷强度的安排

负荷量	负荷强度
1 组	最大
2 组	中和最大
3 组	小、中和最大
4 组	小、大、中和最大
5 组	小、中、大、小和最大

表 4-2　负荷量和负荷强度的一周安排

负荷量	负荷强度
2 次练习	星期一中上，星期四最大，其他时间休息
3 次练习	星期一中上，星期三中等，星期五最大，其他时间休息
4 次练习	星期一中等，星期二大，星期三休息，星期四中上，星期五最大，星期六、日休息

（5）肌肉练习的顺序。在提高肌肉力量和耐力练习中，要采用正确的练习顺序。开始阶段，一般安排是从上到下，腰腹肌和小肌肉群安排在练习的最后，即胸大肌、背阔肌、三角肌、肱二头肌、三头肌、股四头肌、小腿三头肌、腰腹肌、前臂肌，最后是颈肌。巩固和提高阶段，要从大肌肉群开始，然后是中等肌肉群，最后最小肌肉群，即股四头肌、胸大肌、背阔肌、小腿三头肌、三角肌、肱三头肌、二头肌、腰腹肌、前臂肌和颈肌。遵循由大肌肉群到小肌肉群的练习顺序，是因为与大肌肉群相比，小肌肉群更容易疲劳，当小肌肉群已经出现疲劳时，再与大肌肉群同时工作，就会影响大肌肉群的动作。如一开始就做卷棒或杠铃扣手腕，前臂伸肌的紧张不易消除，因此握力下降，这时如果做大肌肉群的动作，就容易使器械脱手，造成伤害事故。

此外，还应注意不要在 2 个相继的练习中使同一肌群受累，以保证肌肉在每次负荷后有足够的恢复时间。

2. 合理的膳食营养和良好的饮食习惯

合理的膳食营养和良好的饮食习惯是增长肌肉力量和耐力不可缺少的条件。人体需要的主要营养素是蛋白质、碳水化合物、脂肪、维生素和矿物质。问题在于如何补充这些营养素。对增加肌肉力量和耐力的练习来说，蛋白质的需要量约占 1/3，碳水化合物约占 2/3，脂肪的需要量很少。要使肌肉力量和体积不断增长，关键是掌握好蛋白质的日供给量。蛋白质在体内需要 2~4 小时才能被水化合吸收。如果摄入的蛋白质在体内存留 8 小时以上，那么前 4 小时是陆续吸收的过程，后 4 小时就是排放过程。所以，蛋白质必须不断补充，而不能一次摄入过多。如果是大负荷训练日，那么每千克体重至少摄入 2 克蛋白质；轻负荷训练日，每千克体重至少摄入 1 克蛋白质。鸡蛋、鱼、牛肉、鸡肉等富含蛋白质且质量较高。肌肉训练还需要摄取大量碳水化合物，以提供热量。训练中消耗的维生素和矿物质也要及时补充。如果蛋白质吃多了，就要补充更多的矿物质。除饮食外还得根据需要吃一些营养品，以弥补食物营养的不足。但是营养品只起补充作用，不能代替饮食营养。

3. 适当的休息和恢复

适当的休息和恢复也是提高肌肉力量和耐力的主要因素之一。因为肌肉经过足量刺激后，除补充营养外，必须得到充分休息，以消除疲劳，获得超量恢复，才能不断增粗长壮。一次训练之后，一般要有 48 小时的休息。要使肌肉完全恢复，则需要 72～100 小时。实际上，锻炼后的肌肉比没有活动过的肌肉恢复要快得多。当训练中出现缺乏锻炼热情和耐久力、肌肉控制能力减退、关节或肌肉有持续的隐痛、失眠、食欲不振等不良反应时，说明已出现"训练过度"。训练中一定要注意防止局部肌肉过度训练，否则会极大影响训练效果。一般每次训练课为 75～90 分钟，绝不允许在不增加训练组数的情况下延长训练时间，也不能无故加大训练强度，增加训练组数。总之，每次训练课后都应有足够的休息和恢复时间。

4. 做好准备活动和整理活动

人体各部位肌肉从安静状态到紧张状态，有一个逐步适应的过程，因此，在运动前必须认真做好准备活动。通过慢跑、徒手操和轻器械的力量练习，可提高中枢神经系统的兴奋性，不断克服内脏器官的生理惰性，再加上体温和肌肉温度升高，使酶的活性提高，肌肉中血流量增加，从而使肌肉收缩时能获得更多的能量供应。另外，准备活动提高了关节、韧带的灵活性，减少了肌肉和关节受伤的可能性。

5. 掌握正确的呼吸方法

肌肉得不到充分的氧气和养料，就容易过早地产生疲劳。因此，在做动作的过程中，掌握正确的呼吸方法是很重要的。一般多用腹式呼吸，即用鼻子吸气，腹部鼓起，胸腔保持正常状态，呼气时，胸部挺起，腹部内陷。在动作过程中，凡是上体伸直、两臂上举、胸部扩展、肌肉收缩用力时，深吸气；上体前屈，两臂放下，胸部收缩，肌肉放松时，深呼气。在重复做费力的动作时，需先吸气，再憋气，这有利于发挥肌肉的收缩力量。但在一般情况下，不要做憋气动作，当呼吸急促时，在用鼻吸气的同时张口闭齿吸气或完成一个动作时呼吸两次。

6. 注意安全

在练习过程中，要根据自己的健康情况循序渐进地增加运动负荷。如患有严重心脏病、肝病、活动性肺结核等，要停止练习。头疼、发烧和喉炎等急症患者，待病愈后方可继续练习。对于持器械练习，必须高度重视安全问题，开始用的器械不宜过重，不宜用力过猛。在承担大重量或最大重量时，应先做几次轻的或中等重量的动作。在做杠铃蹲起或卧推时，最好有同伴在旁边保护。如果训练后睡眠不好、食欲不振、体重反常下降、练习时大量出汗或者身体不适等，应及时调节运动负荷，增加营养和休息时间，尽快消除疲劳，必要时请医生诊治，以防伤病。

（四）增强肌肉力量和耐力

1. 增强臀部和腿部肌肉力量和耐力的方法

（1）屈膝深蹲（半蹲）（图 4-4）

【准备姿势】站在深蹲架前，屈膝，两手握住深蹲架上的杠铃并担负在颈后肩上；向前走两步，两脚开立，略宽于肩，足趾稍向外撇，身体伸直。

【动作过程】屈膝下蹲至大腿面和地面平行或屈膝成 90°，静止 1 秒钟；大腿和臀部用力，两脚蹬地，使身体恢复到直立。完成规定次数和组数后，退回几步，把杠铃放回深蹲架上。

【呼吸方法】下蹲时呼气，起立时吸气。

【主要功效】提高股四头肌群、臀大肌的力量和耐力。

【注意要点】在做整个动作的过程中，背部要平直，上体勿前倾，臀部不要后突，后腰要下塌，动作要稳定。腿部快伸直时，用力挺直膝关节。

图 4-4　屈膝深蹲

（2）负重提踵（图 4-5）

【准备姿势】将杠铃放在颈后肩上，两脚开立，脚尖稍向里扣或外撇，脚掌站在垫木上，脚跟露在垫木外。

【动作过程】收缩小腿肌群，使脚跟尽量提高，使腓肠肌彻底收紧。静止 1 秒钟，放下脚跟，还原，重复再做。

【呼吸方法】脚跟提起时吸气，放下时呼气。

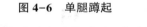

【主要功效】是发展小腿肠肌、比目鱼肌的主要手段。

【注意要点】脚跟上提和下降时要注意保持重心稳定。

（3）单腿蹲起（图 4-6）

【准备姿势】练习腿全脚掌着地，上体正直，异侧腿稍前举，两臂侧平举。

【动作过程】练习腿深蹲，静止 1 秒钟，然后练习腿平稳用力起立，再停止 1 秒钟，两腿交换练习。

图 4-6　单腿蹲起

【呼吸方法】起立时吸气，下蹲时呼气。

【主要功效】发展股四头肌。

【注意要点】练习腿深蹲时上体稍前倾，动作宜缓慢，掌握好平衡，起立应快速。如果腿部肌肉力量差，可做两腿深蹲起。单腿蹲起时也可以一手扶支撑物，以保持平衡，但起立时不得借助臂力。

（4）俯卧腿弯举（图 4-7）

【准备姿势】俯卧在专用长凳上，两脚跟伸钩在所要承担的杠铃片的滚轴下面或由同伴给予适当阻力。

图 4-7　俯卧腿弯举

【动作过程】屈膝，小腿向后折叠，到最高点时尽力收缩二头肌，静止 1 秒钟，放下小腿到原来位置，重复再做。

【呼吸方法】弯起小腿时吸气，放下时呼气。

【主要功效】主要发展股二头肌和腓肠肌。

【注意要点】弯起小腿时，大腿平贴凳面。

2. 增强胸部肌肉力量和耐力的方法

（1）俯卧撑（图4-8）

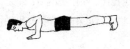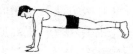

【准备姿势】两臂伸直，两手撑地与肩同宽，手指向前，两腿向后伸直并拢，两脚尖着地，身体成平直俯卧姿势。

图4-8 俯卧撑

【动作过程】屈臂，身体下降至胸部几乎触及地，稍停，然后两臂同时平稳用力伸直，稍停。

【呼吸方法】屈臂下降后呼气，伸直后吸气。

【主要功效】发展胸大肌、肱三头肌。

【注意要点】两臂屈伸时，应挺胸、直背、收腹，整个身体平直起落，伸臂时带点爆发力，屈臂时宜缓慢，两肘向外、抬头。

（2）仰卧推举（图4-9）

【准备姿势】仰卧在长凳上，使躯干从后肩到臀部成"桥"形，即挺胸收小腹，腰背肌用力收紧，腰背部稍离开凳面，只以肩部和臀部触及凳面。将杠铃放在乳头上方1cm左右处，两手握杠间距比肩稍宽。

【动作过程】将杠铃垂直上举至两臂完全伸直，胸肌收缩，静止1秒钟，慢慢下落。

图4-9 仰卧推举

【呼吸方法】上举时吸气，下落时呼气。

【主要功效】发展胸大肌、肱三头肌。

【注意要点】上举时背部、臀部要平贴凳面，两脚用劲下踏，动作不要间断，也不要用力过猛。

（3）仰卧飞鸟（图4-10）

【准备姿势】仰卧长凳上，两手拳心相对，持哑铃；两臂向上直伸与地面垂直，两脚平踏地面。

【动作过程】两手向两侧分开下落，两肘微屈，直到不能更低时止。静止1秒钟，让胸大肌完全伸展，然后将两臂从两侧向上，回到开始位置。

【呼吸方法】两臂拉开时吸气，回复时呼气。

图4-10 仰卧飞鸟

【主要功效】发展胸大肌。

【注意要点】两手不要紧握，分臂时，背部肌肉要收紧，意念集中在胸大肌的收缩和伸展上。

3. 增强肩部肌群力量和耐力的方法

（1）双臂前平举（图4-11）

【准备姿势】两腿直立，挺胸收腹。两手正握哑铃或杠铃，两臂下垂于腿前。

【动作过程】直臂持铃向上举起至稍高于肩，静止1秒钟，再直臂徐徐放下，还原至腿前。如用哑铃，可左右手各1次，连

图4-11 双臂前平举

续交替做。

【呼吸方法】上举时吸气，下落时呼气。

【主要功效】发展三角肌前部、斜方肌。

【注意要点】上举和下落时全身保持直立，两臂伸直，意念集中在三角肌。

（2）两臂侧平举（图4-12）

【准备姿势】两脚自然开立，两手握哑铃，下垂于身体两侧。

图4-12 两臂侧平举

【动作过程】收缩三角肌，直臂向侧上方举起，直到略高于肩，静止1秒钟，再让两臂徐徐放下到下垂位置。

【呼吸方法】上举时吸气，静止时呼气。下降时吸气，完全落下时呼气。

【主要功效】发展三角肌中部、斜方肌。

【注意要点】上举和下落时，全身保持直立，不要摇摆弯曲，臂部伸直。

（3）提铃耸肩（图4-13）

【准备姿势】两脚直立，挺胸收腹，两手正握哑铃或杠铃，两臂下垂于体侧。

【动作过程】先让肩部尽量下倾，两臂完全不使劲，然后耸起两肩（主要收缩斜方肌）至最高点，静止1秒钟，松下肩，重复再做。

【呼吸方法】耸起肩部时吸气，松下时呼气。

【主要功效】发展斜方肌。

【注意要点】上提和下落时，全身保持直立，要完全靠收缩斜方肌的力量提铃，两肘不能有丝毫弯曲。

图4-13 提铃耸肩

4. 增强颈部肌肉力量和耐力的方法

（1）双手正压颈屈伸（图4-14）

【准备姿势】站立，两手手指交叉放于额前或头后。

【动作过程】颈部用力把头向前或向后，两手施于阻力，不让其轻易抬起或低下。如此反复多次，直到颈部感到酸胀。

【呼吸方法】头部上抬时吸气，下垂时呼气。

【主要功效】发展颈部伸屈肌群。

图4-14 双手正压颈屈伸

【注意要点】头部上抬时，目光尽量上视，下垂头部时，目光尽量下视。这样，屈伸才能彻底。

（2）单手侧压颈屈伸（站立图4-15）

【准备姿势】一手按头右侧，另一手叉在左侧腰间。坐立亦可。

【动作过程】按在头右侧的手用力把头向左侧推压，而颈部则用力顶住，使头部逐渐倾斜；然后，颈部用力把头向上向右抬起，而右手则用力压住头部，不让其轻易抬起。如此反复多次，直到颈部感到酸胀。

【呼吸方法】一手用力侧压头部时吸气，压到底时呼气。

【主要功效】发展颈部伸屈肌群。

【注意要点】阻力不要过大过猛，前几次用力要小些，逐渐增大，以避免颈部扭伤。颈部只是屈伸，切勿有任何旋转。

图 4-15　单手侧压颈屈伸

5. 增强腰腹肌力量和耐力的方法

（1）仰卧抬腿卷缩上体（图 4-16）

【准备姿势】平卧床上或地上。两膝关节弯曲，抬起小腿，勿使下降，两手抱头或放于胸前。

【动作过程】在保持小腿不下放的同时，尽力把上体向前卷缩，身体不要上抬很高。

【呼吸方法】向前卷缩时吸气，回落时呼气。

【主要功效】发展腹直肌。

【注意要点】向前卷缩时，腰要紧贴床或地面，腹肌尽量收缩。

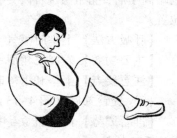

图 4-16　仰卧抬腿卷缩上体

（2）两头起（元宝收腹）（图 4-17）

【准备姿势】仰卧在床上或垫子上，两脚伸直并拢，两臂上举，掌心向上。

【动作过程】两腿上举的同时上体起立，两手尽力摸脚背，然后还原到开始姿势，停 1 秒钟继续刚才动作。

【呼吸方法】向前弯曲收缩时吸气，回落时呼气。

【主要功效】发展腹直肌。

【注意要点】做两头起这个动作时，上体和两腿要同时做动作，上体和腿下落时也同时进行，要注意动作节奏。

图 4-17　两头起（元宝收腹）

（3）悬垂屈膝缩腿（图 4-18）

【准备姿势】两手正握单杠，全身直垂杠上。

【动作过程】屈膝，把小腿尽力向上缩起，到最高点时，彻底收缩腹直肌 1 秒钟。然后徐徐下垂小腿，直到完全伸直。

【呼吸方法】缩起小腿时吸气，降落时呼气。

【主要功效】发展腹部肌群。

【注意要点】缩起小腿时要尽力把两膝向上提升。

6. 增强背部肌肉力量和耐力的方法

（1）引体向上

【准备姿势】两手以适宜间距正握（掌心向前）单杠，两脚离地，身体自然下垂。

【动作过程】用背阔肌的收缩力量将身体往上拉起，直到单杠

图 4-18　悬垂屈膝缩腿

触及或接近胸部。静止 1 秒钟，使背阔肌完全收缩。然后逐渐放松背阔肌，让身体徐徐下降，直到恢复完全下垂，重复再做。

【呼吸方法】将身体往上拉时吸气，下垂时呼气。

【主要功效】发展背阔肌。

【注意要点】上拉时意念集中在背阔肌，把身体尽可能拉高，上拉时不要让身体摆动；下垂时脚不能触及地面。可在腰上钩挂杠铃片来加大负荷强度。

（2）负重躬身（图 4-19）

图 4-19　负重躬身

【准备姿势】颈后肩负杠铃，两手宽握杠铃，直立。

【动作过程】慢慢向前屈体躬身，直到上体与地面平行，静止 1 秒钟，身体向上抬起，直到回复到直立姿势。

【呼吸方法】向前屈体时吸气，抬起时呼气。

【主要功效】发展竖脊肌（骶棘肌）。

【注意要点】屈伸上体时，应始终保持挺胸、收腹、紧腰和两脚伸直姿势。两手紧握横杠，勿使杠铃在颈上滑动，上体抬起时尽量收缩骶棘肌。

7. 增强臂部肌肉力量和耐力的方法

图 4-20　两臂弯举

（1）两臂弯举（图 4-20）

【准备姿势】直立，两手紧握杠铃，两臂下垂。

【动作过程】上臂尽量保持不摆动，屈肘，弯起前臂到最高点，同时收缩二头肌，静止 1 秒钟。松展肘关节，让前臂徐徐下落到两臂完全伸直。

【呼吸方法】弯起前臂时吸气，回落时呼气。

【主要功效】发展上臂肱二头肌。

【注意要点】要依靠肱二头肌的力量使前臂向上弯起，在前臂弯起到最高点时，尽量收缩肱二头肌 1 秒钟，而不是立即放松它。前臂弯起时，上臂保持不动。

（2）头上臂屈伸（图 4-21）

【准备姿势】两手合握一个哑铃。将其高举过头顶后，屈肘，让前臂向后下垂。直立或坐在凳上。

图 4-21　头上臂屈伸

【动作过程】两上臂贴近两耳，保持竖直，不摇动。收缩肱三头肌，逐渐伸展肘关节，把前臂向上挺伸，直到臂部完全伸直；肱三头肌彻底收紧，静止 1 秒钟，再屈肘，让前臂徐徐下垂到开始位置，使肱三头肌尽量伸展。

【呼吸方法】挺伸前臂时吸气，屈降时呼气。

【主要功效】发展上臂肱三头肌。

【注意要点】挺伸前臂时切勿摆动上臂。

（3）反握引体向上（图4-22）

【准备姿势】两臂伸直，两手反握单杠，握距与肩同宽，两腿伸直，身体悬垂。

【动作过程】两臂同时平稳用力拉起身体，直至下颌过横杠为止，停止1秒钟，然后还原，重复再做。

【呼吸方法】上拉时吸气，回落时呼气。

【主要功效】发展肱二头肌和肱三头肌。

【注意要点】屈臂时不得借助上体和腿的摆动，伸臂时臂要伸直。

图4-22　头上臂屈伸

（4）腕弯举（图4-23）

【准备姿势】坐姿，一手反握哑铃，前臂贴放在大腿上，手腕向前伸出，垂于膝盖前，也可正握哑铃。反握主练前臂内侧肌肉。正握主练前臂外侧肌肉。两手交替做。

【动作过程】前臂平贴大腿，手腕尽力向上、向内屈转（收缩屈指肌），直到不能再屈转时，静止1秒钟。放松前臂肌肉，让手腕向前回落。

【呼吸方法】屈转手腕时吸气，回落时呼气。

【主要功效】发展前臂屈肌肌群。

图4-23　腕弯举

【注意要点】屈转到最后时，一定要尽力收缩前臂肌肉（屈指肌）1秒钟，再逐渐放松。

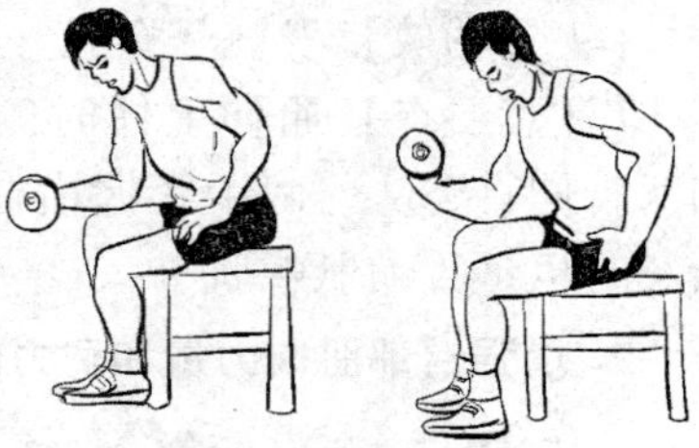

三、提高身体柔韧性

柔韧性是人的基本素质之一。它是指人体各关节活动范围的大小及肌肉、肌腱、韧带等软组织的伸展能力。从其与所从事项目的关系上看，分为一般柔韧性和专项柔韧性；从其外部运动状态上看，可分为动力柔韧性和静力柔韧性；从完成柔韧性练习的表现上看，可分为主动柔韧性和被动性柔韧性。

发展柔韧素质的练习主要有两种，即主动性柔韧练习和被动性柔韧练习。主动性柔韧练习是通过与某关节有关联的肌肉的收缩来增加关节灵活性；被动性柔韧练习是依靠外力的作用增加关节的灵活性。在这两种练习中又都包含有动力性柔韧练习和静力性柔韧练习，主动性柔韧练习特点可分为单一的和多次的（如一次重复和多次重复的体前屈），摆动的和固定的（如向上踢腿和固定支撑点的拉肩），负重和不负重等练习形式。主动静力性柔韧练习是在动作达到最大幅度的情况下，依靠自身肌肉力量保持静止姿势。被动动力性柔韧练习是依靠同伴的帮助来逐渐加大活动部位的动作幅度，而被动静力性柔韧练习是依靠外力来保持固定的姿势。

被动性柔韧练习的效果比主动性柔韧练习差一些，尤其是被动的静力性柔韧练习更是如此。但它却可以达到更大的柔韧性指标。而被动柔韧性的最大指标往往决定着主动柔韧性的指标，如站姿向上摆腿的幅度取决于摆动腿静力柔韧性指标的高低。因此，在练习过程中两者必须兼而有之。

(一) 提高身体柔韧性的意义

1. 柔韧性训练可减少受伤的危险性

大多数运动损伤都是关节扭伤，肌肉及相关组织的过度拉伸引起的拉伤。坚持科学、规律的柔韧性训练的运动员比缺乏柔韧锻炼的人在做同一练习时，受伤可能性要小 50%。柔韧性好可以加大身体的活动范围，在激烈的运动中更好地应付各种意外情况，减少受伤的可能性。对老年人来说，提高柔韧性还意味着良好的生活质量，因为僵硬的关节和韧带会限制人体的活动范围，可能会因很小的意外而导致严重的后果。

2. 良好的柔韧性是提高运动技术水平的重要条件

良好的柔韧性是正确完成动作技术的基础，如标枪运动员肩关节柔韧性的好坏，直接影响到投掷臂的动作幅度和投掷臂的移动轨迹，从而影响投掷效果。而柔韧性更是体操运动员能否轻松、优美地完成大幅度动作的关键。

3. 柔韧性练习是身心放松的一种方法

当与其他类型的训练相结合时，柔韧性练习是一种很好的热身和放松运动。柔韧性练习还可提高神经系统与肌肉组织的协调性。长时间保持一种姿势进行学习和工作，会造成局部肌肉痉挛，产生疲劳感觉。此时可进行适当的伸、拉练习，有助于缓解局部肌肉的紧张，消除疲劳感。

(二) 提高柔韧性的原则

1. 渐进性原则

做柔韧性练习时，锻炼部位易产生酸痛感，这是由于肌肉被拉长回缩力增加的原因，应继续将其慢慢拉开，这样才能消除疼痛感。经过一个时期的练习，身体已经适应该长度的伸展，应进一步拉长肌肉，牵拉肌腱，使柔韧性提高到一个新的水平。如果柔韧性练习停止一段时期，已获得的效果就会有所消退。肌肉、肌腱和韧带等软组织的伸展性并不是一朝一夕就能提高的，急于求成容易引起软组织损伤。因此，柔韧性练习要循序渐进、持之以恒才能见效。

2. 全面性原则

不管是准备活动中的伸展练习，还是专门发展某些关节柔韧性的练习，都要兼顾到身体各个环节柔韧性的全面发展。在身体活动中，完成动作不仅局限于一个关节或某个身体部位，而且要牵扯到几个相互关联的部位甚至全身。如果柔韧性练习只集中在部分关节和身体部位而忽视其他部位，则完成动作会受阻甚至有受伤的可能。因此，如果发现某一关节柔韧性稍差，就应采取针对性措施使其得到改善。

3. 差异性原则

人体的生理结构虽然基本相同，但由于年龄、性别、身体功能、基本活动能力等方面都存在着个体差异，在选择柔韧性练习方法和运动负荷等方面也应有所区别，不能千篇一律。柔韧性练习还必须根据所参加锻炼项目的特点和锻炼者的具体情况作出安排。应在全面发展身体各部位柔韧性的基础上，重点练习特定项目所需要的专门柔韧素质。锻炼者可根据自己的情况，进行适合自己的柔韧性练习。

（三）柔韧性练习的要求和注意事项

1. 柔韧性练习的时间、次数

初学者首次进行柔韧性练习时，应从接近使自己感到疼痛的临界点开始，每一个拉伸姿势保持 20 秒左右。对身体各组肌肉的练习只需重复 1 次。然后，逐渐延长每次动作的时间（直到能坚持 1 分钟），增加强度（以能在自己的"可拉伸区域"内，没有痛感地做该动作为合格）。如果做到了这一步，就可以重复一遍该动作（即从可以完成该动作并坚持 20 秒钟，逐渐延长时间至 1 分钟）。为了实现目标，每一次训练中针对每个部位做 1 分钟的拉伸练习，这样每次都能在 10~15 分钟内完成该练习。练习中动作不能太剧烈，防止疼痛和拉伤。如果要提高柔韧性，至少每周做 3 次伸展练习，每周 5~6 次练习则能收到明显的效果。

2. 柔韧性练习的强度

进行柔韧性训练的人，不论其运动水平高低，都应采用缓慢、放松、有节制和无痛苦的练习。因为如果动作的幅度过大，随时可能拉伤自己的肌肉。肌肉在伸展时会有酸胀的感觉，但不应过分伸展而引起不适。拉伸的强度随关节活动范围的增加而改变。随着柔韧性在锻炼过程中的提高，练习强度应逐渐加大，做到"酸加、痛减、麻停"。在进行大强度的肌肉伸展练习之前必须做充分的热身，使身体发热、出汗，减小肌肉、韧带的粘滞性。

3. 柔韧性练习时的外界温度

外界温度过高或过低，都会影响到肌肉的状态和肌肉的伸展能力。外界温度高，轻微的热身运动后即可做伸展练习；外界温度低，则应做充分的热身运动至冒汗后方可为进行柔韧性练习。

4. 注意身体反应

在大运动负荷训练后或身体疲惫时，不宜做大强度的专项柔韧性训练。

（四）提高关节柔韧性的方法和手段

1. 肩关节柔韧性练习

（1）正压肩（图 4-24）

【伸展部位】胸大肌、背阔肌。

【练习方法】手扶一定高度的物体或 2 人手扶对方肩，体前屈直臂压肩。

（2）反压肩（图 4-25）

【伸展部位】胸大肌、三角肌前束。

【练习方法】反手扶一定高度的物体，下蹲直臂压肩。

（3）吊肩（图 4-26）

【伸展部位】胸大肌、背阔肌等肩带周围肌群。

【练习方法】单杠各种握法（正、反、反正等）的悬垂；或单杠悬垂后，两腿从两手间穿过下翻成反吊。

图 4-24　正压肩

图 4-25　反压肩

图 4-26　吊肩

（4）转肩（图 4-27）

【伸展部位】肩带周围肌肉。

【练习方法】用木棍、绳、毛巾等作直臂或屈臂的向前、向后的转肩，握距应逐渐缩小。

图 4-27　转肩

2. 下肢柔韧性练习

（1）弓箭步压腿（图 4-28）

【伸展部位】大腿屈肌、股四头肌。

【练习方法】前跨一大步成弓箭步，后脚跟提起，膝关节略屈，向前顶髋。

（2）后拉腿（图 4-29）

【伸展部位】大腿屈肌、股四头肌。

【练习方法】一手扶支撑物，把一条腿置于一定高度的物体上，向后拉腿。

图 4-28　弓箭步压腿

（3）正压腿（图 4-30）

【伸展部位】股后肌群、小腿三头肌。

【练习方法】单脚支撑，一腿放置于一定高度的物体上，两膝关节伸直，身体前屈下压。

图 4-29　后拉腿　　　　图 4-30　正压腿　　　　图 4-31　侧压腿

（4）侧压腿（图 4-31）

【伸展部位】大腿内侧肌群、股后肌群、小腿三头肌。

【练习方法】侧立单脚支撑，一腿置于一定高度的物体上，两膝伸直，身体侧屈下压。

3. 踝关节柔韧性练习

（1）跪压（图 4-32）

【伸展部位】小腿前群肌、股四头肌。

【练习方法】脚背伸直跪于平面上，臀部坐在脚跟上。

（2）倾压（图 4-33）

【伸展部位】小腿后群肌。

【练习方法】手扶墙面站于一定高度的物体上，先提踵，后脚跟下踩，身体略前倾。

图 4-32　跪压

4. 腰腹部柔韧性练习

（1）体前屈（图 4-34）

【伸展部位】腰背及股后肌群。

【练习方法】两脚并步或开立，膝关节伸直，身体前倾下压。

（2）体侧屈（图 4-35）

【伸展部位】体侧肌群。

【练习方法】2 人 1 组，一人两臂上举在另一人协助下做侧振。

（3）转体（图 4-36）

【伸展部位】躯干和臀转肌。

【练习方法】把一只脚放于另一腿的膝盖外侧，双手抱头，向弯曲腿的方向扭转身体。

图 4-33　倾压

图 4-34　体前屈　　　　　　图 4-35　体侧屈　　　　　　图 4-36　转体

第四节　体育锻炼的医务监督

一、一般体格检查

首先进行自我监督，参加锻炼者采取简单易行的医学检查方法，对本人的健康状况和身体反应进行观察。自我监督是综合医学观察的重要内容之一，也是掌握运动量、科学地安排体育锻炼的重要依据，对预防伤病、提高运动成绩和健康水平有重要意义。

自我监督的内容包括主观感觉和客观检查。

（一）主观感觉

（1）运动心情。正常时，精神饱满，体力充沛，渴望锻炼；健康状况不佳或发生了过度训练时，就出现心情不佳、厌烦锻炼的现象。

（2）自我感觉。正常时自我感觉良好，身体无不适感觉。如果在运动中或运动后出现异于寻常的疲劳，感到恶心甚至呕吐、头晕、身体某些部位疼痛，则说明体力下降或患病了。

（3）睡眠。良好的睡眠是入睡快、醒后精力充沛。如果入睡迟，夜间易醒、失眠，睡醒后仍感疲劳，表明睡眠失常。

（4）食欲。因运动时能量消耗大，运动后食欲良好，食量大。如运动后不想进食，食量减少，在一段时间内不能恢复食欲，表明胃肠消化和吸收机能下降，可能与运动量安排不合适或身体机能的健康状况不良有关。

（5）排汗量。运动时排汗量的多少与运动量大小、训练程度、饮水量、气温、湿气、衣着厚薄以及神经系统状态有密切关系。在客观条件相同的情况下，随着训练程度的增长，排汗量可减少。如果在相同情况下，排汗量比过去明显增加，特别是夜间大量出冷汗，表明身体极度疲劳，也可能是内脏器官患病的征兆。

（二）客观检查

（1）脉搏。测脉搏时除注意频率外，还应注意节律。在训练时期，若每分钟晨脉比过去减少或无明显改变，节律齐，表明身体功能反应良好，有潜力；若每分钟比过去多 12

次以上，表明机能反应不良，可能与疲劳未消除或身体有病有关；如晨脉数比过去增加明显且长期不恢复到原数，可能是早期过度训练的表现。

（2）体重。在锻炼期间，体重出现"进行性下降"现象，并伴有其他异常征象（睡眠失常、情绪恶化等）时，可能为早期过度训练或身体有消耗性病变的表现。

（3）运动成绩。运动成绩长期不增长或下降可能是身体机能状况不良或早期过度训练的表现。

二、定期体格检查

定期进行比较全面的体格检查，可以帮助了解身体发育水平、健康状况和身体功能的变化以及锻炼方法是否正确、运动量是否合适等。

（一）定期体格检查的时间

（1）初检。初次参加体育锻炼的人，在开始训练前应进行体格检查。通过检查，对被检查者过去和现在的健康状况、身体发育、功能水平进行全面的了解。初检结果对制订锻炼计划、选择训练方法有重要参考价值。

（2）复查。对一般学生可每学期或每年检查1次身体，经过一定时期训练后进行复查，复查体格的时间应与身体素质测验安排在同一时期，这样便于将医学生理指标检查结果与技术测验结果对比。

（3）补充检查。学生健康分组转组时，以及伤病痊愈重新参加训练前都应作补充检查。

（二）定期体格检查的主要内容

体检内容依检查时间不同而有不同要求。初检须包括下列几方面内容。

（1）既往史，包括既往病史和运动史。

（2）医学检查。

①一般检查，应包括身体各系统物理检查、胸部X光线检查、血尿常规化验以及心电图检查。

②直立姿势检查和形态测量。除3项基本发育指标（身高、体重、胸围）为必测项目外，可根据要求选测其他指标。

③功能检查。重点是心、肺功能检查，可根据实际选择检查方法。此外，根据需要进行生化检查。

复查的内容最好与初检相同，但也可根据设备条件和需要选择几种主要指标进行检查。补充检查的内容可根据具体情况而定。如果只是想了解一下身体功能状况，则只进行简易的心血管系统功能检查和心电图检查即可，必要时再进行更深入仔细的检查。

三、运动训练的医务监督

（一）合理安排运动强度和运动量

按现代竞技体育的要求，无论是训练或比赛，运动员的机体功能都是处在一种临界状态下进行的，就是在不超过生理限度的情况下，使运动员发挥最大的潜力，取得最好的运动成绩。但是，这个"生理极限"是相对的，在不同年龄、不同性别、不同健康水平和训练程度的运动员是有很大差异的。因此，医务监督的任务之一就是要区别生理与病理之间的界限，以保证运动员在"生理限度"以内进行训练或比赛，既要使运动员的潜力得到最大限度的发挥，又不要出现过度训练。

（二）功能评定

运动训练过程中，在加强自我监督的同时，应定期进行形态和功能指标的测试。运动员身体功能评定的各种参数，可以从安静状态时、实验室定量负荷时和运动现场等方面取得。

（1）训练前后的动态观察。

（2）一周内身体变化的动态观察。

（3）每周 1 次清晨定时检查。

（4）比赛前后的动态观察。

四、比赛期的医务监督

运动员在比赛期间，为适应竞赛的需要，神经系统处于高度紧张状态、心血管和呼吸系统及内分泌系统等功能状态均处于较高的水平。某些项目的比赛，常可对机体带来某些不利的影响，因此，除了要求运动员要有顽强拼搏的意志、强健的身体、良好的训练水平和最佳的竞技状态外，还需要有良好的医疗保证。

（一）中、小学田径运动会的医务监督

运动员都是 7~18 岁的儿童、少年和青年，他们是体育运动的爱好者，但大多数学生未受过系统的训练，一般技术水平不高，动作的协调性也较差，而且运动场地和设备多较简陋。因此，要从实际出发，切实做好以下几方面的工作。

（1）赛前体检。

（2）组织管理。

（3）赛场救护。

（4）做好赛前准备活动。

（二）比赛期的特殊医学问题

1. 人工减轻体重

某些运动项目的等级是以运动员体重而决定的，如举重、摔跤等。运动员为了参加有利于自己创造优异成绩的比赛组别，常采用人工方法以减轻自己的体重。合理地控制或减轻体重，对保持体力和取得优异成绩有重要作用。但是，不适当的减轻体重，常会给身体带来损害。常用的减轻体重的方法有以下几种。

（1）控制饮食和饮水量。这是最常用的一种方法，其原则是通过对饮食成分和饮水量的控制，使体重下降。但在使用这种方法时，必须注意保证膳食中的营养价值，每日饮水量应控制在 500~600 毫升之内，饮食中盐的摄入量应减少到 5~6 克。控制饮食和饮水应在比赛前一周开始，可使赛前体重减少 1~3 千克。

（2）发汗性热浴。发汗性热浴是一种强行使体重下降的方法，体重的减轻与机体失水

有关。若过度发汗，可使机体大量失水，并使盐分丢失过多，影响机体的正常代谢，对身体引起不良反应，此种不良反应的程度与体内失水量的多少有关。

（3）运动员赛前控制体重或减轻体重，应该遵守循序渐进的原则，最好应有一个较长的减重计划。减重的措施较多，但平时要注意控制饮食，避免因热能摄入过多而引起体重增加。

2. 人工月经周期

女运动员在参加重大比赛时，为了避免月经期身体的反应对运动成绩产生影响，人为地使用月经周期提前或错后的方法，称为"人工月经周期"。采用提前或错后法，应视比赛的时间和运动员身体反应情况而定。对实行人工月经周期的运动员，必须加强医务监督，由于是人为地打乱了正常的月经规律，从体育保健的角度来看，不宜经常使用，尤其是月经初潮的女少年，原则上不要采用。

3. 兴奋剂问题

国际奥委会规定，某些基于药理作用能使身体功能超越常规，提高运动能力的药物，即使是在进行必不可少的治疗时，也应看作是兴奋剂，在比赛期严格禁用。

兴奋剂的种类有精神刺激剂，如苯丙胺、可卡因等；交感神经胺剂，如麻黄素、甲基麻黄素等；中枢神经刺激剂，如尼可刹米、士的宁等；麻醉止痛剂，如海洛因、吗啡、杜冷丁等；固醇类合成代谢剂，如甲基睾丸素、乙基睾丸素等。国际奥委会有明确规定禁用的兴奋剂种类，并根据药理研究的进展将不断增加。服用或注射兴奋剂后，机体可发挥出超越其正常功能可能性的力量，而暂时地提高运动竞赛能力，但对机体产生多种危害。运动员比赛中超支了自己的体力和精神，使身体负担过大，掩盖了运动中和运动后的损伤及疲劳反应，赛后的恢复期延长，有的甚至危及生命。此外，还可能引起成瘾、药物中毒、肝脏和骨骼损害及妇女男性化等现象发生。因此，我们必须特别注意关于禁用兴奋剂的规定，在治疗各种疾病时，应了解药理作用，不要因误用兴奋剂而触犯规定。

第五章　运动损伤的预防与处理

在体育运动中所发生的各种损伤，统称为运动损伤。包括两个方面：一是指在运动中发生的损伤；一是指运动技术性伤病。运动损伤与一般损伤不同，有其自身的特点和规律。了解运动损伤发生的原因和发病规律，认真做好预防工作，就能最大限度地减少或避免运动损伤的发生。这不仅能保证参加体育锻炼者的身体健康，获得最佳锻炼效果，而且有助于合理安排体育教学和训练。

第一节　运动损伤的原因及预防

一、运动损伤的原因

了解运动损伤的原因是预防运动损伤的前提。造成运动损伤的原因是多方面的，既与锻炼者的运动基础、体质水平有关，也与运动项目的特点、技术难度以及运动环境等因素有关。其主要原因有以下几点。

（1）思想麻痹大意是所有运动损伤因素中最主要的因素之一。如运动前不检查器械，预防措施不得力，好胜心与好奇心过强，就很容易在盲目和冒失行动中受伤。

（2）运动前缺乏准备活动或准备活动不充分，特别是缺乏针对性的准备活动，使运动器官、内脏器官机能没能达到运动状态，易造成损伤。

（3）运动时情绪低下，或在畏难、恐惧、害羞、犹豫以及过分紧张的状态下，容易发生伤害事故。有时也因为缺乏运动经验、缺乏自我保护能力而造成损伤。

（4）内容组合不科学、方法不合理、纪律松散，都有可能造成损伤。另外，由于技术的错误违反了人体结构功能特点和运动时的力学原理也易引起损伤。

（5）体育锻炼时选择的运动场地狭窄、地面不平坦、器械安置不当或不牢固、锻炼者拥挤或多种项目在一起活动，容易造成损伤。

（6）空气污浊、噪声、光线暗淡、气温过高或过低等，以及运动服装不符合运动要求等原因，都有可能直接或间接造成伤害事故。

（7）运动时身体过于疲劳易出现运动损伤。

二、运动损伤的预防

预防运动损伤发生，必须对损伤的发病机理进行深入研究，在此基础上，努力消除其他致伤因素，达到预防目的。

（1）不断加强运动安全教育，努力克服麻痹大意思想，提高预防损伤意识。

（2）认真做好准备活动，对可能发生运动损伤的环节和容易损伤的部位，要及时做好预防措施。准备活动要有针对性，包括一般准备活动和专项准备活动。

（3）坚持循序渐进的原则，合理组织安排锻炼，科学安排运动量，防止局部运动器官负担过重。

（4）加强保护与帮助，特别要注意提高自我保护能力，如摔倒时，立即屈肘低头，团身滚动，切记直臂或肘部撑地。由高处跳下时，要用前脚掌着地，并注意屈膝、弯腰、两臂自然张开，以利于缓冲和保持身体的平衡。

（5）做好运动后身体各部位的放松，减少运动后酸痛症状的产生。

第二节　常见运动损伤的处理

一、软组织损伤

软组织损伤可分为开放性损伤和闭合性损伤 2 类。前者有擦伤、撕裂伤、刺伤等；后者有挫伤、肌肉拉伤、肌腱腱鞘损伤类等。

（一）擦　伤

【原因与症状】因运动时皮肤受摩擦致伤，如跑步时摔倒，进行体操运动时身体擦磨器械受伤。擦伤后会出现皮肤出血或组织液渗出。

【处理】小面积擦伤可用红药水涂抹伤口即可。大面积擦伤，先用生理盐水洗净后涂抹红药水，再用消毒纱布覆盖和包扎。

（二）撕裂伤

【原因与症状】在剧烈、紧张运动时，或受到突然强烈撞击，会造成肌肉撕裂。其中包括开放伤和闭合伤两种，常见有眉际撕裂、跟腱撕裂等。开放伤会顿时出血，周围肿胀；闭合伤触及时有凹陷感或剧烈疼痛。

【处理】轻度开放伤用红药水涂抹伤口即可；裂口大时，则需止血并缝合伤口，必要时注射破伤风抗毒血清，以防止破伤风症。如果肌腱断裂，则需手术缝合。

（三）挫　伤

【原因与症状】因撞击器械或练习者之间相互碰撞而造成挫伤。单纯挫伤在损伤处出现红肿、皮下出血，并有疼痛；内脏器官损伤时，则出现头晕、脸色苍白、心慌气短、出虚汗、四肢发凉、烦躁不安，甚至休克。

【处理】在 24 小时内冷敷或加压包扎伤处，抬高患肢。24 小时后，可按摩或理疗。进入恢复期可进行一些功能性锻炼。如果怀疑内脏损伤，则在做临时性处理后，立即送医院检查和治疗。

（四）肌肉拉伤

【原因和症状】通常是在外力直接或间接作用下，使肌肉过度主动收缩或被动拉长时引起肌肉拉伤。特别是由于准备活动不充分，动作不协调以及肌肉弹性、伸展性、肌力差者更易拉伤。损伤后伤处肿胀、压痛、肌肉痉挛，触诊时可摸到硬块。严重的肌肉拉伤是肌肉撕裂。

【处理】轻度的肌肉拉伤可即刻冷敷，局部加压包扎，抬高患肢。24小时后可施行按摩或理疗。如果肌肉已大部分或完全断裂者，在加压包扎急救后，立即送医院手术治疗。

二、关节、韧带扭伤

（一）肩关节扭伤

【原因与症状】一般因肩关节用力过猛以及反复劳损所致，也有的因技术错误，违反解剖学原理而造成的损伤，如投掷、排球扣球与大力发球时常出现这类损伤。其症状有压痛、疼痛，急性期有肿胀，慢性期三角肌可能出现萎缩，肩关节活动受限。

【处理】单纯韧带扭伤，可用冷敷，加压包扎。24小时后可采用理疗、按摩和针灸治疗。出现韧带断裂时，应立即送医院缝合和固定处理。当肩关节肿胀和疼痛减轻后，可适当进行功能性锻炼，但不宜过早活动，以防转入慢性伤。

（二）髌骨劳损

【原因与症状】髌骨具有保护股骨关节面，维护关节外形和传递股四头肌力量的作用，是维护膝关节正常功能的重要结构。髌骨劳损是膝关节长期负担过重或反复损伤累积而成，也可能会因一次直接外力撞击致伤，如篮球运动中急停，跳高和跳远时踏跳不合理或摔倒，都可导致这类损伤。

【处理】采用中药外敷、针灸、按摩等。平时加强膝关节肌群力量练习，如采用高位静止半蹲（站桩），每次保持3~5秒钟即可。伤情好转时，可逐渐增加时间，每日进行1~2次。

（三）踝关节扭伤

【原因与症状】运动中跳起落地时失去平衡，使踝关节过度内翻或外翻致伤。在准备活动不充分，场地不平坦的情况下，更易造成这类损伤。其主要症状为伤处疼痛、肿胀，韧带损伤处有明显的压痛，皮下瘀血。

【处理】受伤后应立即冷敷，用绷带固定包扎，并抬高伤肢。24小时后，根据伤情采取综合治疗，如外敷伤药、理疗、按摩等，必要时做封闭疗法。待病情好转后，可适当进行功能性练习。对严重患者，可采用石膏固定。

（四）急性腰伤

【原因与症状】运动时身体重心不稳定或肌肉收缩不协调，易引起腰部扭伤。多数原因是腰部受力过重或脊柱运动时超过了正常的生理范围。

【处理】腰部急性扭伤后让患者平卧，一般不要立即扶起。如果剧烈疼痛，则用担架抬送至医院诊治。处理后，应卧硬板床，腰后垫一小枕头，使肌肉韧带处于放松状态。也可进行针灸，外敷伤药或按摩。

三、关节脱位

【原因与症状】因受外力作用，使关节面失去正常的连接关系，叫关节脱位，又称脱臼。关节脱位可分为完全脱位和半脱位（或称错位）2 种，严重的关节脱位，伴有关节囊撕裂甚至损伤神经。运动中发生的关节脱位，大多是间接外力撞击所致。

关节脱位后常出现畸形，与健肢对比不对称，因软组织损伤而出现炎症反应、局部疼痛、压痛和关节肿胀，并失去正常的生活功能，甚至发生肌肉痉挛等现象。

【处理】拨打 120 急救电话，送医治疗。

四、脑震荡

【原因与症状】脑震荡是指头部受到外力打击后，使大脑管理平衡的膜半规管、椭圆囊、球囊等感受器官机能失调，直至引起意识和机能的一时障碍。运动时，两人头部相撞，或撞击硬物或从高处跌下时头部撞地，都易造成脑震荡。

致伤时，神志昏迷，脉搏徐缓，肌肉松弛，瞳孔稍大但能对称；神经反射减弱或消失；清醒后，患者有头痛、头晕、恶心、呕吐感；平时情绪烦躁，注意力不易集中，耳鸣、心悸、多汗、失眠、记忆力减退等。

【处理】立即让患者平卧，拨打 120 急救电话并说明地点和基本情况，按医生的要求进行施救。脑震荡一般都可自愈，无须住院治疗，但要注意休息和必要的药物治疗，保持情绪安定，减少脑力劳动。

在恢复过程中，可定期做脑震荡痊愈平衡试验，以检查病况进展。其方法是闭目、单腿站立、两臂平举。如果能保持平衡，表明脑震荡已基本治愈，这时可适当参加锻炼，但要避免滚翻和旋转动作。

五、骨　折

骨折分为不完全性骨折和完全性骨折两种。常见的骨折有肱骨骨折、前臂骨骨折、手骨骨折、大腿骨骨折、小腿骨骨折、肋骨骨折、脊柱骨折等。在运动中骨折是比较严重的运动损伤，但发生率很低。

【原因与症状】运动中身体某部位受到直接或间接的暴力撞击时，会造成骨折。例如在踢足球时，小腿被踢，造成胫骨骨折；摔倒时手臂直接撑地引起尺骨或桡骨骨折；跪倒时可造成髌骨骨折等。

骨折发生后，患处立即出现肿胀、皮下瘀血，有剧烈疼痛（活动时加剧），肢体失去正常功能，肌肉产生痉挛，有时骨折部位发生变形，移动时可听见骨摩擦声。严重骨折时，伴有出血和神经损伤、发烧、口渴直至休克等全身症状。

【处理】第一时间拨打 120 急救电话，请医务人员来施救或听从医生指导施救，千万不要擅自施救。

第三节 运动中常见的生理反应与处理

一、低血糖症

（一）原 因

由于长时间剧烈运动，体内血糖大量消耗，大脑皮层调节糖代谢的机制暂时紊乱所造成的。运动前饥饿或情绪过分紧张，病后初愈立即参加较长时间的运动等，都可能使血糖含量降低，导致低血糖症。

（二）征 象

正常状态下人体内每 100 毫升血液中血糖应维持在 80～120 毫克。当血糖低于 50～60 毫克时，人体会出现饥饿感、极度疲乏、头晕、面色苍白、出冷汗，重者神志模糊、语言不清、四肢发抖、骚动不安或精神暂时错乱（如在长距离赛跑中，出现返身向相反方向跑），甚至昏迷。此症多发生于长跑、超长跑和长时间的剧烈运动中。

（三）处 理

低血糖症发生时，首先要平躺保暖，神志清醒者可给予喝浓糖水或吃少量食品，一般即可恢复。若出现昏迷，应先抗休克，针刺（或指掐）人中、涌泉、合谷等穴，并迅速拨打 120 急救。

（四）预 防

应注意患病未愈、空腹饥饿或体质较差时，不宜参加长时间的剧烈运动。在长时间运动中，可准备和补充一些含糖的饮料。

二、肌肉酸痛

（一）原 因

运动后的肌肉酸痛原因是运动时肌肉活动量大，引起局部肌纤维及结缔组织的细微损伤，以及部分肌纤维的痉挛所致。

（二）征 象

肌肉酸痛一般不是运动结束后立即发生的，大多是发生在运动结束 1～2 天以后，也被称为延迟性疼痛。由于这种酸痛现象只是局部肌纤维损伤和痉挛，不影响整块肌肉内部对细微损伤的修复，肌肉组织会变得更加强壮，以后同样负荷将不易再发生酸痛。

（三）处 理

出现肌肉酸痛后，可采用以下方法处理。

（1）热敷。对酸痛的局部肌肉进行热敷，促进血液循环及代谢过程，有助于损伤的组织修复及痉挛的缓解。

（2）伸展练习。对酸痛局部进行静力牵张练习，保持伸展状态 2 分钟，休息 1 分钟，重复进行，有助于缓解痉挛。

（3）按摩能使肌肉放松，促进血液循环，缓解肌肉痉挛和损伤修复。

（4）口服维生素C。维生素C促进结缔组织中的胶原合成，有助于损伤的结缔组织的修复。

（5）针灸、电疗等也有一定的缓解作用。

（四）预　防

在参加体育锻炼时，应根据自己的身体状况安排运动量，尽量避免局部肌肉负担过重；同时注意在锻炼时，应充分做好运动前的准备活动和运动后的整理活动。

三、运动中腹痛

（一）原　因

多数在中长距离以上跑时容易发生。主要因准备活动不充分，开始运动时过于剧烈，或者跑得过快，内脏器官功能尚没达到竞赛状态，致使脏腑功能失调，引起腹痛；也有的因运动前吃得过饱、饮水过多以及腹部受冷，引起胃肠痉挛；少数因运动时间过长或过于剧烈，使下腔静脉压力上升，引起血液回流受阻，或者因肝脾瘀血，膈肌运动异常，致使两肋部胀痛；患有肝炎、慢性胃病或阑尾炎等。

（二）征　象

一般情况下，胃痉挛的疼痛部位在上腹部；肠痉挛部位多在左下腹部；肝脾瘀血引起的疼痛，肝痛在右侧肋部，脾痛在左侧肋部，疼痛症状为胀痛或牵引痛。各种疾病引起的疼痛部位，同病变部位一致。

（三）处　理

如果没有器质性病变迹象，一般可采用减慢跑速，加深呼吸，按摩疼痛部位或弯腰跑一段距离等方法处理，疼痛常可减轻或消失。如疼痛仍不减轻，甚至加重，就应停止运动，并口服十滴水或普鲁苯辛（每次一片），或揉按内关、足三里、大肠俞等穴位。如仍不见效，应送医院做进一步检查和治疗。

（四）预　防

切记饭后1小时才可进行运动；做好准备活动，运动负荷要坚持循序渐进的原则，同时在运动中要注意呼吸节奏；夏季运动要适当补充盐分；对于各种慢性病引起的腹痛应就医检查，病愈之前，应在医生和体育教师指导下进行体育锻炼。

四、运动性昏厥

（一）原　因

在运动中，由于脑部血液供给突然不足而发生的一时性知觉丧失现象，叫运动性昏厥。原因是剧烈运动或长时间运动，使大量血液积聚在下肢，回心血量减少所致。也与剧烈运动后引起的低血糖有关。

（二）征　象

运动性昏厥主要表现为全身无力、头昏耳鸣、眼前发黑、面色苍白、失去知觉、突然昏倒、手脚发凉、脉搏慢而弱、血压降低、呼吸缓慢等。

（三）处 理

应立即让患者平卧，足略高于头部，并进行由小腿向大腿方向推摩或拍击。同时用手指点在人中、合谷等穴位，必要时给氨水闻嗅。如有呕吐，应将患者头偏向一侧。如停止呼吸，应立即进行人工呼吸。轻度休克者，应由同伴搀扶慢慢走一段时间，帮助进行深呼吸，症状即可消失。

（四）预 防

平时要经常坚持体育锻炼，以增强体质；久蹲切忌突然起立；切忌带病参加剧烈运动；疾跑后切忌立即停下来；切忌饥饿情况下参加剧烈运动。只要遵循上述要求，完全可以避免运动性昏厥的发生。

五、肌肉痉挛

（一）原 因

体育锻炼时，肌肉受到寒冷的强烈刺激时，易发生肌肉痉挛。此症常在游泳或冬季室外锻炼时发生。也有的因运动前准备活动不够，或肌肉猛力收缩，或收缩与放松不协调时，均可能发生肌肉痉挛。也有的人是因为情绪过分紧张所致。运动中最易发生痉挛的肌肉为小腿腓肠肌，其次是屈拇肌和屈趾肌。

（二）征 象

局部肌肉剧烈挛缩发硬，疼痛难忍而且一时不能缓解。痉挛缓解后仍有不适感。

（三）处 理

对发生痉挛部位的肌肉做牵引。例如，腓肠肌痉挛时，立即伸直膝关节，并配合按摩、揉捏、叩及点压委中、承山、涌泉等穴位，以促使痉挛缓解和消失。

（四）预 防

运动前要做好准备活动，对容易发生痉挛的部位，运动前应作适当按摩。夏季长时间运动时，要注意补充盐分；冬季锻炼时，要注意保暖。游泳下水前，应先用冷水淋浴；游泳时，不要在水中停留时间过长。疲劳和饥饿时，不要进行剧烈运动。

六、运动中暑

（一）原 因

在高温环境中，长时间参加体育锻炼易发生中暑，尤其在温度高，通风不良，头部缺乏保护、被烈日直接照射的情况下，最容易发生中暑。

（二）征 象

中暑早期有头晕、头痛、呕吐现象，逐步发展为体温升高，皮肤灼热干燥，严重者会出现精神失常、虚脱、抽搐、心律失常、血压下降，甚至昏迷危及生命。

（三）处 理

首先将中暑者扶送到阴凉通风处休息，同时采取降温消暑手段，如解开衣领，额部冷敷做头部降温，喝些清凉饮料、十滴水，并补充生理盐水或葡萄糖等。严重患者，经临时处理后，应迅速送往医院做进一步治疗。

（四）预 防

在高温炎热季节锻炼时，应适当减少运动量和锻炼时间；避免在烈日下长时间锻炼；夏天在室外锻炼时，最好戴白色凉帽，穿宽敞薄衣；在室内锻炼时，应保持良好通风，并备有低糖含盐的饮料。

七、极点和第二次呼吸

（一）极 点

在剧烈运动时，特别在中长跑时，能量消耗大，下肢回流血量减少，氧债不断积累，并达到一定程度时，就会出现呼吸急促、胸闷难忍、下肢沉重、动作不协调，甚至有恶心现象，这在运动生理学上称之为"极点"。

（二）第二次呼吸

"极点"出现后，适当减慢运动速度，并注意加深呼吸，坚持下去，上述生理反应将逐步缓解与消失。随后机能重新得到改善，氧供应量增加，运动能力又将提高，动作变得协调和有力。这种现象标志着"极点"已经有所克服，生理过程出现新的平衡。此种现象，运动生理学上称之为"第二次呼吸"。"第二次呼吸"出现后，循环机能将稳定在新的较高的水平上。

"极点"与"第二次呼吸"是长跑运动中常见的生理现象，无须疑虑和恐惧，只要坚持经常锻炼和处理得当，"极点"现象是可以延缓和减轻的。

第四节　运动性疲劳与恢复

一、运动性疲劳的概念

运动性疲劳是指身体在运动过程中出现运动能力暂时下降，但经过适当的休息和调整后，可以恢复原有机能水平的一种生理现象。

在1982年的第5届国际运动生物化学会议上，将运动性疲劳定义为："机体的生理过程不能持续其机能在一特定水平或不能维持预定的运动强度。"力竭是疲劳的一种特殊形式，在疲劳时继续运动，直到肌肉或器官不能维持运动，即为力竭。这是运动中常见的一种生理现象。在运动的过程中，运动员经历一个疲劳—恢复—再疲劳—再恢复的良性过程。但是，如果人经常处于疲劳状态，前一次运动产生的疲劳还没来得及消除，新的疲劳又产生了，疲劳就可能积累，久之就会产生过度疲劳，影响身体健康和运动能力。如果运动后采取一些措施，就能及时消除疲劳，使体力很快得到恢复，使消耗的能量物质得到及时的补充甚至达到超量恢复，就有助于训练水平的不断提高。

二、运动性疲劳的分类

运动性疲劳可分为躯体性疲劳和心理性疲劳，这2种不同性质的疲劳具有不同的表现形式。躯体性疲劳主要表现为运动能力下降，心理性疲劳主要表现为行为的改变。

（一）躯体性疲劳

人体的各个部位，从中枢大脑皮层细胞到骨骼肌基本收缩单位都能产生疲劳。躯体性疲劳分为运动性中枢疲劳和外周疲劳。运动性中枢疲劳是指由运动引起的、发生在从大脑到脊髓运动神经元的神经系统的疲劳，即由运动引起的中枢神经系统不能产生和维持足够的神经冲动到肌肉以满足运动所需的现象。外周疲劳是指接点传递、肌肉点活动和肌肉收缩活动能力下降，不能维持预定收缩强度的现象。

躯体性疲劳按程度可分为轻度、中度和重度疲劳。轻度疲劳稍事休息即可恢复，属正常现象；中度疲劳有疲乏、腿痛、心悸的感觉；重度疲劳除疲乏、腿痛、心悸外，还有头痛、胸痛、恶心甚至呕吐等现象。躯体性疲劳常因活动的种类不同而产生不同的症状。

（二）心理性疲劳

心理性疲劳与体育运动后的躯体疲劳不同，它是指人长期从事一些单调、机械的体育运动，伴随着机体生化方面的变化，中枢局部神经细胞由于持续紧张而出现抑制，致使对这项运动的热情和兴趣明显降低，直至产生厌倦情绪。心理性疲劳常常带有主观体验的性质，并不完全是客观生理指标变化的反映。对于产生心理性疲劳的人，轻者出现注意力不集中，记忆力障碍，理解、推理困难，脑力活动迟钝、不准确；重者还可出现抑郁症、神经衰弱、强迫行为等。

三、运动性疲劳的恢复方法

在运动竞赛和运动训练中，躯体性疲劳和心理性疲劳是密切联系的，故运动性疲劳是身心的疲劳。对于体育教师来说，除了在思想上、生活上关心学生之外，应把重点放在不同的训练阶段，把训练手段和恢复手段结合起来。对学生来讲，疲劳在很大程度上和心理因素有关。因此，要根据具体对象的具体情况采用各种不同的恢复手段，以加速恢复过程，消除疲劳、恢复体力。

（一）躯体性疲劳的恢复

1. 整理和放松

整理活动是消除疲劳、促进体力恢复的一种良好方法。剧烈运动后进行整理活动，可使心血管系统、呼吸系统仍保持在较高水平，有利于偿还运动时所欠的氧债。整理活动使肌肉放松，可避免由于局部循环障碍而影响代谢过程。整理活动有慢跑、呼吸体操及各肌群的伸展练习。运动后做伸展练习可消除肌肉痉挛，改善肌肉血液循环，减轻肌肉酸痛和僵硬程度，消除局部疲劳，对预防运动损伤的发生也有良好作用。

运动后也可躺在海绵垫或藤垫上放松休息片刻，平躺时脚放置的位置应略高于头，或是与头的高度齐平。休息片刻后可靠墙倒立，时间3~10秒钟，可进行几次，有利于下肢血液回流心脏，然后抖动四肢，先抖动、拍打大腿或上臂，后抖动小腿或前臂。

2. 按　摩

按摩亦称推拿，可在运动前、运动中、运动后进行，应用范围广、手法多，除了能消除肌肉疲劳外，对神经系统也具有较好的调节作用。按摩的主要手法有抖动、点穴、揉捏、叩打、推摩等。抖动四肢，主要是放松肘、膝关节及四肢肌肉群。上肢常用点按穴位有偏历、曲池、手五里、臂月需等穴，可消除手臂、肘部的酸痛和肿痛，以及肩臂痛、颈项拘挛等运动后的各种不适症状。下肢常用点按穴位有承扶、委阳、承山、昆仑、足三里等穴，可消除腰骶臀股部疼痛、腿足挛痛、腰腿拘急疼痛、项强、腰痛、膝胫酸痛等症状。揉捏叩打时，先推摩大肌肉，后推摩小肌肉，一侧推摩后，再推摩另一侧。推摩放松多以脊椎旁开 1.5 厘米处和肩部的肩外俞、肩井，肩胛骨处的天宗为主，可消除背部疼痛、颈项强直。

3. 睡　眠

睡眠是消除疲劳、恢复体力的好方式。睡眠时大脑皮质的兴奋过程降低，体内分解代谢处于最低水平，而合成代谢过程则相对较高，有利于体内能量的蓄积。

成年运动员在平时训练期间，每天应有 8~9 小时的睡眠。在大运动量和比赛期间，睡眠时间应适当延长。青少年运动员的睡眠时间应比成年运动员长，必须保证每天有 10 小时的睡眠。

4. 温水浴

训练后进行温水淋浴是最简单易行的消除疲劳的方法。温水浴可促进全身的血液循环，调节血流，加强新陈代谢，有利于机体内营养物质的运输和疲劳物质的排除。水温以 42℃ 左右为宜，时间为 10~15 分钟，勿超过 20 分钟。训练结束半小时后，还可进行冷热水浴，冷水温度为 15℃，热水温度为 40℃，冷水淋浴 1 分钟，热水淋浴 2 分钟，交替 3 次。

5. 营　养

运动中产生疲劳的重要因素之一，就是能量供应不足。运动中各种营养物质消耗增加，运动后及时补充有助于消除疲劳、恢复体力。经常从事长时间、高强度训练的运动员，应该每天不断地补充所消耗的肝糖、水分和钾，而且碳水化合物和水分应该尽可能快地在训练后 30 分钟内补充上，以便迅速恢复体力。疲劳时，还应注意补充能量和维生素，尤其是糖、维生素 C 及维生素 B_1。夏季或出汗较多时，应补充盐分与水。食品应富有营养和易于消化，并尽量多吃些新鲜蔬菜、水果等碱性食物。不同的运动项目，需要不同的营养。速度性的项目应多供给易吸收的糖、维生素 B_1、维生素 C、蛋白质和磷；耐力性的项目要多供给糖以增加糖原储备，同时还要增加维生素 B_1、维生素 C 和磷；力量性的项目需要增加蛋白质和维生素 B_2。在运动中适时地补充有关营养物质，既能提高身体的抗疲劳能力，又能帮助消除运动疲劳。

（二）心理性疲劳的恢复

心理性疲劳的恢复主要是意念活动，通过一定的套语暗示进行引导，使肌肉放松、心理平静，从而调节植物性神经系统的机能，然后再运用带有一定愿望的套语进行自我动员，如暗示性的睡眠休息、肌肉松弛、心理调节训练。实践证明，采用上述方法能尽快消除心理性疲劳，加快身体的恢复过程。另外，舒适幽雅的环境、听音乐等也可以消除心理性疲劳。此外，黄芪、刺五加、参三七等中药，都有调节中枢神经系统的功能，有扩张冠状动脉和补气壮筋的作用，对促进疲劳的消除有较好的效果。

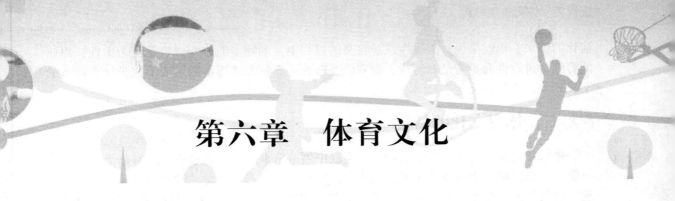

第六章　体育文化

第一节　体育文化概述

一、体育文化的产生与发展

　　尽管人们生活在不同的地域环境，有着不同的生活习惯，但创造的体育形态、性质和目的基本上是相同的。人类为了生存和延续，学会了跑、跳、投、攀爬等技能和生产劳动知识，并将其作为一种社会文化现象代代相传，逐渐形成了今天如此灿烂的体育文化。关于体育文化的产生和发展有很多说法，但比较集中的有以下几种。

（一）劳动起源论

　　从总体上说，人类的文化是通过人类自己的双手和大脑的思维创造出来的。早期人类在求生存中学会了奔跑、跳跃等技能，并在追捕猎物等活动中，发展了速度、耐力、力量、灵敏等各种身体素质。这个时期的体育鲜明地体现在以生存为直接目的，进行着各种能力的训练。

（二）军事起源论

　　军事起源论认为，各部落为提高自己的力量进行了有组织的身体训练，其中包括摔跤、飞镖、棍棒等技能。

（三）游戏起源论

　　游戏起源论认为，当原始人在获得丰富猎物后，特别是当丰收之后，聚集在一起以游戏欢舞的方式庆贺。这表明体育是在跑、跳、投等劳动形态中演化出来的，并以欢唱和舞蹈表达内心的喜悦。

（四）宗教起源论

　　原始社会后期，生产力水平低下，又受到四季和环境的困扰，人们为求助自然恩施，祭祀天地而形成原始宗教活动，并以体育形式进行求助祭拜。

（五）教育起源论

　　生产劳动的发展以及在军事、游戏中演变出来的运动技能、技巧，以劳动教育的方式传授给后代。既发展了上述各种技能和身体素质，又逐步脱离了动物野性，向人性方向进化，形成了具有文化内涵的体育生活。

　　综上所述，体育文化的产生是在人类从动物野性变为人性的过程中上述因素相互综合演化的结果。也就是说，人类在改造自身的过程中，动物本能改变成自觉行为人性，原始的野性、进攻性通过劳动和游戏、教育以及合理的竞争方式逐步地形成了人类社会特有的文化现象，即体育文化。

二、体育文化的特征

体育文化是人类在体育生活和体育实践中创造出来的，它通过有形的身体形态、动作技能、运动器材、物质以及无形的与社会属性相关的意志、观念、时代精神反映出来，显现出各具特色的存在方式。它是人性和人类本身需求的特殊反映，具有民族性、时代性、社会性、差异性、继承性等特征。

（一）民族性

人类文化的存在和发展，不仅有共性的一面，也有极具个性的一面。这种人类文化的差异性，就是民族性的表现。各个不同地域的人类，创造了不同类型、不同形态的文化，又塑造了具有不同文化特征的群体。任何形式的民族文化，都与本民族的形成延续和发展密切相关，都与本民族的地理环境、人种特点、风土人情、经济条件、生产水平乃至和社会结构相适应。

（二）时代性

时代在不断地演化和发展，各个不同的历史时期有着不同的生产方式。人们总是生活在一个特定的环境中，这个生活环境对人类产生了重大的影响。人们在生活实践中所创造的文化也都离不开这个环境的影响。因此，文化也具有特定的性质、特定的内容和特定的形态，表现出鲜明的时代性。

（三）社会性

文化的社会性，也称文化的群众性。这是因为任何文化都离不开大众，更不能离开社会。如果说人离开了文化，就不能成为真正的人。同样，社会离开了文化就会变成一个愚昧的社会。因此，人、文化和社会三者之间形成了相互关联、相互作用的复合体。

（四）差异性

文化的差异性既表现在一个地区、一个民族的行为习惯上，也表现在价值标准和价值观念上。例如，东方体育文化重礼节，重自身完善，求个人身心平衡的品格形式，表现了人的内在品质和言行相一致的东方色彩。而西方体育文化则表现出竞争、激进冒险的风格，人们常把身体健美的人视为崇拜偶像，表现了人的外在行为和言行开诚布公的西方特色。

（五）继承性

继承性也可称为传统性。如在养生学中，东方人原先主张以静养生，后来有人主张以动养生，再后来主张动静结合。这是体育文化延续和不断深化认识的过程。再如，中国传统体育文化以前注重于修身养性，后来泛化为强身健体，直到今天的自娱与休闲文化。

三、走向世界的中国体育文化

不同的地域和民族塑造了具有不同特征群体的体育文化，并植根于民族的土壤之中，推动着人类的生存和发展。许多历史资料表明，东方体育文化具有极其悠久的历史和深刻丰富的内涵，但在很长一个时期内发展十分缓慢。而西方体育文化在资本主义生产力发展的影响下，发展十分迅速。特别是随着文化全球化的到来，这种原来互相隔绝的民族体育正在相互交流，这也促使东、西方体育文化逐渐互相渗透、互相借用，乃至互相认同。具体表现在以下几个方面。

（一）在体育文化思想上的认同

"已欲立而立人，已欲达而达人。"孔子认为，教育先要倡导平等相待和注重自身修炼的理念，这和现代体育思想提倡的体育道德、公平竞争、平等参与精神是一致的。这种中国传统体育文化中具有的诚实无欺、修身养性和对理想社会的追求，深得体育界的广泛认同。美国前总统里根曾对孔子学说进行高度评价："孔子崇尚的行谊与伟大的伦理思想不仅影响他的国人，也影响了全人类，孔子学说世代相传，提示了全人类丰富的做人处世原则。"可见，东方体育文化越来越被西方有识人士所关注。

（二）在体育文化内容方面的认同

体育文化内容的认同，不仅表现在形式上，而且还表现在内涵方面。中国武术是在人类劳动、生活技术及技能中分解、综合提炼出来的，其所蕴含的技击意识、健身、观赏价值不仅在国内长盛不衰，而且已经逐步被西方人所接受。一些中国的武打明星（李小龙、李连杰、成龙等）能够在美国好莱坞站稳脚跟，也与此有关。今天，中国传统体育文化越来越多地向世人展示出其独特的魅力。中国武术漂洋过海，让全世界的人们领略了"中国功夫"的神奇威力。同时，具有西方的实用主义文化特征的拳击运动，也逐步在东方展开。

应该说，20世纪中国体育文化与西方体育文化的交流与融合，表现出来的主要是对西方体育文化的接纳与吸收。而中国体育文化对包括奥林匹克文化在内的西方体育文化的影响和作用，则在北京2008年奥运会充分地显现出来了。北京将"人文奥运"的理念贯彻到2008年奥运会的一系列活动之中，使奥林匹克运动深深打上中国体育文化的色彩。

第二节　奥林匹克运动文化

一、奥林匹克文化的内涵

奥林匹克文化是体育运动与文化和教育相融合的产物。奥林匹克文化的广义概念包含相关的物质与精神文化，狭义概念主要指相关的精神文化。根据《奥林匹克宪章》和奥林匹克运动的实践，以及文化的性质和概念，奥林匹克文化的内涵主要体现在以下6个方面：和谐发展、团结友谊、公平竞争、奋力拼搏、重在参与、为国争光。

（一）和谐发展

人的和谐发展主要包括体力和智力或身体和精神两方面。奥林匹克运动体现以人为本，所有的比赛项目都是通过人与人之间、人与运动工具的合作才得以实现的。奥林匹克主义的宗旨是使体育运动为人的和谐发展服务，以建立一个维护人的尊严的和平社会。奥林匹克的人生哲学是"增强体质、意志和精神并使之全面均衡发展"。奥林匹克运动作为培养人的沃土，是对人进行全面发展教育的过程，通过体育活动磨炼意志，增强体质，发展和提高思维能力，塑造完善的人格。

（二）团结友谊

团结友谊是人类生存与发展的基本准则，奥林匹克运动反映了人类这一最强烈的愿望，从而使它具有广泛的号召力和强大的生命力。奥林匹克运动不仅仅是一项单纯性的体育活动，其最高目标是要通过体育活动的手段，把世界不同国度、不同种族、不同语言、不同宗教信仰的人凝聚到一起，使大家相互交往，增进了解和友谊，进而为建立一个维护人的尊严与更美好的世界做贡献。奥林匹克文化的实质是激励人们拼搏进取、奋力向上，维护人的尊严，推动社会和平进步的文化。古代奥运会以橄榄枝为最高奖品，象征吉祥、友谊与和平。而且制定了神圣休战条约，保证奥运会神圣不可侵犯。古代奥运会对制止战争、维护和平起了重要作用。现代奥运会继承这一传统，强调国家民族平等，维护人的尊严，倡导多元文化，彼此兼容，和平相处。

（三）公平竞争

奥林匹克主义倡导的竞争是以公平的道德标准为前提的。作为一种体育活动，奥林匹克运动以竞技体育为主要活动内容，竞争是其本质属性。竞争是推动人类社会进步的基本手段之一，在竞争中抒发雄心壮志，增长聪明才智，不断超越自己、超越他人、超越世界最高纪录，这是人类有所发展、有所创新、有所前进的动力。

（四）奋力拼搏

勇敢竞争、奋斗拼搏是实现生命价值的真谛。奥林匹克运动倡导以奋斗为乐趣，从奋斗中求得幸福的人生态度；倡导最大限度地挖掘自身的潜力，向自身的极限挑战，从而"创造一种在努力中求欢乐、发挥良好榜样的教育价值并尊重基本公德原则为基础的生活方式"。赛场上的奋斗是人类奋斗的缩影。拼搏的艰辛，竞争的白热化，不仅对场上运动员有直接刺激，而且对场下众多的观众，尤其是正在成长的青少年有更深远的教育意义。奋斗精神体现了人类先进分子的一种内在力量，是人类社会自强不息、发达昌盛不可缺少的高贵品质。

（五）重在参与

顾拜旦于1908年7月24日在伦敦第4届奥运会期间，发表讲话时引用了宾夕法尼亚主教的一段话："对奥林匹克运动会来说，参加比取胜更重要。"顾拜旦解释其含义为："正如生活中最重要的不是胜利，而是斗争，不是征服，而是奋力拼搏。"参加与取胜是辩证统一的关系，没有参加就谈不上取胜，所以参加是取胜的基础。而参加就是要怀着"更快、更高、更强"的目标去奋进，努力争取胜利，这才真正符合奥林匹克精神。正是由于"参加"精神所起的作用，大量民众参加奥林匹克运动，不同年龄和性别的人们都去进行体育锻炼，其意义才能大大超出竞技体育的范围，奥林匹克运动才能发展到今天这样的规模。

（六）为国争光

奥运会选手是代表国家、地区或集团的，入场时要举国旗，胜利时要奏国歌、升国旗，开幕式、闭幕式显示不同国家的民族特色，比赛时还有无数的国人通过各种媒体关注每个运动员的表现。这些举措使体育价值、社会价值和个人价值联系在一起，英雄主义、集体主义、爱国主义高度一致，有力地激发了人们的民族自豪感，增强了民族凝聚力，并给奥林匹克运动注入了强大的精神动力。

二、奥林匹克文化的性质

（一）奥林匹克文化是以体育为载体的文化

奥林匹克运动包括竞技运动、大众体育，以及与之有关的文化活动。这种运动从文化视野看，是以体育为载体的文化。体育与文化既有联系又有区别。体育是文化的一部分，是一种体育文化或身心文化。文化涵盖体育，同时又有自己特殊的功能与领域。从狭义的角度看，体育与文化相互影响、相互促进。文化的传统、价值、政策等影响体育，体育则会影响文化的形式、传播和创造等。体育促进人的物质结构机能的改善，是人们自我完善的重要的物质形式，同时，体育对人的内心世界和社会行为产生积极影响，体现一种文化精神。体育本身凝结着人类的智慧，得到人们广泛的参与和关注，使其承载着更强的文化功能。体育是一种"国际通用语言"，它超越了不同国家的意识形态，是国际文化交流最便利的工具。奥林匹克运动最初的参加者仅限于欧洲、北美，如今已普及世界，便是最好的佐证。

体育是奥林匹克文化的载体，但奥林匹克运动和体育并不能划等号，也就是说，奥林匹克运动并不是单纯的体育，奥林匹克运动还有体育以外的文化和教育内容，它谋求体育与文化和教育的融合，这正是奥林匹克文化和体育文化的根本区别。顾拜旦从奥林匹克运动创始起，就坚决反对把这一运动看作纯粹的体育竞技运动，他主张奥林匹克运动"并非只是增强肌肉力量，它也是智力的和艺术的"。国际奥委会前任主席萨马兰奇概括地说："奥林匹克主义就是体育运动与文化的结合。"通过体育发展文化，促进友谊，是奥林匹克运动对人类文明的重要贡献。4年一次的奥林匹克运动会，既是世界体育盛会，又是文化交流大典。在奥运五环标志下，世界各国人民和平相聚，推动着人类文明的不断进步。

（二）奥林匹克文化是以教育为核心的文化

古代奥运会源于宗教祭祀，它以人体美、竞技精神以及高超的技艺对神作出奉献，这必然以教育和训练为前提。它要求运动员不仅要具有强健的身体，而且要有高尚的品德，这一切只能是教育的结果。获胜的运动员受到人们至高无上的崇拜，对希腊社会和广大人民是一种崇尚英雄、崇尚美德的教育。顾拜旦作为一位伟大的教育家，他复兴奥林匹克运动的主要目的是从教育出发的。他在1894年7月发表的文章中说："首先，必须保持过去体育运动的特点，即高尚和骑士的性质，这是为了使体育可以继续有效地在现代社会的教育中起着希腊大师曾给它确定的值得赞美的作用。"我们可以看出顾拜旦对古代奥运会和希腊早期体育教育的推崇。他十分重视古代体育的教育功能，由此引发他从教育出发来恢复奥运会。

现代奥林匹克运动继承和发扬了古希腊的奥运精神和教育思想，它所确定的奥林匹克运动的宗旨就是以奥林匹克精神教育青年，从而建立一个和平而更美好的世界。奥林匹克运动来源于奥林匹克主义。《奥林匹克宪章》提出："奥林匹克主义是增强体质、意志和精神并使之全面均衡发展的一种生活哲学。奥林匹克主义谋求体育运动与文化和教育相融合，创造一种以奋斗为乐、发挥良好榜样的教育作用并尊重基本公德为基础的生活方式。"把奥林匹克运动作为一种生活哲学、生活方式，使之赋有教育功能。奥林匹克运动的根本任务是教育，一切奥林匹克活动都是教育手段，所以，奥林匹克文化的核心是教育。

（三）奥林匹克文化是以西方文化为主导的多元文化

现代奥林匹克运动诞生于欧洲，最初参加奥运会的数百名运动员主要来自欧洲和北美一二十个国家。现代奥林匹克运动已历经百年，普及世界。奥林匹克运动的普及要求文化的多元，但由于历史及现实经济、政治等原因，奥运会的活动内容安排及组织结构等仍反映了浓厚的西方文化色彩。在现代奥运会已举办的 31 届（有 3 届因战争未举行）中，有 16 届在欧洲举行，7 届在美洲举行，2 届在大洋洲举行，在亚洲只举行过 3 届。这意味着有 25 届是在西方国家举行的。国际奥委会委员至今仍以西方人士为主，奥运比赛项目主要是西方现代竞技体育项目。这些情况表明，现代奥林匹克文化仍是以西方文化为主导。

随着世界联系的加强，奥林匹克运动的普及，文化的多元交融是不可避免的。文化从本质上说，具有一定的地域性、民族性。奥运会在不同国家举办有不同的文化特色，从开幕式到闭幕式，从体育比赛到艺术活动等，异彩纷呈，争妍斗奇。奥运会体育项目中，如美国篮球、巴西足球、日本柔道、韩国跆拳道等皆折射一种文化，它根植于民族文化的土壤之中。不同的文化特色彼此兼容，取长补短，汇聚发展成为五彩缤纷的多元文化。多元文化不仅符合时代潮流，而且对于促进不同民族之间的了解和友谊起到不可估量的作用，也是人类文明进步的标志。

（四）奥林匹克文化是催人向上的世界先进文化

世界先进文化是符合社会发展方向和人民愿望的文化，是人类社会发展中产生的具有积极指导意义的催人向上的文化。当今奥林匹克文化作为一种文化形态和精神文明，主要凝聚了西方文化的某些精华，属于世界先进文化的一部分。

从古代到现代的奥林匹克文化，历经了 2000 多年的历史考验，成为最广泛的人群所能接受的文化，主要是因为它体现了人类的崇高理想，体现了对未来社会的憧憬和追求，体现了世间难得的真、善、美和公平正义。奥林匹克文化的先进性反映在体育领域，集中表现在奥林匹克主义、精神、理想、原则、宗旨、格言诸方面。它的核心内容是主张人的和谐发展，友好相处，进而建立一个和平而更美好的世界。

三、奥林匹克文化的创新

（一）大力加强东西方文化的交流和融合

奥林匹克文化已发展成为开放的跨国度、跨民族的世界性文化体系。在这个体系中，古代与现代、东方与西方相互汇聚，为奥林匹克运动提供了取之不尽、用之不竭的文化源泉。但以西方文化为主导的奥林匹克文化毕竟是一定历史时期发展的产物，同样受历史条件的局限，需要随着时代发展增添新的内容，不断地开拓创新。其关键是需要进一步理解和尊重文化的多样性，加强东西方文化的交流和融合。应当承认东西方文化有很大差异。东方文化以中国传统文化为重心，其特点是重集体、和谐、伦理。西方文化源于希腊，其特点是重个体、竞争、法治。东西方文化的差异又造成体育思想、价值以及活动方式、手段的不同。这些都是一定的历史地理环境和国情决定的。我们既要尊重不同民族、国家文化的差异，同时又要推动不同文化间的融合。历史经验证明，每一次文化的交流和融合都带来了文化的发展和繁荣，加强东西方文化的交流和融合必将为奥林匹克文化增添新的光彩。

（二） 努力发展多元民族体育文化

民族体育是一种具有独特发生和发展机制的文化类型，带有强烈的民族文化气息，同时带有明显的稳定性和地域性，在相当程度上成为本地区和国家的象征。奥运会体育项目已经大量吸纳了欧洲民族体育项目，随着奥林匹克运动的发展，还需要不断吸纳其他地区具有代表意义的民族体育，进一步丰富奥林匹克文化的内容。奥林匹克文化实质上是多元民族体育文化发展阶段的统一，多元民族体育文化是奥林匹克文化的根基，两者并行不悖。奥林匹克文化的发展创新应以多元民族体育文化为基础。民族体育文化的优秀成分将随着各民族间的交流和全球化的发展而为更多的人们所接受。

（三） 不断促进体育与文化教育的融合

体育与文化教育的融合是奥林匹克运动对人类文明发展的重要贡献。这种融合不仅丰富了体育内涵，赋予体育以极大的文化价值和教育价值，而且为奥林匹克的创新提供了广阔的空间。国际奥委会对举办城市的文化活动有明确的计划规定，但对文化活动的内容还没有具体定义。以往奥运会举办城市结合本地实际情况组织各种文化节、艺术节、博览会等活动或竞赛，虽然异彩纷呈、各具特色，但缺乏宏观指导，随意性较强。现在，国际奥委会适应多元文化与教育的形势，文化教育活动有了较大改进。与奥运会一流的竞技比赛相比，相应的文化教育活动有更充分的发挥余地和创新空间。按照《奥林匹克宪章》精神，奥运会的举办城市在文化教育活动创新方面负有更重要的责任。

（四） 深入开展奥林匹克文化的研究与建设

奥林匹克文化既是专门的科学领域，又是多学科研究领域，科学研究要随着实践发展而发展。现在，奥林匹克运动的规模空前扩大，内容更为丰富，影响甚为广泛，奥林匹克面临如何适应多元世界、如何进一步体现奥林匹克的普遍性及公正性等问题。国际奥委会已成立奥林匹克文化与教育委员会，有奥林匹克学院、博物馆等组织，需要不断整合这方面的力量，不断加强奥林匹克文化的研究与建设，促进奥林匹克运动的创新发展。

第三节 大众体育文化

一、大众体育文化的起源与发展

大众体育文化是人们通过体育活动来满足自我实现的需要和获得满足感，促进人们养成健康向上的生活方式的体育文化活动。它的产生和发展过程渗透在人类社会发展、演变的过程中，经历了早期大众体育文化、近代大众体育文化和现代大众体育文化3个阶段。

（一） 早期大众体育文化

在人类原始社会初期，大众体育是随着体育从个体走向群族的过程而产生和发展的。

这种出于生存和发展需要的最原始、最直接的目的而产生的体育文化，在东西方也因各自的传统而表现得不尽相同。如古希腊人通过身体活动，追求强壮的体魄、健美的外形，以求得更好的生存与发展。而在东方中国传统大众体育文化中，始终围绕着"养生"而开展，认为人与自然的结合，在于通过与自然的交换排除内部的毒气，吸取真气、互相通达、六腑调和，以更好地生存下去。但是，早期大众体育文化的根本目的是为了维持人类生存和发展的基本需要，并没有形成自己独立的文化形态。

（二）近代大众体育文化

近代大众体育文化基于人们对于身体健康的强烈追求，十分强调体育对于人类肢体健康的作用，比较注重通过强健体魄，从而适应社会生存的需要，其对大众体育的物质层面的追求体现较为明显。特别是学校教育的产生，使得体育训练以一种独立的文化形态迅速地渗透到人们的生活中去，体育运动得到了迅速推广。

（三）现代大众体育文化

现代大众体育促进了人们身心健康和谐发展，不断地向人们阐释体育是人生存的基本权利的哲理。一方面，人们对于体育的需求不再仅仅局限于求得身体的健康、体形的健美、体魄的强健，而逐渐趋向于通过体育来满足精神层面的需求。另一方面，体育文化的普及、交流与融合，使大众体育的锻炼内容、手段和方法不断得到丰富和拓展。

为适应社会发展的需要，国际奥委会于 1983 年设立"大众体育委员会"，其主要任务是通过国际单项体育联合会、国家奥委会和国家单项体育组织，促进大众体育在各国，特别是在发展中国家的开展。

二、大众体育文化的特征

大众体育文化，具有社会性、健身性、多样性和娱乐性等特征。

（一）社会性

大众体育文化的社会性是指大众体育参与群体的广泛性。

目前，国际上衡量一个国家是否属于体育强国的标准就是一个国家的体育人口。近年来，我国政府已经意识到了大众体育的重要性，在抓好"奥运争光计划"的同时积极领导好、组织好"全民健身计划"，积极投资筹建健身场所，添置健身器材，设立全民健身网点，打下了很好的社会基础，使我国体育人口迅速得到提高，很好地推动和促进了我国大众体育的发展。

（二）健身性

生存与发展是人类各种社会生产实践活动最原始、最直接的目的，大众体育作为一种社会文化现象，也围绕人类所追求的生存与发展的目的而开展。中国的大众体育由于长期受到儒家思想的熏陶，较多地注重人的内在性，将健身观念建立在自我生命开发、自我完善的基础上，对身体的期望仅仅局限于养护生命、祛病、防病和延年益寿上。西方大众体育则受到资本主义商品经济的影响，追求体形健美而忽略了内在修养。不管如何，东西方的大众体育文化表现的形式不同，但都追求人的健康，透射出明显的健身性。随着东西方文化的积极交往，科学技术的迅猛发展，大众体育与现代科学相结合，逐渐形成新的独特风格。人类对于生存与发展的认识，已经不再停留在东方的"自我修炼"和西方的"体形健美"，从而给予了大众体育更为深刻的内涵。

（三）多样性

随着社会的进步，当代体育文化通过频繁的交流，东西方体育文化的认同与借用，大众体育也呈现出全球化的趋势。通过东西方体育文化交流，西方体育文化呼唤着从原来与自然隔离的都市生活中解放出来，重新回归大自然。于是在继续追求冒险、激进的体育活动的同时，也注重人与自然的和谐发展；东方则在文化的交流与认同中，摆脱了自我封闭的枷锁，不再故步自封，从纯粹的自我修炼转而积极吸取西方的冒险、激进精神。现代大众体育在东西方体育文化整合中，其锻炼内容、方法和手段得到了极大的丰富和扩展，如俄罗斯的攀岩、澳大利亚的跳崖运动等已为世界大众体育所接纳并逐步朝着体育旅游、体育娱乐、野营、体育欣赏等多样化的方向发展。

（四）娱乐性

随着社会生产力的不断发展，人们的生活日益富裕，余暇越来越多，人们对于体育的要求已经不再仅仅停留在对于强健体魄的追求，更加要求能够通过体育活动获得在紧张的工作之余心理的放松和愉悦。

大众体育的锻炼内容、手段和方法不断地得到丰富，体育活动满足了人们生理的需要，同时也满足了人们心理的需要，并趋向于娱乐化。不以夺标和不断超越自我为主要目的的大众体育体现了极强的娱乐性特征。例如，人们通过野营活动，不仅锻炼了身体，更为重要的是，使人远离了具有先进科学技术的却又是喧嚣的、充满污染的现代化城市，体验到与大自然亲密接触的感觉，从而缓和了人们紧张的心理，减轻了生活的压力，愉悦了身心。

三、大众体育文化的价值

大众体育文化给人类带来了快感和美感，给社会带来了健康和活力，对人类社会的生存与发展有着广泛和深刻的影响，体现出极强的社会文化价值。

（一）培养人们健康的生活方式

大众文化是人类文化的组成部分，人们可以通过电视、报纸、非正式集会等大众媒介和大众活动，来克服生活中的恐惧感和茫然感。虽然这种大众文化为社会普遍接受，但是缺乏鲜明的个性，造成了大众文化先天的难以克服的文化弱点。由于文化精神的缺乏，大众文化的品质很不稳定，极容易造成大众社会人文危机和人类精神的异化，如日本的奥姆真理教、美国的太阳圣殿教、乌干达的上帝恢复实践运动组织等。

大众体育则通过多样化的锻炼内容、方法和手段不断地充实人们的大众文化生活，营造健康的生活方式，如体育旅游、野营等。同时，大众体育通过其"健康"的理念，积极地营造健康的文化环境，引导人们养成一种健康向上的生活方式。

（二）促进人们身心全面发展、和谐发展

随着人们对体育研究的不断深入，无论是中国的大众体育，还是西方的大众体育，都以全面发展、和谐发展为根基。

世界体育文化的全球化，促进了东西方大众体育的交流与发展。西方大众体育在注重形态美的基础上开始重视人的意志品质、体育道德等自身修养。而东方大众体育也在强调内部修炼、追求"礼""仪"的基础上添加了西方冒险、激进的体育活动内容与手段。在认同与借用中，大众体育为促进人们身心的全面发展、和谐发展做出了十分重要的贡献。

第四节　校园体育文化

一、校园体育文化的概念和内涵

校园体育文化是以学生为主体，以课外体育文化活动为主要内容，以校园为主要空间，以校园精神为特征的一种群体文化，是校园内所呈现的一种特定的体育文化氛围。这种特定的文化氛围是和学校的培养目标、校风校纪、生活方式等内容相联系的。校园体育文化作为一种群体文化，是学校在长期的教学、科研和行政管理过程中逐步形成的，更是在广大学生直接参与和精心培养下发展起来的。

校园体育文化的灵魂与核心就是校园精神，校园精神是深层次的群体意识，又是群体的向心力与凝聚力，是校园群体共同的价值认同、价值取向、心理特征、行为方式。校园体育文化是校园精神建设的途径与实体形态。校园体育文化是一种有着深刻内涵和丰富外延的独特的文化现象，校园体育文化和校园德育、智育、美育文化等一起构成了校园文化群。

同时，校园体育文化作为社会文化的文化形态，具有强烈的个性，它来源于社会大文化，以社会文化为其背景，是滋生于社会而又不同于社会文化的一种特殊文化，是一种趋前于传统文化的校园主导文化。校园体育文化作为不同于主导文化的亚文化，又具有自己的特殊功能，即作为先进文化融入传统文化的中介，引导时代文化的新潮流。

二、我国大学校园体育文化发展现状

（一）开设项目单调，影响学生的锻炼意识和锻炼习惯

大学是走向社会的最后阶段，校园体育文化开展的好坏直接影响学生的锻炼意识和锻炼习惯。目前国内大部分高校只开设两年体育课，并且仅开设篮球、排球、足球、乒乓球、武术、健美操等一些大众体育项目，而游泳、羽毛球、网球、攀岩、壁球等休闲娱乐项目则很缺乏。三四年级则完全依靠学生的兴趣和自觉性进行自我锻炼。许多学生由于缺乏主动锻炼的意识和习惯而缺乏体育活动，导致身体素质及体质健康水平下降。

（二）目前我国大学校园体育文化发展极不平衡

从地理位置来讲，东部和西部地区由于历史的原因，校园体育文化的发展存在很大的差异，各自保持着各自的特色。特别是改革开放以来，东部地区是我国改革发展的前沿，高校发展极为迅速，办学实力明显优于西部地区，其校园体育文化建设也发展得相对成熟。从整体来看，高校校园体育文化的建设，受学校办学观念、办学层次、办学实力等诸多方面的影响，发展极不平衡。

（三） 中小学校体育文化开展的状况限制了大学体育文化的深入发展

校园体育文化在中小学开展的情况是最令人担忧的。一方面受到经济条件的制约，器材、场地非常缺乏，部分农村学校还没有专职的体育教师做辅导；另一方面"应试教育"在一定程度上削弱了体育文化在中小学校的广泛开展，体育课还停留在"放羊式"教学阶段，课外体育则纯粹是"自由活动"。中小学校对校园体育文化的概念和价值的认识还很模糊，对他们来说体育就是"玩"，还不是一项文化活动。尤其在西部地区，有近一半学生是被动参加体育活动的。从中小学校体育文化开展的状况来审视大学体育文化发展状况，大学体育文化的对象——大学生，让他们把体育看成是一种文化现象，还有一段比较长的路要走。

三、校园体育文化的特征和主要功能

（一） 校园体育文化的特征

校园体育文化作为一种亚文化，是校园文化和体育文化撞击后的产物，是人类发展过程中积淀而成的财富。它能体现体育文化与校园文化的双重性以及其个性特点，主要表现如下。

1. 客观性

校园体育文化是在长期的教育实践中逐步形成的一种直观教学文化的积淀，它在社会化环境和学校本身发展的合力作用下形成，尽管不排除人的主观努力，但从总体上看是客观的、独立的。由此可见，校园体育文化作为一种客观存在的形态，不管你承认与否，它总是对学校的发展产生或正或负或大或小的作用。

2. 时代性

文化是时代的产物，它必然能反映出时代的特征。校园体育文化的发展无论从形式上还是从内容上都是与时代同步的。从 20 世纪 50 年代我国的全民健身热、"贯彻劳卫制"、要求在校学生的体育成绩要达到等级运动员的标准，到 80 年代学习女排热、80 年代末至 90 年代初又掀起足球热，以至当今的全民健身计划活动，都深深地影响着学校，甚至成为某个特定时代校园体育文化的主旋律。总之，时代的体育精神特点感染着校园体育文化，校园体育文化反映着时代的体育风貌。

3. 导向性

校园体育文化活动的内容丰富多彩。一方面，这些丰富的活动内容不仅使校园体育文化活动富有生机，提高了学生的文化素养，而且对学生掌握多种体育知识和方法起着积极的作用；另一方面，大学生最终将告别校园走向社会，他们将所学到的知识和体育锻炼习惯一并带入社会、传播于社会，这将有助于全社会体育风气的形成，促进全民健身计划的实施。

4. 渗透性

校园体育文化作为一种意识形态和价值观念，以其浓郁的体育文化氛围培养和造就人才，影响着学生的思维方式、思想追求和行为习惯。教学和科研活动是校园的主体文化，而体育文化则是校园主体文化的必要补充，并在主体文化的推动下渗透到所有领域。因此，高质量、高水平的体育文化，对培养学生的创新意识、合作精神和坚强意志有着不容忽视的作用。

5. 复合性

任何一种文化现象都不是孤立存在的，校园体育文化同样具备多种文化要素，涵盖了物质文化和精神文化。文化在具体内容上，既是意识形态的，又是物质的；既有精神文明的综合效应，又有物质形态显现出来的场馆设施；既有教育内容，又有教学内容；既有现实的存在，又有历史的积淀。

6. 教育性

学校的一切活动都是以教育为目的的。为了培养人才，校园体育文化不仅在增长学生体育才干、增进学生身心健康方面有独特作用，而且在帮助学生树立崇高理想、培养学生坚忍不拔的意志品质、拼搏进取精神、共产主义道德品质和创新能力方面都具有显著的教育意义。

7. 延续性

只要有学校就有体育文化的存在。无论小学、中学还是大学，无论课内还是课外，无论体育课还是运动会，体育始终以丰富多彩的表现形式贯穿于学生在校时期的全过程，这是其他任何一门学科无法比拟的。因此，校园体育文化建设不但不容忽视，而且必须常抓不懈。

（二）校园体育文化的主要功能

1. 教育功能

校园体育文化在培养社会所需人才的总目标中担负着不可替代的重任，它通过有计划、有组织、有目的的训练、竞赛和课外俱乐部等活动，形成一种有意义的校园体育文化氛围。把自我教育、品德教育、终身体育教育融为一体，使学生潜移默化地受到集体主义、爱国主义、吃苦耐劳、团结协作、勇敢顽强和拼搏向上等优良和高尚道德的教育。同时也为学生提供了自我教育、自我管理和自我服务的理想条件和场所，为发展终身体育教育打下良好的基础。

2. 娱乐身心功能

在校园中的每个个体，不论是学生还是教职员工，都担负着繁重的学习和工作任务，他们均有休闲和娱乐的需要，而校园体育文化重心从增强体质、提高运动技术水平，向保健、娱乐、休闲方向转移，更加突出了文化的娱乐性。师生可以根据自己的运动兴趣、身体状态、爱好，选择自己喜爱的运动项目，通过活动不仅使他们强身健体，保持乐观向上的情绪，还能达到陶冶情操、满足对健、力、美的追求与向往，从而满足精神生活的需要，使身心得到和谐的发展。

3. 调适功能

体育可以调节学生的心理平衡，促进其个性形成和发展。比如在观赏运动竞赛时，其特有的强对抗性、竞赛结果的不确定性和显示结果的及时性，使人们的期望在短时间内得以满足，从而调节失去平衡的心理。所以，校园体育文化有助于学生形成正确的自尊心、自信心、自制力、独立性、自我评价和自我感觉。

4. 育人功能

学校体育文化、体育教学以及其他课堂教学等共同担负着育人的责任。通过丰富多彩、健康活跃的体育文化可以弥补体育教学和其他课堂教学的不足，拓展学生的知识领域，锻炼学生的身体素质，提高学生的思想道德素质和科学文化素质，培养有理想、有道德、有文化、守纪律的一代新人。

5. 传播功能

校园体育文化通过各种形式和传播载体对家庭和社会体育都会产生直接和间接的辐射作用。当大批的学生进入社会后，他们在学生时期形成的体育兴趣、锻炼习惯和体育道德风尚，也随着他们的工作方式、生活习惯传播于社会，使良好的体育行为产生应有的社会效应，对体育社会化和社会主义精神文明建设起到促进作用。

6. 凝聚功能

校园体育文化的客观存在，牵系着一个学校体育工作的生存和发展。这是因为，校园体育文化，特别是作为校园体育文化内核的校园体育精神与价值体系，是学校凝聚力和向心力之所在。无论是体育课、课外体育活动，还是体育竞赛、体育休闲等都为人们提供了一个共同参与、相互交流、相互帮助、互相鼓励的群体氛围。因此，通过校园体育文化活动可以有效地培养人们的群体意识和集体观念。

7. 规范功能

校园体育文化活动有着严格的管理措施，如同运动竞赛有具体的规则和裁判法，每个参加者在活动中，都必须严格地遵循，这使得师生自觉地养成遵章守法的良好习惯。

四、校园体育文化与终身体育观念

（一）校园体育文化是终身体育观念形成的物质载体

物质载体主要包括校园内各种体育场馆设施和体育艺术雕塑、体育名言牌等。设施是学校体育文化的核心组成部分，场地、器材设施是否科学、合理、完善直接影响学校体育目标的实现。它又包括体育场地面积的大小；器材的种类、数量和质量，及各种器材设施的造型、色彩和布置；体育馆的通风、采光、照明等条件；教师、学生的体育服装等。客观物质本身是没有生命和情感的，但通过教育工作者的精心设计和创造，可以直接影响学生的体育精神和运动情绪，使学生得到美的享受和体育文化的熏陶，培养其体育锻炼的兴趣和习惯，从而影响着学生的体育观念、体育行为和体育思想。

（二）校园体育文化是终身体育观念形成的精神载体

校园体育精神的载体比较复杂多样，主要包括学校、班级气氛中形成的良好体育传统与风气、领导者的体育风格、体育教育理念、体育教师的人格魅力和体育教育中的心理气氛。校园体育精神反映着深层的体育思想观念，是大多数人认可并遵循的体育价值取向和信念。因而，它直接影响着主体的精神状态和体育观念，影响着学校的体育指导思想和体育教学管理。校园体育精神具有极强的渗透力，弥漫和渗透在整个校园的各种环境因素与群体之中，形成一种浓烈的体育精神氛围，赋予学校和教育特有的个性魅力。这种校园体育精神是通过校园主体共同实践并经反复选择、凝练和历史积淀而成的，从而使置身其中的广大学生具有向往感和亲切感，在不知不觉中受到感染和熏陶，培养了学生正确的体育锻炼习惯和终身体育的观念。

（三）校园体育文化是终身体育观念形成的行为载体

行为载体主要包括主体行为的体育形象、体育文化活动和体育交往行为。主体行为的体育形象，主要指学校领导对体育的重视程度、参与程度、兴趣爱好、教育方式、行为习惯等；体育文化活动主要指自主性的体育教学学习、体育兴趣活动、传统体育活动、体育知识竞赛；体育交往行为，主要指体育教师与学生之间，学生与学生之间、校际之间的体育交往活动。在上述体育活动中，教育者和被教育者依据已经理解和正在理解的体育观念、体育道德、体育制度和体育规则等，引导和制约自己的体育行为规范，选择与他人、与群体、与社会相适应的体育行为方式，并逐渐形成较稳定的体育习惯、兴趣和爱好，从而形成正确的体育观念。

（四）校园体育文化是终身体育观念形成的制度载体

目前，学校业已建立的体育考试、体育达标制度、课外体育活动管理、运动竞赛管理、体育社团管理、体育教学管理制度，以及体育宗旨、主题、旗帜、会歌等延伸性的文化标志，都是学校体育建设的经验总结与宝贵财富，反映了学校领导者和体育教师的体育观念与价值取向，都是体育载体的重要组成部分。由此形成的体育文化氛围，对学生起着导向、约束、矫正、激励、整合与保障的作用。

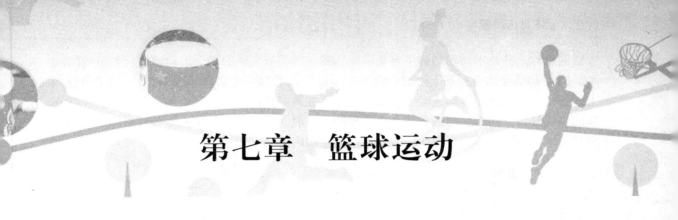

第七章　篮球运动

第一节　篮球运动概述

　　篮球运动是在 1891 年由美国马萨诸塞州斯普林菲尔德市基督教青年会训练学校的体育教师詹姆士·奈史密斯博士发明的。他从工人和儿童用球向"桃子筐"投准的游戏中得到启发，设计将两只桃篮分别钉在健身房内两端看台的栏杆上，桃篮口水平向上，距地面 10 英尺，以足球为比赛工具向篮内投掷，入篮得 1 分，按得分多少决定胜负。因为这项游戏最初使用的工具是桃篮和球，遂取名为篮球。1883 年，铁质球篮取代了桃篮并挂上了线网。1895 年，篮筐开始固定在 4×6 英尺的篮板上并逐渐深入场内。1913 年，将篮网剪开，形成了近似现代的篮板和球篮。男、女篮球分别在 1936 年与 1976 年的奥运会上被列为正式比赛项目。

　　最初的篮球比赛规则很简单，对于场地大小、参加人数多少、比赛时间长短均无统一规定。1892 年奈史密斯制定了第一部 13 条的原始规则，目的是使篮球游戏在公平对等的条件下进行，同时不允许粗野动作的发生。1915 年美国制定了全国统一的篮球竞赛规则，并翻译成多种文字，向全世界发行。1932 年，刚诞生的国际篮联以美国大学使用的篮球规则为基础，制定了第一份世界统一的竞赛规则。随着篮球运动的发展，场地设备不断地得到改进和完善，规则也不断地发生变化。

第二节　篮球基本技术

　　篮球技术是指在篮球比赛中所运用的各种专门动作方法的总称，是篮球比赛的基础。篮球运动是一项集体性和对抗性项目。因此，要求篮球运动员既要在对抗中完成技术动作，又要在集体需要的情况下合理地运用技术。随着篮球运动攻防对抗的加强、运动员身体素质的提高和规则的演变，促使篮球技术不断地发展和创新。

　　篮球技术分为进攻技术、防守技术、移动技术、篮板球等几大部分。每一部分都有许多技术类别，各类技术动作又有许多不同的方法，各种动作方法又都可能在不同条件下去完成。

一、移　动

　　移动是篮球比赛中队员为了改变位置、方向、速度和争取高度所采用的各种脚步动作方法的总称。其技术动作结构主要是以踝、膝、髋关节为轴的多个运动动作合理组成的。

（1）起动是队员在场上由静止状态变为运动状态的突变动作（图7-1）。运动员在场上的速度往往体现在起动速度上。动作方法：准备姿势成基本站立姿势，起动时，上体迅速前倾或侧转，同时后脚或起动方向的异侧脚的前掌短促有力蹬地，手臂积极摆动，两脚交替蹬地，前两三步要短促而快，在最短的距离内充分发挥最快速度。

图7-1 起动

（2）跑是队员在场上改变位置、提高速度的重要方法。篮球场上的跑具有快速、多变的特点，也是移动中运用最多的一项基本技术，在训练中应占有重要的地位。在比赛中经常运用的跑有变速跑、变向跑、侧身跑、后退跑。

（3）急停是在跑动中突然制动的一种动作方法，是各种脚步动作衔接和变化的过渡动作。比赛中急停多与其他技术结合在一起运用。急停分跨步急停和跳步急停两种。动作关键：跨步急停第一步时全脚掌抵地屈膝，上体侧转移重心（图7-2）；第二步前脚掌用力抵地，体内转，臀下坐降重心。跳步急停时，起跳稍离地，落地屈膝降重心（图7-3）。

图7-2 跨步急停

图7-3 跳步急停

（4）转身是以一脚做轴，另一脚蹬地，向不同方向转移以改变身体方向的一种方法，分为前转身和后转身。动作关键：降低重心，蹬地、转体用力一致，身体保持平衡。

（5）滑步是防守移动的一种主要方法。它易于保持身体平衡，可向任何方向移动。滑步可分为侧滑步（图7-4）、前滑步和后滑步（图7-5）。动作关键：蹬跨要协同有力，滑动时身体要平稳，两臂要伸展。

图7-4　侧滑步

（6）跳是队员在场上争取高度及远度的一种动作方法。篮球比赛中很多技术动作需要队员在空中完成，单脚、双脚起跳是队员必备素质。同时还会需要在原地、跑动中和对抗条件下向不同方向跳、连续跳等。并要求起跳快、跳得高、滞空时间长，以便更好地在空中完成各种攻守动作。动作关键：双脚起跳时，两膝快速弯曲下蹲，两腿用力蹬伸，腰臂协调提摆，身体自然伸展；单脚起跳时，起跳腿屈膝迅速蹬伸，把水平冲力变为向上起跳力。

图7-5　前滑步、后滑步

二、运　球

运球是指有球队员在原地或移动中，用单手连续拍按由地面反弹起来的球。运球动作是由身体姿势、手臂动作、球的落点和手脚协调配合4个环节组成的。

运球可分为高运球、低运球、运球急停急起、体前变向换手运球、运球转身、背后变向运球等技术。下面介绍几种常用的运球方法。

运球急停急起动作方法（图7-6）：运球急停时，速度略降低，运球要低，手按拍球的前上方，使球垂直反弹，同时做跨步或跳步急停，双膝深屈，注意保护球。运球急起时，身体前倾，迅速起动，手按拍球的后上方，加快速度向前运球。人和球的速度要一致，手、脚和上体要协调配合。

图7-6　运球急停疾起

体前换手变向运球动作方法（图7-7）：以由右向左做体前变向换手为例。变向时，右手拍按球的右后上方，把球从自己的右侧拍按到左侧前方。同时，右脚向左前方跨出，上体左转，用肩保护球，然后换手运球，加速前进。

图 7-7 体前换手变向运球

三、传球与接球

传球与接球是现代篮球运动中最基础的常规技术之一。它是进攻队员在场上相互联系和组织进攻的纽带，是衔接各种技术的桥梁，同时也是实现进攻战术配合的具体手段。

传球是把球从空中、地面或用反弹有目的地将球转移给同伴的方法。任何一种传球方法，都要用手腕、手指的力量将球传出。传球要从进攻需要出发，力求做到及时、准确、快速、到位，便于同伴接球进攻。如能做到隐蔽、多变，则可创造更多、更好的攻击和得分机会。

接球是无球进攻队员采用正确的手法动作去获得并牢牢地握住球，是投篮、运球、突破和传球的前提，是断球和抢篮板球的基础。正确和主动的接球动作，可以弥补传球的不足，减少传球失误。接球对其他技术的发挥和战术配合的运用亦有直接的影响，是一项不容忽视的重要技术。

传球是由持球方法、传球方法、球的飞行路线和球的落点 4 个部分组成。其中，传球手法是关键，它直接影响球的飞行路线和落点。接球可分为双手和单手接球两种。但无论是双手或是单手接球，都要经历准备接球、接球和接球后动作这 3 个环节。下面介绍几种常用的传球方法。

（一）双手胸前传球

它是一种最基本、最常用的传球方法（图 7-8）。这种传球方法便于控制球，适用于不同方向、不同距离的传球，也便于与投篮、运球、突破等技术动作相结合运用。

图 7-8 双手胸前传球

【动作方法】双手五指自然张开，拇指相对成"八"字形，用指根以上部位握住球的后侧部，掌心空出。两肘自然弯曲于体侧，将球置于胸腹之间。身体成基本站立姿势，眼睛注视传球目标。传球时，在后脚蹬地、身体重心前移的同时，前臂迅速向传球方向伸直，手腕由下向上、由里向外同时翻转，拇指用力下压，食指、中指用力拨球，将球传出。出球后身体迅速调整成基本站立姿势。传球距离越近，前臂前伸的幅度越小；传球距离远，则需加大蹬地、伸臂和腰腹的全身协调用力；传球距离越远，蹬地、伸臂的动作幅度要越大。

（二）单手肩上传球

这是单手传球中的一种最基本的方法。这种传球的力量大，飞行速度快，经常用于中、远距离传球。

【动作方法】以右手传球为例（图7-9），双手持球于胸前，双脚平行自然开立。传球时，左脚向传球方向迈出半步，同时将球引至右肩上方，肘关节外展，上臂与地面近似平行，右手手腕后仰托球的下部，左肩对着传球方向，重心落在右脚上。接着用右脚蹬地，转体，右前臂迅速向前挥摆，手腕前屈，通过食指、中指拨球将球传出。球出手后，随着身体重心前移，右脚向前迈出半步，保持基本站立姿势。

图7-9　单手肩上传球

在比赛中，传球经常是在严密防守的情况下进行的，而有利的接球机会是短暂的。持球队员要合理地运用传球技术，不失时机地将球传给处于有利位置上的同伴，达到进攻的目的。

四、投　篮

投篮是在比赛中，队员运用各种专门、合理的动作将球投进对方球篮的方法总称，是篮球运动中唯一的得分手段。

（一）准备姿势

原地投篮时，两脚前后自然开立，两膝微屈，上体稍前倾，重心落在两脚之间。这样，既便于投篮集中用力，也利于变换其他动作。移动中接球跳投、运球急停跳投或行进间投篮时，跨步接球与起跳动作既要连贯衔接，又要迅速制动，使身体重心尽快移到支撑面的中心点上，以保证垂直起跳。只有身体姿势正确才能保证身体重心移动与投篮出手的方向一致，才能保持身体平衡。控制身体平衡是保证出球方向准确的基本条件。

（二）持球手法

投篮时，无论是单手还是双手，持球时五指都应自然张开，掌心空出，用指根及指根以上部位触球，增大对球的接触面积，以保持球的稳定性，控制球的出手方向和力量。

1. 单手持球方法

以右手原地单手肩上投篮为例（图7-10），由双手持球开始，然后将球引至右肩前上方，右臂屈肘，肘关节稍内收，上臂与肩关节约成水平，前臂与上臂大约成90°。右手五指自然张开，手腕后屈，掌心空出，用手掌外缘和指根以上部位托住球的后下方，左手扶球的左侧。

2. 双手持球方法

以原地双手胸前投篮为例（图7-11）。双手五指自然张开，用指根以上部位握住球的后侧部，两拇指相对成"八"字形，掌心空出。两肘自然下垂，肩关节放松，将球置于胸颚之间。

图7-10　单手持球　　　　　　　　　　图7-11　双手持球

（三）瞄准点

直接命中的瞄准点：通常指瞄准篮圈距自己最近的一点。这种方法瞄准的是实体目标，在场上任何位置投空心篮都适用。也有主张以篮圈中心为瞄准目标的，这个目标与球的落点一致，利于用力。碰板投篮的瞄准点是指投篮时将球投向篮板上使球反弹入篮的一点。投篮队员位于与篮板成15°～45°角的区域内，采用碰板投篮的效果较好，尤以接近30°角左右的地区最适宜。碰板投篮的瞄准点，应根据投篮的角度、距离和弧度合理选择。一般规律是角度越小，距离越远，弧度越高，碰板点离篮圈越远、越高；反之，则越近越低。

（四）出手动作

投篮时最后出手的动作，是投篮能否准确命中的关键。它直接影响着投篮的方向、力量、弧度和旋转。

出手动作包括正确的投篮手法和全身的协调用力。投篮时全身协调用力要有一定的顺序，整个动作要协调连贯、轻松柔和，掌握好节奏。如原地单手肩上投篮时，随着下肢蹬伸和腰腹伸展，投篮臂向前上方抬肘伸臂，最后力量集中到手腕和手指上，有手腕前屈和手指拨球的动作，使球通过食指、中指的指端柔和地飞出。出手后，全身随球跟送，手臂自然伸直。通常距离越近，身体其他部分用力越小，多以手腕和手指用力为主；投篮距离越远，身体协调用力越大，对手腕、手指调节力量的能力也要求越高。跳投是由起跳和出手两个动作有机组成的，在空中需要以腰腹力量控制身体平衡，其出手动作较原地投篮难度更大，对全身协调用力及动作的节奏要求更高。

（五）抛物线

抛物线是指投篮出手后，球在空中飞行的弧形轨迹。以中距离投篮为例，可归纳为低、中、高3种弧线。低弧线：球的飞行路线较短，力量容易控制，但由于飞行路线低平，篮圈暴露在球下面的面积很小，不易投中。中弧线：球飞行弧线的最高点大致与篮板的上沿在一条水平线上，球篮的大部分暴露在球的下面，是一种比较适宜的抛物线。高弧线；球接近于垂直下落，篮圈的面积几乎全部暴露在球的下面，球容易入篮。但球的飞行路线太长，不易控制，实际上会降低命中率。上述投篮的抛物线，只是原地投篮的一般规律。抛物线的高低还与投篮出手角度和出手力量有关。在实际运用中，应根据不同的距离、队员的身高、跳投跳起的高度、不同的投篮方式及防守干扰情况等采用不同的抛物线投篮。

（六）球的旋转

球的旋转是影响投篮准确性的因素之一。投篮出手时手腕、手指的动作和力量，决定球的旋转方向和速度。正确的投篮手法会使球适宜地旋转。一般外围投篮时，都是使球沿着横轴向后旋转。这种不但有利于保持球飞行的稳定性，也有助于对飞行弧度的控制。在碰到篮圈时，球反弹的方向是向下的，比不旋转的球更容易落入球篮内。在球篮的侧面反手或钩手碰板投篮时，应使球向侧旋转；做行进间单手和双手低手投篮时，则应使球向前旋转。

（七）基本的投篮方法

1. 双手胸前投篮

这种投篮虽然出球点较低，但出手前稳定性好，出手力量大，便于与传球、突破相结合，多用于远距离投篮。

【动作方法】双手持球基本同双手胸前传球（图7-12）。两肘自然下垂，将球置于胸前，目视瞄准点。两脚前后或左右开立，两膝微屈，重心落在两脚之间。投篮时，两脚蹬地，腰腹伸展，两臂向前上方伸出，两手腕同时外翻，拇指稍用力压球，食指、中指拨球，使球从拇指、食指、中指指端飞出。球出手后，脚跟提起，身体随投篮出手方向自然伸展。

图7-12 双手胸前投篮

2. 单手肩上投篮

这是比赛中运用比较广泛的投篮方法，是行进间和跳起肩上投篮的基础。这种投篮出手点高，便于结合其他技术动作，能在不同距离和位置上应用。

【动作方法】以右手投篮为例（图7-13），右脚在前，左脚稍后，两膝微屈，重心落在两脚之间。右手五指自然张开，用指根及指根以上部位触球，掌心空出，翻腕托球的后下部，右臂屈肘稍向内收，置球于右肩前上方，上臂与肩关节约成水平，前臂与地面近似垂直，左手扶球的左侧，目视瞄准点。投篮时，下肢蹬地发力，右臂随腰腹伸展向前上方抬肘伸臂，用手腕前屈和手指拨球动作，使球从食指、中指指端柔和飞出。球离手时，手臂要随球跟送，脚跟提起。

图 7-13　单手肩上投篮

3. 行进间单手肩上投篮

又称行进间单手高手投篮，是在比赛中切入篮下时，常用的一种投篮方法。

【动作方法】以右手投篮为例（图7-14），右脚向前跨一大步时接球，接着上左脚蹬地起跳，右腿屈膝上抬，同时双手举球于右肩前上方。腾空后，上体稍后仰，当接近高点时，向前上方抬肘伸臂，用手腕前屈和手指拨球力量将球投出。

图 7-14　行进间单手肩上投篮

4. 行进间单手低手上篮

这是在快速跳动或运球超越对手后，在篮下的一种投篮方法。它具有伸展距离远和出球平稳的优点。

【动作方法】以右手投篮为例（图7-15），右脚向前跨出一大步的同时接球，左脚跨第二步时用力蹬地向前上方起跳，右腿屈膝自然上提。腾空到最高点，右手五指自然张开，掌心向上，托球的下部，右臂向前上方伸展。接近球篮时，用手腕上挑和手指的拨动，使球向前旋转进入球篮。

图 7-15　行进间单手低手上篮

行进间投篮是由跨步接球起跳、腾空举球出手和落地 3 个部分组成。其脚步动作的共同点是：跨第一步的同时接球，跨第二步时跳起空中投篮出手，双脚同时落地注意屈膝缓冲。在实际运用时，应根据投篮的距离、角度以及防守队员所处位置来决定投篮出手的动作方法。在投篮时要控制好身体平衡。跨步的大小、快慢、方向也应根据临场情况的不同而有所变化。

五、持球突破

持球突破是持球队员运用合理的脚步动作与运球技术相结合，快速超越防守队员的一项攻击性很强的进攻技术。它分为原地持球突破、行进间持球突破 2 种。在比赛中，及时地把握突破时机，合理地运用突破技术，是直接切入篮下得分的重要手段。持球突破还可打乱对方的防御部署，为同伴创造更多更好的投篮机会。突破若能巧妙地与投篮、传球等结合运用，使突破技术灵活多变，就能更好地发挥突破技术的攻击力。

根据持球突破采用的步法，可分为交叉步突破和同侧步突破两种。它由蹬跨、转体侧身探肩、推放球和加速等环节组成。

（一）原地持球交叉步突破

原地持球交叉步突破的优点是跨步后与防守队员接触面较小，能更好地利用跨步抢位保护球。

【动作方法】以右脚做中枢脚从防守队员左侧突破为例（图 7-16）。突破时，左脚向左侧前方迈出一小步，把防守队员引向自己左侧的同时，用左脚前掌内侧迅速蹬地，向右侧前方跨一大步，上体稍右转，左肩向前下压，重心向右前方移动，将球推引至右侧，用右手推按球于左脚右侧前方，接着右脚蹬地加速超越对手。

图 7-16 原地交叉步持球突破

（二）原地持球同侧步突破

【动作方法】以左脚做中枢脚为例（图7-17）。突破前，两脚左右开立稍大于肩，两膝微屈，重心控制在两脚之间，持球于胸腹前。突破时，右脚向右前方跨一大步，同时转体侧身探肩，重心前移，右手放球于右脚侧前方，左脚迅速蹬地并向右前方跨出，加速运球超越对手。

图7-17　原地同侧步（顺步）持球突破

六、抢篮板球

比赛中双方队员在空中争抢投篮未中的球，统称为抢篮板球。进攻一方在空中争抢投篮未中的球，称为进攻篮板球，又叫前场篮板球；防守一方在空间争抢投篮未中的球，称为防守篮板球，又叫后场篮板球。抢篮板球是一项较复杂的技术，它由抢占位置、起跳、空中抢球动作和得球后的动作等环节组成

（一）进攻队员抢篮板球

进攻队员一般位于防守队员外侧，处于不利于抢篮板球位置。因此，进攻队员抢篮板球要突出一个"冲"字。当同伴或自己投篮时，靠近篮的进攻队员首先要准确判断球的落点，运用身体虚晃的假动作，摆脱防守队员的阻挡，绕、跨、挤到对手的前面或侧前方，抢占有利位置，借助跨步或助跑起跳补篮或抢篮板球。再保护好球，同时传给同伴组织再次进攻。

（二）防守队员抢篮板球

防守队员处于抢篮板球的有利位置，位于进攻队员内侧，一般多采用"挡抢"。首先应保持正确的站位姿势，两膝微屈，上体稍前倾，重心落在两脚之间，两臂屈肘侧张占据较大的面积。当对手投篮出手后，首先应注意对手的动向，并根据与对手的位置，运用上步、撤步和转身抢占有利位置，把对手挡在身后，与此同时，观察判断球的落点准备起跳。起跳时前脚掌用力蹬地，向上摆臂并提腰，手向球的落点方向伸展，跳至最高点触到球时，用双手、单手抢球或将球点拨给同伴。如在空中抢到球未能传出，落地时应保持身体平衡和保护球，及时运用传或运转守为攻。

（三）抢篮板球应注意的事项

（1）把抢篮板球技术有机地纳入攻守战术，看成组织攻守整体战术的重要组成部分。每当投篮未中时，双方均有抢获篮板球的机会，具有积极主动、勇猛顽强、有投必抢的拼抢意识是抢得篮板球的先决条件。

（2）善于观察判断投篮未中时球反弹的方向及落点，抢占有利位置是抢获篮板球的有力保证。投篮未中球弹出的方向、距离、弧度和力量有密切的关系。中、远距离投篮时，一般球弹出的距离较远。篮下投篮时，球弹出的距离较近。在球篮一侧45°角区域投篮时，一般球弹出的方向是在另一侧45°角区域，或是反弹回同侧区域。在中间区域进行中距离投篮时，一般球弹出的方向是在罚球线内附近区域。因此，在训练和比赛中，队员要善于观察投篮的方向、球飞行弧线的高低和速度的快慢，摸索和掌握投篮未中时球弹出方向的基本规律，提高预见性，及时合理地抢占有利位置。

（3）争抢篮板球不仅要充分发挥个人的拼抢能力，而且还要利用集体配合的威力。进攻队员要分工明确，"有投有抢"，"左投右抢"，"外投里抢"。防守队员要挡住各自的对手，有的队员不一定能直接抢到球，但也应控制一定的面积和空间。对冲抢能力强的对方队员，可采取重点"盯人"的办法，自己不抢篮板球，也不能让对手冲进来，特别是内线防守队员。

七、防守对手

防守对手是防守队员合理利用脚步移动和手臂动作，积极抢占有利位置，阻止和破坏对手的进攻，以夺取球为目的所采取的各种专门动作的总称。

个人防守技术是以脚步动作为主，结合手部争夺球的动作构成。而防守的位置、距离、姿势、步法、视野等是影响个人防守技术质量的基本要素。

（一）脚步动作

脚步动作是指防守中采用的以滑步为主的移动步法，它是防守技术的基础。做滑步动作时，为了便于随时变换动作方向和速度，要始终保持屈膝，重心落在两脚之间，不要并步和交叉，以免造成重心不稳，失去身体平衡。

（二）手部争夺球动作

在防守中合理有效地与对手争夺球，是建立在准确判断、快速移动抢占有利位置和快速准确的手臂动作基础上的，同时还需要同伴的配合。注意动作幅度不要过大，用力不可太猛，要控制身体平衡，避免犯规。

（三）个人防守技术要素

具备了快速、灵活的脚步动作，掌握了抢、打、断球技术，还必须了解防守对手的基本规律。在具体运用时，"以球为主，人球兼顾"，选择和抢占有利的防守位置，采取正确的姿势，保护适当的距离，运用灵活多变的步法，以宽阔的视野观察判断对手的意图，随时依据对手和球的动向及时调整防守位置、距离和角度。

1. 防守无球队员的基本方法

（1）防守位置与距离的选择：要根据球和自己防守对手所处的位置来确定和调整自己的防守位置。有球的一侧为强侧，无球的一侧为弱侧。

当自己防守的对手处在强侧时，因其靠近球，随时都有接到球的可能，所以要全力封锁对手接球，同时又能控制对手向篮下切入。防守队员应采取错位防守，即站在对手与球篮之间偏向有球的一侧。

当对手处于弱侧时，因其距离球较远，威胁较小，为了协助同伴加强对有球一侧的防守，又便于控制篮板球，防守队员应向球和球篮方向靠拢，采取松动防守。

防无球队员时，始终要保持"球—我—他"的原则，即防守队员要处于对手与球之间，与对手、球要成钝角三角形。防守距离要根据对手与球、球篮的距离而定，做到近球上、远球放，人、球、区兼顾，控制对手接球。

（2）站位姿势：如进攻队员离球较近时，应采用面对对手、侧向球的姿势，用两脚将对手罩住，近球手臂扬起，封锁其接球路线，另一手臂平伸用以协助使对手向远离球的方向移动。当进攻队员离球较远时，可采用面向球、侧对对手的姿势，两臂自然侧伸，便于断球和进行协防。

（3）移动步法：防守队员根据球的转移和对手的移动，使用上步、撤步、滑步、交叉步和跑动等脚步动作，堵截对手摆脱移动路线，抢占有利的防守位置，不让对手在有威胁的进攻位置上接球。

2. 防守有球队员的基本要求

（1）要站在对手与球篮之间的有利位置上。

（2）比赛中迅速摸清对手的主要技术特点，以便采取有针对性的防守策略。如对手中远距离投篮较准，则应紧逼以防投篮为主；如对手善于突破，则应保持适当距离，以防突破为主。

（3）当对手运球停球后，应及时迎上严密防守，并和同伴伺机进行夹击。

第三节　篮球基本战术

一、战术基础配合

战术基础配合是指两三人之间所组成的简单配合方法，它是组成全队攻防战术的基础。篮球比赛的战术打法多、变化多，但各种战术都离不开这些基础配合。

（一）传切配合

这是利用传球和切入技术组成的简单配合，内容包括一传、一切和空切。传切配合是一种最基本的简单易行的进攻方法，在半场和全场进攻中经常采用。

1. 传切配合的要点

除队员掌握熟练准确的战术外，还应具有良好的配合意识和队员之间的默契。在配合过程中切入（空切）队员要善于掌握时机，抓住防守者未能调整位置或注意力分散的空隙，突然快速起动发起进攻，或利用假动作摆脱防守者，持球队员应做瞄篮、突破或其他进攻假动作，来吸引防守者的注意力。当切入队员摆脱对手时，要采用不同的传球方式，及时准确地将球传出。

2. 传切配合的方法

如图7-18（a）所示，处于三分线弧顶的④传球给45°的三分线外的⑤后，立刻摆脱对手向篮下切入，接⑤传来的球投篮。如图7-18（b）所示，在④与⑥互相传球之际，⑤

乘其对手不备之机，突然空切篮下，接外围同伴的传球，然后投篮。

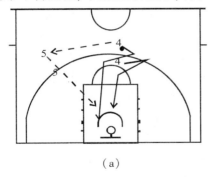（a）　　　　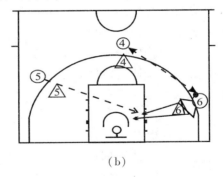（b）

图 7-18　传切

（二）策应配合

这是进攻队员背对或侧对球篮接球后，与同伴的空切或绕切相结合，借以摆脱防守，创造各种进攻机会的一种配合方法。进行策应的范围较广，在半场范围内应用时，一般分为内策应和外策应两种。靠底线的限制区两侧做策应通称为内策应，在罚球线附近或罚球线的延长线附近做策应通称为外策应。当对方用全场紧逼防守时，可在中场一带，甚至在对方前场运用策应配合来破坏防守。

策应配合的要点如下。

（1）策应队员首先要抢占有利的策应位置保证接球的安全。接球后，两脚开立，两膝弯曲，上体稍前倾，保持身体平衡，两肘微屈，两手持球于腹前，用臂和身体保护球，并随时注意攻守者的变化情况。

（2）高大队员策应时，接球后可把球举在头上，根据同伴的移动，做出前、后、左、右的传球配合。当同伴摆脱防守获得进攻机会时，策应者要及时传球给同伴，同时自己也要伺机进攻。在策应过程中可用转身调整策应的方向和位置，以帮助同伴摆脱防守，增加策应配合的变化和威胁。

（3）外线持球队员要根据策应者的位置和机会，及时将球传给策应者，争取做到人到球到。传球后要围绕策应者向篮下切入准备接球，以实现内、外结合的进攻目的。

（三）突分配合

进攻者持球突破或运球突破对手后，遇到对方补防或"关门"时，及时将球传给空隙地带的同伴。这种在突破中根据情况及时传球给无人防守的同伴的配合叫突分配合。

1. 突分配合的要点

主要是同伴之间要有良好的配合默契，突破者在突破过程中要注意观察攻守队员的位置变化，既要做好投篮准备，又能在遇到对方补防时巧妙地分球给同伴投篮。

2. 突分配合的方法

队员突破后，遇到防守迎上补防，立刻把球传给切入篮下的进攻同队队员，同队队员接球后投篮或与其他同伴配合。

（四）掩护配合

掩护配合是指进攻者以合理的行动，用身体挡住同伴防守者的通路，为同伴摆脱防守，创造接球和投篮机会的一种配合方法。掩护配合有许多形式和方法，根据掩护者与被掩护者身体位置和方向的不同，有前掩护、侧掩护、后掩护 3 种形式。运用掩护时，根据不同的情况，还可进行多种变化，如反掩护、假掩护、运球掩护、定位掩护、行进间交叉掩护、双人掩护等。掩护的形式及其变化虽然很多，但从掩护者的行动来看，一是自己主动去给同伴做掩护，使同伴借以摆脱防守；二是自己主动利用同伴的身体和位置创造掩护，使自己摆脱防守（如定位掩护），以及同伴之间相互进行掩护借以摆脱防守（如行进间掩护）。

1. 掩护配合的要点

（1）掩护配合要求，同伴之间要相互默契协同一致，掌握好配合行动的时间。

（2）掩护者要站在同伴的防守者必经的路线上，距离该对手约半步距离（太近容易发生身体接触而导致犯规，太远不易成功），两脚自然开立，两膝微屈，上体稍前倾，以扩大掩护面。

（3）借用掩护者做假动作来吸引自己的对手，待时机成熟，及时起动。

（4）进行掩护配合时，要观察防守者的位置和行动的意图。当对方交换防守时，掩护者要及时转入掩护的第二动作，即利用所处的有利位置，转身切入篮下准备接球，或转入其他进攻行动。

2. 几种掩护配合的方法

前掩护：是掩护队员站在同伴的防守者前面，用身体挡住防守者向前移动的路线，使同伴借机摆脱防守的一种配合方法。

后掩护：是掩护队员站在同伴的防守者身后，挡住他的移动路线，使同伴借以摆脱防守的配合方法。

侧掩护：是掩护队员站在同伴防守者侧面，用身体挡住防守者的移动路线，使同伴借以摆脱防守的一种配合方法。如图 7-19 所示，④传球给⑤后，给⑤做定位侧掩护，⑤运球向右侧做突破技术，然后突然变向运球，从④的右肩旁挤过，摆脱防守⑤，然后投篮或者传球给后转身向篮下的④进攻。

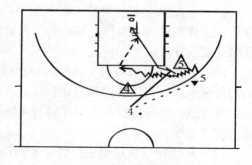

图 7-19　侧掩护

定位掩护：是进攻队员利用同伴的身体挡住对手的去路从而摆脱防守、创造投篮机会的一种配合方法。

🏀二、防守战术基础配合

它是运用挤过、穿过、交换、关门、夹击、补防、围守中锋等配合方法所形成的协同防守配合。

（一）挤过配合

挤过配合（图 7-20）是指对方采用掩护进攻时，防守者为了破坏对方的掩护配合，当掩护者临近的一刹那，被掩护者的防守者主动靠近自己的对手，并从两个进攻者之间侧身挤过，继续防守自己的对手。

（二）穿过配合

穿过配合（图 7-21）是破坏掩护的一种方法。当进攻队员掩护时，防掩护者的队员及时提醒同伴并主动后撤一步，让同伴及时从自己和掩护队员之间穿过，继续防守自己的对手。

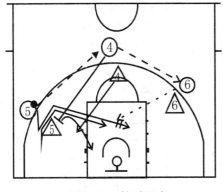
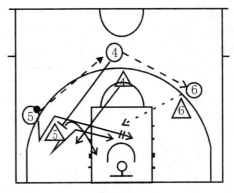

图 7-20　挤过配合　　　　　　　　　　　图 7-21　穿过配合

（三）绕过配合

绕过配合（图 7-22）是破坏掩护的一种方法。当进攻队员掩护时，防掩护者的队员贴近对手，让同伴从自己的身后绕过，继续防守自己的对手。

（四）交换防守配合

交换防守配合（图 7-23）是破坏掩护配合的一种方法。进攻队员利用掩护已经摆脱防守时，防掩护的队员及时发出换防的信号，与同伴互换各自的对手。在适当时候再换防原来的对手。

交换防守配合的要求：交换防守前，一般是由防守掩护者的队员主动提示同伴，换防时，动作要果断、快速。在适当时候再换回来，防守各自原来的对手，以免在个人力量对比上失利。

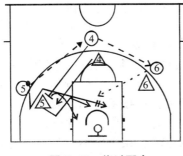
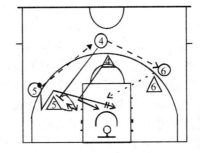

图 7-22　绕过配合　　　　　　　　　　　图 7-23　交换配合

（五）关门配合

关门配合（图 7-24）是 2 个防守队员协同防守突破的配合方法。当进攻队员运球突破时，防守突破的队员向侧后方移动挡住其移动路线，临近突破一侧的防守队员，应及时快速向突破队员的前进方向移动，与突破的队员靠拢，像两扇门一样关起来，堵住进攻者的前进路线。

关门配合的要求："关门"时，动作要快，配合要默契，两人要靠紧，不留空隙。与突破队员距离很近时，则可横移关门，堵截突破者的去路。

（六）夹击配合

夹击配合（图7-25）是2个防守者采取突然的行动，封堵和围守边角运球者或边角停球者的一种防守配合。它是一种积极主动的攻击性较强的防守方法。它限制持球者的正常传球和活动范围，并创造断球机会造成对方失误或违例。

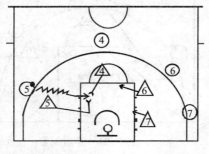 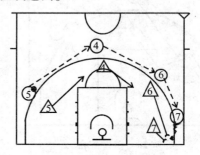

图 7-24　夹击配合　　　　　　　　图 7-25　关门配合

（1）夹击配合的要点：正确选择夹击的时机和位置，当对方只顾运球，而不注意观察场上情况时，或在对方运球转身一刹那间，或对方运球刚停球时，都是进行夹击的良好时机。

（2）夹击时2个防守者应用腿和躯干围住持球者，同时积极挥动两臂，封堵传球角度，而不要急于抢球，以免造成不必要的犯规。形成夹击局面时，邻近的防守者应及时移动切断其传球路线，准备断球。

三、快攻与防守快攻

快攻是由防守转入进攻时，进攻队以最快的速度将球推进至前场，争取造成人数上和位置上的优势与主动，果断合理进行攻击的一种速决进攻战术。其特点是速战速决，攻其不备，所以是现代进攻战术中最锐利的武器和最重要的反击得分手段。

快攻的结构：快攻是由发动与接应、推进、结束3个阶段所组成。快攻战术有长传快攻、短传（结合运球推进）快攻和运球突破快攻3种类型。

快攻的基本要求：树立快攻意识是发动组织快攻的前提，要抓住时机，做到转换快、传球快、接应快、分散快、推进快、跟进快和攻击快；全队队员要行动一致，积极投入到快攻行动之中，要以压倒性的气势去完成快攻的任务；在技术运用上要果断、准确；在战术组织上要环环紧扣，不轻易降低速度，相互协同，先后台序，纵深队形，二路出击。注意，快攻攻击后，应积极拼抢篮板球准备进行二次进攻，在快攻不成时，要与阵地进攻衔接，及时转入阵地环节继续进攻。

防守快攻是指比赛中由进攻转入防守时，用于阻止和破坏对方使用快攻的防守战术。防守快攻最根本的方法是提高本队进攻的成功率，减少对方发动进攻的机会，减少不必要的失误，组织拼抢篮板球，必须根据快攻攻势的展开，有针对性地去防守，力求延缓对方进攻的速度，打乱进攻的节奏，推迟进攻攻击时间，以利于迅速组织阵地防守。

防守快攻方法：积极拼抢前场篮板球；封堵第一传和接应点；堵截接应点；防守快攻

队员；以少防多。

四、半场人盯人防守与进攻半场人盯人防守

半场人盯人防守与进攻半场人盯人防守战术，是篮球比赛中运用最广泛的防守与进攻战术。半场人盯人防守战术是在每名防守队员分别防守一名进攻队员的基础上，利用防守的基础配合相互协作的一种全队防守战术；而进攻半场人盯人防守战术是运用传切、掩护、策应及突分等基础配合组成的进攻战术。

（一）半场人盯人防守战术的方法

这种防守方法控制区域比较大，一般是距篮 8~9 米，因此，这种防守用来对付中远投较准但突破和控制球能力较差的队是比较有效的。防守的重点任务是阻挠和破坏对方外围的传、运配合，封锁外围的投篮，要紧紧盯住有球的队员和距球近的队员，对离球远的队员则可以稍离远一点，以利于协同防守。做到 3 人紧 2 人松或者 4 人紧 1 人松。

半场缩小人盯人防守：一种对有球队员紧、对无球队员松，并根据球的位置来掌握松紧度的防守形式。它的防区缩得较小（一般为 6~7 米），有利于保护篮下，便于对付内线攻击力强、外线突破能力强，而中、远距离投篮欠准的队。这种防守的重点在内线，密集篮下，围守中锋，要做到对持球队员主动抢前占位紧逼，对无球队员则进行伸缩性的弹性防守，严密封锁将球传入内线的球路，积极阻止中锋在内线接球，切断内、外联系和传接球路，整体协同防守篮下，减少内线犯规，控制篮板球，争取打反击快攻。

缩小人盯人的战术阵形主要有：采用"2-3"阵形防守，以高大中锋策应配合为主及其变化为主的战术配合；采用"1-2-2"阵形（图 7-26），防守单中锋策应、外线进行防守掩护等灵活机动、进攻为主的战术配合；采用"1-3-1"的防守阵形（图 7-27），用于防守以双冲锋上、下站位及其变化的战术配合或者无中锋固定的马蹄形进攻阵形。

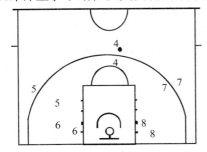

图 7-26　1-2-2 防守（双中锋进攻或者无中锋）

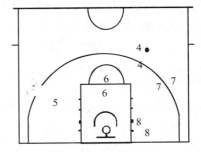

图 7-27　1-3-1 防守

（二）进攻半场人盯人防守

进攻半场人盯人战术常见的基本阵形有"2-3"阵形，主要以单中锋策应配合为主及其变化的方法；"2-2-1"阵形主要以单中锋外策应进攻为主及其变化的方法（图 7-28）；"1-3-1"阵形主要以双中锋上下站位及其变化的方法；"1-2-2"阵形主要以双中锋篮下进攻及其变化的方法；"1-4"阵形主要以双中锋策应进攻及其变化的方法。"1-2-2"阵形主要是无固定中锋的马蹄形阵形，机动中锋打法，根据场上防守情况可变换多种方法。

必须全面提高队员的身体、技术和战术素养，增强单兵作战能力，尤其是在摆脱空切、运球突破、急停跳投和拼抢篮板球能力的基础上，形成具有高度灵活性、应变性和实

效性的整体战术。进攻半场人盯人防守基本要求是：进入半场后，应迅速地落位，组织相应的进攻阵形。要切合实际地运用基础配合及其变化来创造攻击机会。组织进攻配合中要正面与侧面、内线与外线、主攻与辅攻相结合，尽力扩大攻击面，增多攻击点。注意配合与配合之间的衔接，加强进攻的攻击性与连续性。在组织进攻中，应根据防守的实际情况，攻其薄弱环节，做到快慢结合、动静结合、人球皆动，加强进攻中的针对性和灵活性；组织拼抢篮板球，力争二次进攻机会。注意攻守平衡，保证攻守转换的速度。

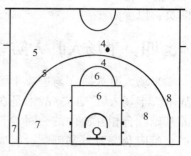

图7-28 2-2-1单中锋进攻

五、区域联防与进攻区域联防

区域联防是指进攻转入防守时，全队队员迅速退回后场，按区分工各自负责防守一定区域的进攻对手，形成一定的防守阵形。把每个防守区域有机地联系起来，并随球进行协同移动防守的一种全队防守战术，也是篮球两大防守战术系统之一。区域联防战术最突出的特点是守区防人、防球和保篮。

（一）区域联防的阵形与方法

区域联防根据各防守队员所站的防守区域，组成各种不同的区域联防阵形。以"2-1-2"区域联防的阵形为例（图7-29），队员位置和防区分布比较均匀，防守机动性较大，适用于防守正面的进攻以及内线进攻较强的队。它的优点是队员之间易于协同配合，并能根据进攻的特点变换其他防守阵形。区域联防阵形目前发展为"2-3""3-2""1-3-1"和"1-2-2"等阵形，并且都

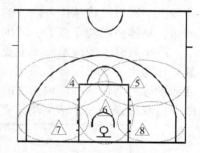

图7-29 2-1-2区域联防

能针对性地加强某些薄弱环节防守，各有优缺点，在运用中必须加以重视。

根据区域联防战术守区、防球、保篮的特点，有以下几点基本要求：按区各自负责，积极阻挠进入所管区域进攻队员的行动，并与同伴协作联合进行防守。防球为重点，随球的转移经常调整位置，做到人球兼顾；保持防守姿势，挥摆双臂进行阻挠；彼此呼应，及时换位、护送，相互帮助，协同防守。对有球队员要靠近防守，阻挠其投篮和运球突破；对无球队员的移动要阻截，防范处在所管辖区内的球。全队队员必须快退迅速组阵，严防进攻队员在篮下活动，极力防范球和进攻队员轻易向内线穿插渗透。对中锋队员要采取侧前或绕前防守，封锁接球路线，尽可能不让其接球；当进攻队员投篮时一定要进行封盖，并组织好抢篮板球，力争获球由守转攻。

（二）进攻区域联防

进攻区域联防是针对区域联防的特点、阵形和变化所采用的进攻方法，是篮球进攻战术系统中的重要组成部分。

进攻区域联防应全面了解区域联防的特点、防守的一般规律，抓住不同区域联防阵形的薄弱环节，有针对性地组织进攻阵形。以"1-3-1"进攻"2-3"联防的方法为例（图

7-30）。"1-3-1"进攻阵形主要针对"2-1-2"和"2-3"区域联防。"1-3-1"进攻战术的基本特点是，外围有两个以上投篮点，中锋和底线队员（前锋和高前锋）则频繁穿插移动。内外联系，力争在一个区域里形成以多打少的局面，加上结合两侧进攻队员的背插，更能使对方在局部区域负担过重。"1-3-1"阵形还能较容易地根据防守阵形的改变，灵活地进行战术变化。例如，对方由"2-1-2"联防改变为"1-3-1"联防时，两侧队员的位置移动较大，一个上提，一个落底，及时变为"2-1-2"进攻阵形。

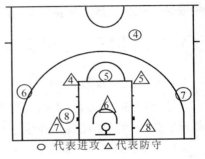

图7-30　1-3-1进攻区域联防

进攻区域联防的基本要求：进攻区域联防，首先要以快制胜，不论在何处获得球权，都应抓住时机，发动快攻，力争在对方未落位分区布阵前进行攻击。快攻不成转为阵地进攻时，有以下几点基个要求：要形成针对性较强的进攻区域联防的阵形，在阵地进攻时要注意对方的防守弱点；布置突破口和远投手，外投内抢，内外结合，并针对区域联防重于内线防守的特点，先取外线攻击以扩大其防守区域，形成真空地带，乘机展开移动穿插，投、突攻击，内外结合，使其在跟防、协防、补防的情况下顾此失彼，从中寻找更多攻击机会。由于区域联防严防篮下，有利于组织抢防守篮板球，因此，在投篮攻击后应组织拼抢进攻篮板球，并注意攻守平衡。

第四节　篮球竞赛规则简介

篮球规则是篮球竞赛的法则，它是参加篮球竞赛活动的人员必须遵守的比赛规定、技术标准和行为规范。篮球规则以法规的条文方式规定了竞赛的方法和竞赛原则，以及违反这些条例与规定应作出的处罚。其宗旨是提倡公正竞赛、文明竞赛，鼓励积极进取、团结协作、遵守纪律的优良体育道德作风；限制不正当行为和不合理的动作，反对野蛮、粗暴的作风与打法，以促进技术、战术的不断发展，从而体现与维护篮球初创时期提出的基本精神、宗旨和目的，以保证与促进篮球运动的健康发展。

篮球规则具有严格的时限，国际篮联颁布的（2016年）篮球竞赛规则的主要内容如下。

一、场地与设备

（一）场　地

标准篮球场是长28米、宽15米的长方形，球场各线的宽度为5厘米。球场的大小从端线和边线的内沿算起。球场内有三分投篮区、限制区和罚球区。

（二）设　备

在篮球场纵轴延长线上，端线外至少2米的地方各安置一篮球架，架上安装篮板，篮板的投影垂直于地面，平行于端线，并距离端线1.2米。它的下沿离地面2.75米。篮板中安装牢固的篮圈，篮圈距离地面 3.05 米，平行于地面。

二、违例、犯规及罚则

（一）违例及其罚则

违反规则的行为而未构成犯规统称违例。其罚则是违例队失去控制球权，由对方在最靠近发生违例的地点掷界外球。

（1）跳球违例：跳球时，两名跳球队员的脚要站在靠近本队球篮一边的半圆，一只脚靠近两人之间的线的中心，球达到最高点后必须被一名双方跳球队员合法地拍击。超出以上规定为跳球违例。

（2）队员出界和球出界：当队员身体的任何部分与界线或界线外的地面接触时，即为队员出界；当球触及界外队员或任何其他人员、界线上或界线外的地面或任何物体、篮板的支柱或背面时即为球出界。

（3）非法运球：队员第一次运球结束后，不得再次运球，否则为非法运球。

（4）带球走：不按规则规定的持球移动叫带球走。持球时，球未离手而中枢脚已离开地面再运球或中枢脚提起又落地后再传球、投篮等，均判违例。

（5）3 秒违例：某队控制球时，持球队员或其同伴在对方限制区内停留时间不得超过 3 秒钟，否则为违例。

（6）5 秒违例：有 3 种情况：罚球队员在裁判员递交球后 5 秒没有投篮出手；掷界外球的队员在裁判员递交球后或已将球放在他可处理球的地点后 5 秒，没有将球掷入场内；持球队员被严密防守，在 5 秒内没有传、投、滚或运球时。

（7）8 秒违例：进攻队在后场控制球后，未能在 8 秒内使球进入前场。

（8）24 秒违例：当一次进攻开始的时候，从后场一得到球，必须在 24 秒钟之内尝试投篮一次，否则判 24 秒进攻违例。

（9）掷界外球违例：掷界外球时，掷球队员未站在裁判员指定的距违例地点最近的界外掷球入场（但直接位于篮板后面的地方除外）。

（10）拳击球、脚踢球违例：队员用拳击球为违例，故意踢球或用腿的任何部分拦阻球为违例，脚或腿偶然碰球不算违例。

（11）球回后场违例：某队控制前场活球，该队的队员不得使球回他的后场（中线属于后场），否则为违例。

（12）干扰球违例：在投篮的时候，当球在飞行中下落，并完全在篮圈水平面上时，进攻或防守的队员都不能触球，但球触及篮圈后或明显不会触及篮圈时除外。

（二）犯规及其罚则

犯规是违反规则的行为，含有与对方队员的身体接触和违反体育道德的行为。对犯规队员应予以登记，并按照规则的有关条款予以处罚。

（1）侵人犯规：是一种违反规则而造成与对方发生不合理的身体接触，如队员通过伸展臂、肩、髋、膝或过分地弯曲身体成不正常姿势以阻挡、推拉、撞绊来阻碍对方行进或使用粗野动作以及用手触及对方等。

（2）技术犯规：有意的、不道德的或有投机取巧性质的行为，虽未发生身体接触，但应判技术犯规。技术犯规在比赛期间包括临场队员、替补队员、教练员、助理教练员和随从人员。

（3）双方犯规：双方队员同时相互犯规为双方犯规。

（4）违反体育道德的犯规：裁判员认为队员不是在规则的精神和意图的范围内合法地直接地试图抢球，造成的侵人犯规是违反体育道德的犯规。

（5）取消比赛资格的犯规：任何技术犯规、侵人犯规都是十分恶劣的不道德行为，均为取消比赛资格的犯规，并令其离开球场附近。

（6）打架：在打架或可能导致打架的任何情况下，任何坐席人员离开球队席区域的界限应被取消比赛资格，并令其离开球场附近，包括球队席区域和球场附近，并不得以任何方式再和他的球队联系。

三、一般规定

（1）队员5次犯规：一名队员已发生5次侵人犯规或技术犯规，他必须在30秒内被替换。

（2）全队犯规：在一节中某队已累计发生了4次队员犯规时，该队处于全队犯规处罚状态。所有随后发生的对未做投篮动作的队员的侵人犯规应被判两次罚球，代替掷球入界。

（3）可纠正的失误：如果裁判员无意地忽略了某条规则，并仅仅是导致了以下5种情况时，允许裁判员纠正这个失误：没有判给应得的罚球；判给不应得的罚球；允许不该罚球的队员执行罚球；在错误的球篮执行罚球；不正确地判给了得分或取消得分。

四、比赛通则

（1）比赛时间：比赛时间分为4节，每节10分钟。在第1、2节（第一半时）和第3、4节（第二半时）之间以及每一决胜期的前面有2分钟的比赛休息时间。两个半场之间的休息时间为15分钟。

（2）比赛开始：比赛由中圈内跳球开始。

（3）暂停：每队第一半时有2次暂停，第二半时有3次暂停，决胜期有1次暂停。暂停机会可以不用，但不准挪到第二半时或决胜期内使用。每次暂停时间为1分钟。

（4）替换：替换队员必须亲自到记录台前报告被替换队员号码，然后坐在替换席上，经临场裁判准许后，方可进入场地替换。只有在替换机会期间，球队才可以替换队员。

（5）比赛结束：当结束比赛时间的比赛计时钟信号响时，一节、决胜期比赛应结束。

（6）比分相等和决胜期：如果在第4节比赛时间结束时两队比分相等，为打破平局，需要一个或多个5分钟的决胜期来继续比赛，直到分出胜负为止。

第八章 排球运动

第一节 排球运动概述

排球运动最早是由美国人威廉.G.摩根在 1895 年发明的。当时，为了满足人追求温和、适度的运动和身心放松的需要，摩根在体育馆内用网球的网子、篮球胆，采用网球和手球的一些技术，类似棒球规则创设了排球，并取名为"Mintonette"，意谓"小网子"。1896 又改为"Volleyball"，意谓"空中飞球"。此后，"空中飞球"随着战争和教会活动传播到世界各国。

1900 年排球运动传入亚洲，1905 年传入中国，1917 年传入欧洲。在亚洲，排球运动经历了 16 人制、12 人制、9 人制和 6 人制的变化过程。1947 年国际排球联合会成立，统一了 6 人制排球规则。目前，世界性最高层次的排球比赛有世界锦标赛、奥运会排球赛、世界杯排球赛。

第二节 排球基本技术

排球基本技术包括击球技术和无球技术。击球技术有发球、传球、垫球、扣球和拦网等。无球技术有准备姿势、移动、起跳及各种掩护动作等。

一、准备姿势和移动

准备姿势和移动是合理运用和有效完成排球运动各项技术的基础。

（一）准备姿势

准备姿势是为移动和击球创造最好的条件。准备姿势按身体重心的高低，可分为半蹲、稍蹲和低蹲（图 8-1）。

（二）移动步法

移动的目的是为了迅速占据场上的有利位置，争取时间和空间，有效完成各项技术的基础。步法通常有并步、滑步、交叉步、跑步、跨步和综合步法等。

并步与滑步技术要点：当来球距离身体较近、弧线较高时，可采用滑步。当右滑时，右脚先向右迈出一步，左脚迅速并上，落在右脚的左面，并成准备姿势，即为并步，连续做即为滑步。当前滑时，前脚先向前迈出一步，后脚迅速跟上落在前脚之后，并成准备姿势，即为并步，连续做即为滑步。

图8-1　准备姿势（一）

交叉步技术要点：当来球距离身体3米左右时，可以使用交叉步。以向右为例，上体稍向右转，左脚从右脚前面向右迈出一步，右脚再迅速向右迈出一步落在左脚的右边，同时身体向来球方向转动，做好击球前的准备姿势（图8-2）。

图8-2　准备姿势（二）

二、传　球

传球是排球比赛中组织战术的基础。传球可分为正面传球、背传球、侧传球、跳传球等。正面双手传球是最基本的传球方法。传球技术学习必须从正面双手传球开始。

【正面双手传球技术要点】

（1）准备姿势。稍蹲姿势，正面对准来球，自然屈肘抬臂，双手置于脸前（图8-3）。

图8-3　传球

（2）手型。两手自然张开成半球形，两拇指相对成"一"字形，用拇指内侧、食指全部、中指二三关节触球。无名指和小指在两侧辅助控制传球方向（图8-4）。

图8-4　传球手型

（3）迎球。当球下降至额前时，蹬地伸膝，伸臂，两手向前上方迎击来球。

（4）击球。击球点在额前上方一球距离处，有利于看准来球和控制传球方向。

（5）用力。传球动作是全身协调用力。传球用力的顺序是蹬地、伸膝、伸腰、手指手腕屈伸。最重要的是利用伸臂，手腕、手指的紧张和球压在手指上产生的反弹力将球传出去。

特别提示：一定要建立正确的传球手形和手感，体会传球时全身的协调用力。先在简单的条件下学习传球技术，当正确动作形成后，再进行移动传球练习。

三、垫　球

垫球是接发球、接扣球以及后排防守的主要技术动作，是组织反攻战术的基础。垫球可分为正面垫球、移动垫球、侧面垫球、跨步垫球、背面垫球、单手垫球、挡球等。正面双手垫球是最基本的一种垫球技术（图 8-5）。

图 8-5　垫球

【正面双手垫球技术要点】

（1）准备姿势。正面对准来球，做好准备姿势。

（2）垫球手型。垫球手型主要有抱拳互握式、叠掌式、互靠式等。

（3）垫球部位。看准来球，两臂夹紧前伸，插到球下，用前臂腕关节以上 10 厘米左右的两臂桡骨内侧形成的平面击球的下部（图 8-6）。

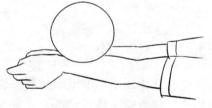

图 8-6　垫球部位

（4）击球动作。向前上方蹬地抬臂，迎击来球。两臂伸直夹紧，使插、夹、抬、蹬连贯完成，灵活控制传球方向和力量。

（5）手臂角度。一般来说，来球弧度高，手臂与地面的角度应该小些；来球弧度平，手臂与地面的角度应该大些。

特别提示：形成正确的手臂击球动作；注意垫球时的全身协调用力；多做结合场地垫不同方向的来球。

四、发　球

发球是比赛的开始。准确而有攻击性的发球可以直接得分或破坏对方的一传，起到先发制人、争取主动的作用。发球可分为正面下手发球、侧面下手发球、高吊发球、正面上手发球、勾手发球、跳发球等。其中，正面下手发球（图 8-7）和正面上手发球（图 8-8）在初学者中运用最多。

【正面下手发球技术要点】

（1）准备姿势。发球前，面对球网，两脚前后开立，左脚在前，两膝微屈，上体前倾，重心偏后脚，左手持球于腹前，右臂自然下垂。

（2）抛球。左手将球平稳地抛在体前右侧，离手约一球多的高度。

（3）摆臂击球。在抛球的同时，右臂伸直，以肩关节为轴向后摆动。击球时，右腿蹬地，身体重心随着右手向前摆动前移，在腹前用掌根击球的后下部。重心随击球动作前移，迅速进场比赛。

图 8-7　正面下手发球

【正面上手发球技术要点】

（1）准备姿势。面对球网站立，两脚自然开立，左脚在前，左手持球于体前。

（2）抛球。左手将球平稳地垂直抛于右肩的前上方，上体稍向右侧转动。

（3）挥臂击球。上体向左转动，迅速收腹带动手臂向前上方挥动，伸直手臂，用全掌击球的后中部。

特别提示：要掌握正确的抛球方法，使每次抛球的高度、位置固定；要掌握正确的击球手法；发球练习应与接发球练习结合。

图 8-8　正面上手发球

五、扣　球

扣球是进攻的最有效方法。扣球由准备姿势、判断、助跑、起跳、空中击球和落地动作衔接而成。主要有正面扣球、勾手扣球、快球、调整扣球、单脚起跳扣球等。其中，在排球比赛中正面扣球运用最多见（图 8-9）。

【正面扣球技术要点】

（1）准备姿势及判断。站在离网 3 米左右处，两脚自然开立，两膝微屈，上体稍前倾，两臂自然下垂，观察二传来球，随时准备向各个方向助跑起跳。

（2）助跑。以两步助跑为例，助跑时，左脚先向前迈出一小步，接着右脚再迅速跨出一大步，左脚及时并上，落在右脚侧前方，两脚尖稍向内收准备起跳。

图 8-9　扣球

（3）起跳。在助跑跨出最后一小步的同时，两臂绕体侧向后引，左脚在落地制动的过程中，两臂自后积极向前摆动，随着双腿蹬地向上起跳，两臂配合起跳用力上摆。

（4）空中击球。起跳后，挺胸展腹，上体稍向右转，右臂向后上方抬起，身体成反弓形。挥臂时，以迅速转体、收腹动作发力，依次带动肩、肘、腕各部位关节成鞭甩动作向前上方挥动。击球时，五指微张成勺形并保持一定紧张，用全手掌包满球，以掌心为击球中心，击球的后中部，同时主动用力屈腕屈指向前推压，使扣出的球加速上旋。击球点在起跳和手臂伸直最高点的前上方。

（5）落地。空中完成击球动作后，应尽量用双脚的前脚掌先着地，同时顺势屈膝，缓冲身体自然下落的力量。

特别提示：（1）要熟练掌握助跑起跳步法；（2）要掌握正确的挥臂击球动作和击球手法；（3）可与二传手和拦网结合进行扣球练习。

六、拦　网

拦网是目前用规则允许的身体任何部位（主要是用手和臂）在网上沿阻挡对方击球过网的技术动作。拦网是防守的第一道防线，拦网要积极主动，思想集中，做到判断准、移动快、离球近。

拦网技术可分为单人拦网和集体拦网（2 人或 3 人）2 种。两者对个人的技术要球是相同的，只是集体拦网需要注意选位和相互间协作与配合，以下重点介绍单人拦网技术（图 8-10）。

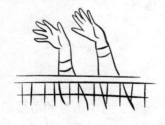

图 8-10　拦网

【正面拦网技术要点】

（1）准备姿势。面对球网，两脚平行开立约同肩宽，距网 30~40 厘米，两膝微屈，两臂自然弯曲置于胸前，随时准备起跳和移动。

（2）移动。并步和滑步移动，适合于近距离移动，动作方法是单脚向右（左）迈一步，另一脚并步靠拢。连续的并步移动即是滑步（图 8-11）。

（3）交叉步移动：这种移动适用于中、远距离。动作方法是：向右移动时，身体稍向右转，重心移向右脚，接着左脚从右脚前面向右交

图 8-11　滑步

叉一大步，然后右脚再向右边跨出一步，右脚落地时，脚尖内转，使两脚平行站立，身体正对球网。移动时，也可右脚向右迈一小步，其他动作与上相同（图 8-12）。

图 8-12　交叉步移动

（4）起跳。起跳时，重心降低，两膝弯曲，两脚用力蹬地，两臂在体侧划小弧用力上摆，带动身体向上垂直起跳。起跳后稍收腹，控制身体平衡。

（5）空中击球。起跳同时，两手从额前贴近并平行球网，向网上沿的前上方伸出，两臂伸直，前臂靠近网，两手尽量伸向对方上空接近球，两手自然张开，屈指屈腕成勺形，两手之间距离不能超过一个球，以防止球从两手之间漏过。当手触球时，两手要突然紧张，手腕要用力下压盖住球的上方，站在靠近边线的拦网队员，为了防止对方打手出界，外侧手掌心在拦击球时要内转。

（6）落地。如已将球拦回，则面向对方，屈膝缓冲，双脚落地。如未拦到球，在身体下落时要随球转身向着球飞出的方向准备做接应救球。

特别提示：①要熟练掌握单人拦网技术；②要结合各种扣球进行拦网练习，提高拦网的判断能力。

第三节　排球基本战术

排球的基本战术主要包括阵容配备和战术阵形。

一、阵容配备

阵容配备的目的是根据每一个队员的技术、身体素质、特长和作用，有效而合理地把全队的力量搭配好，以保证每一轮次都有较强的进攻力和较好的防守能力。在排球比赛中常用的有"四二"配备和"五一"配备（图 8-13）。

图 8-13　阵容配备

"四二"配备即 4 名进攻队员和 2 名二传队员。4 名进攻队员中有 2 名是主攻队员，2 名是副攻队员。他们都站在对角位置上。这种配备方法主要在初学和一般水平队中采用较多。

"五一"配备即 5 名进攻队员和 1 名二传队员。其目的是为了加强进攻和拦网的力量。为了弥补在主要二传队员来不及传球时所出现的被动局面，可以在二传队员的位置上，配备一名有进攻能力的接应二传队员。这种配备方法目前在水平较高的队中被普遍采用。

二、战术阵形

战术阵形分为进攻战术阵形（图 8-14）和防守战术阵形 2 个方面。

"中一二"进攻战术：3 号位队员作二传，将球传给 4、2 号位队员进攻的组织形式。

"边一二"进攻战术：2 号位队员作二传，将球传给 3、4 号位队员进攻的组织形式。

"插上"进攻战术：2 号位队员由后排插上到前排作二传，把球传给 4、3、2 号队员进攻的组织形式。

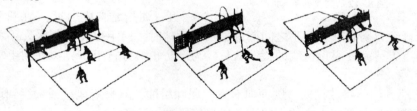

图 8-14　进攻战术阵形

单人拦网防守阵形：这种阵形一般是在水平较低的队比赛时采用。由于对方扣球力量小，路线变化少，用单人拦网进行防守比较合适。其特点是增加了后防人数，便于组织进攻（图 8-15）。

3	
4	2
6	
5	1

32	
4	
5	1
6	

图 8-15　单人拦网防守阵形　　　　图 8-16　双人拦网"边跟进"阵形

双人拦网防守阵形：对方进攻能力较强，进攻路线变化较多时，多采用这种防守阵形，即两人防守、多人防守。通常分为"边跟进"和"心跟进"两种。"边跟进"防守在本方 2 和 3 号位或 4 和 3 号位队员组成双人拦网，由 1、5 号位队员跟进防守的阵形。这种防守阵形对防对方重扣球较为有利，同时也便于组织反攻。其弱点是球场中间空隙较大，容易形成"心空"（图 8-16）。

"心跟进"防守：在本方队员组成双人网时，由 6 号位队员跟进保护的防守阵形。这种防守阵形有利于防吊球和拦网弹起的球，也便于接应和组织进攻。但其不足是后场只有 2 人防守，空隙较大，后场中央和两腰容易造成空当。

第四节　排球竞赛规则简介

一、比赛区域和设备

排球比赛场地呈长方形，长 18 米，宽 9 米，正中有一条中线把场地分为相等的两个场区。所有的线均宽 5 厘米，两侧的线称边线，两边的线称端线。场上空 7 米以内（奥运会和国际重大比赛要高 12.50 米）和四周至少 2 米（奥运会和国际重大比赛端线后要有 8 米，边线外要有 5 米）内不得有障碍物。位于中线的中心点向两个区域后 3 米处各有一条平行攻击线。位于两个后场区端线之后（不含端线）、宽 9 米的区域为发球区。在场地中线上空，架有球网。网宽 1 米，长 9.50 米，张挂在场外两根圆柱上。女子网高 2.24 米，男子网高 2.43 米。球网两端垂直于边线和中线的交界线各有 5 厘米宽的标志带，在其外侧各连接一根长 1.80 米的标志杆。排球外壳用柔软的熟皮或人造革制成，内装橡皮胆，圆周为 65~70 厘米，重量为 260~280 克，气压为 0.40~0.45 千克/平方厘米。

二、比赛方法

比赛不受时间限制。两队各上场 6 名队员，在以中线和垂直上空的球网隔开的各自场地上，按规则运用发、垫、传、扣、拦等技术，组成攻防战术将球从网上击入对方场地，迫使对方失误。每方最多击球 3 次，球可以接触身体的任何部分。除拦网外，一个人不得连续击球两次。

采用每球得分制，即胜一球得球权的同时也得分，前 4 局先得 25 分并同时超出对方 2 分的队胜 1 局，当比分为 24：24 时，比赛继续进行至某队领先 2 分（26：24、27：25 等）为止。胜 3 局的队胜 1 场，如果 2：2 平局时，决胜局打至 15 分并领先对方 2 分获胜。有时也采用 3 局 2 胜制和 1 局胜负制。每局的胜负为限分制，即首先达到规定分数的队为胜队。

三、规则简介

（一）暂停和技术暂停

第一局至第四局每局各有 2 次技术暂停，时间为 90 秒，当任一球队先获 8 分或 16 分时自动暂停，每队每局另有 2 次要求暂停机会，时间为 30 秒。决胜局（第五局）没有技术暂停，所以每队只能要求 2 次暂停，时间各为 30 秒。

（二）自由球员

须穿不同式样的上衣；在比赛成死球，哨前，在进攻线与端线之间可自由进出；不能发球、拦网或试拦网；不得将球在高于网的情况下直接击到对方场地；受伤时可指定另一个人为自由人。

（三）换 人

每一局每队最多可替换六人次，可以同时替换一人或多人。每局开始上场阵容的队员在同一局中可退出比赛和再次上场各 1 次，而且只能回到原阵容的位置上。替补队员每局只能上场比赛 1 次，而且他（她）只能由被他（她）替换下场的队员来替换。

（四）界内、界外球

当球触及包括球场界线在内的场内地面时，即为"界内球"。

以下情况发生时为"界外球"：球体触地的部分完全落在界线外时；球触及球场以外的任何物体，如天花板或非比赛球员时；球触及标志杆、绳子、网柱或标志杆、标志带以外的球网本身时；球体全部或一部分在有效的球网空间外通过其垂直面时；球体全部通过网下垂直面。

（五）犯 规

遇有发球时踏（或越）线或有发球试图或超过 8 秒时限、发球时场上队员位置错误或轮转次序错误、发球违例、四次击球（拦网除外）、持球、连击、触网、过中线、过网击球（合法拦网除外）、后排和自由防守队员犯规以及不良行为等，都按规则判罚。

（六）犯规判罚

比赛中，一方队员犯规，判对方得 1 分并获发球权。如果双方队员同时犯规，则判"双方犯规"，该球重发。

第九章 足球运动

第一节 足球运动概述

一、我国古代足球游戏

中国古代足球起源的最早时间推断不一，但古代足球起源于中国是世界公认的。据《战国策》和《史记》的记载，公元前 475 年的战国时期称足球游戏为"蹴鞠"或"蹋鞠"。"蹴"和"蹋"都是踢的意思，"鞠"是古代的一种皮球，以韦为之，中实以物，可以蹋戏。到了汉代，"蹴鞠"已成为一种重要的体育游戏，开展比较普遍，并且汉代蹴鞠比赛时就已有比赛规则和裁判员。唐代是中国古代足球游戏的极盛时期。从宋朝开始逐渐地建立起球会的组织。在元代开展了男女对踢球的游戏活动。我国古代足球游戏到了清代中叶绝迹。

二、国外古代足球游戏

根据史料记载，在中世纪欧洲便有了足球活动，古罗马称为"哈巴斯托姆"，古希腊被称为"埃佩斯卡洛斯"，英国也有类似的足球游戏。虽然这些足球游戏名称不同，游戏方式也不尽相同，但是都属于足球游戏的范围。早在公元 12 世纪时，伦敦青年就在郊外草地上踢球，有些足球比赛在城市的大街上进行，对参加的人数和犯规等无一定的限制。15 世纪末，人们才称这种游戏为"football"（足球）。女子足球活动同男子足球活动一样，具有悠久的历史。据资料记载，早在 16 世纪，英格兰已出现类似现代足球运动的女子足球活动。

三、现代足球运动的发展简况

公元 16 世纪以后，足球运动在欧洲一些国家盛行起来。特别是 19 世纪下半叶，足球运动有了新的发展，尤其是在学校和教会组织中开展较为广泛。不过当时还没有明文规定的场地、比赛方法和参赛人数。1846 年，英国剑桥大学为了适应本国各学校的比赛，制定了一个简单的规则，当时称之为"剑桥大学规则"，有一定的影响。1857 年，英国成立了第一个足球俱乐部。1863 年 10 月 26 日，由 11 个足球俱乐部和学校在伦敦皇后大街弗里玛森酒店举行了会议，创立了英格兰足球协会，会上在讨论修改"剑桥大学规则"的基础上制定了世界上第一个统一的足球竞赛规则，共有 14 条。因此，1863 年 10 月 26 日被世人公认为现代足球运动的诞生日。1904 年 5 月 21 日，法国、比利时、西班牙、荷兰、丹麦、瑞典、瑞士 7 个国家足球协会的代表在巴黎召开会议，成立了足球国际性组织——国际足球联合会，英文缩写为"FIFA"。它是奥林匹克委员会的一个单项体育组织。截至 2016 年，已有 206 个国家参加了国际足联，是世界上协会会员最多的国际单项体育组织，其总部设在瑞士的苏黎世。国际足联的宗旨：促进国际足球运动的发展，发展各国足球协会之间的友好联系。国际足联负责的国际比赛是奥运会足球赛、世界杯足球赛、世界青年足球锦标赛、世界少年足球锦标赛、世界女子足球锦标赛、世界室内足球锦标赛。

第二节　足球基本技术

足球技术是指运动员在足球竞赛规则条件下，运用身体的有效部位合理完成各种动作方法的总称。它是运动员进行比赛活动的基本手段和能力，是完成战术配合，决定战术质量的前提和保证。足球技术可分为有球技术和无球技术两大类。本节主要介绍有球技术。

一、颠　球

颠球是指运动员用身体的各个有效部位连续地触击球，并加以控制尽量使球不落地的技术动作。颠球是运动员熟悉球性的一种练习手段，颠球可分为 12 部位。其主要包括脚背正面颠球、大腿颠球、脚内外两侧颠球、肩颠球和头颠球等部位。

二、踢　球

踢球是指运动员有目的地用脚把球击向预定目标的技术。踢球是足球技术中最重要的技术，主要用于传球和射门。踢球的方法很多，动作要领也有所不同，但是不论哪一种踢球技术，其完整的动作过程都包括助跑、支撑脚站位、踢球腿的摆动、脚触球和踢球后的随前动作 5 个技术环节。

（一）脚内侧踢球

【特点】触球面积大，可控性强，出球平稳准确，适合短距离传球和射门（图 9-1）。

【动作方法】踢球时应直线助跑，脚落地时足尖与出球方向保持一致，距球 15 厘米处，膝关节微屈，两臂自然张开，维持好身体平衡。踢球腿以髋关节为轴由后向前摆动，在前摆过程中大腿外展，脚尖微翘起，脚内侧与出球方向约成 90°，以大腿带动小腿快摆击球。击球时脚踝适当紧张使其脚形固定，以脚内侧部位击球的后中部。击球后，身体跟随前移，髋关节向前送（图 9-2）。

图 9-1　脚内侧触球

（二）脚背内侧踢球

【特点】踢摆动作顺畅，幅度大，触球面积大，出球有力，适合中远距离射门和传球。

【动作方法】斜线助跑，助跑方向与出球方向约成 45°，最后一步稍大些，支撑脚以脚掌处积极着地，距球的侧后方 25~30 厘米处，膝关节微屈，足尖指向出球方向，身体稍向支持脚一侧倾斜。在支撑脚着地的同时，身体顺势向出球方向转动，踢球腿以髋关节为

图 9-2　脚内侧踢球

轴，大腿带动小腿呈弧形由后向前摆动。当膝提到接近球的内侧垂直上方的刹那，小腿加速前提，脚尖稍外转，脚面绷直，脚趾扣紧，脚尖指向斜下方，以脚背内侧部位击球的后下部。踢球后，踢球腿及身体随球向前（图 9-3）。

图 9-3　脚背内侧踢球

（三）脚背正面踢球

【特点】踢摆幅度大，动作顺畅，便于发力，适用于远距离的传球和大力射门。

【动作方法】直线助跑，最后一步稍大些。跨步支撑时步幅要大而积极，支撑脚一般在球的后沿侧方 10~15 厘米处，足尖与出球方向一致，膝关节微屈。踢球腿以髋关节为轴，大腿带动小腿，由后向前摆。当膝盖提至接近球的后上方时，小腿加速前提。击球瞬时，脚背绷直，脚腕压紧，以脚背的正面击球的后中部。击球后，踢球腿和身体随球继续前摆（图 9-4）。

1　　　2　　　3　　　4　　　5

图 9-4　脚背正面踢球

三、接　球

接球是指运动员用身体的有效部位，将运行中的球有目的地接控在所需位置上的动作方法。无论采用哪一种接球方法，完整的技术动作是由观察和移动、选择接球的部位和接球方法、改变来球的力量和随球移动 4 个环节组成。

（一）脚内侧接地滚球

【特点】接球平稳，可靠性强，用途广泛。

【动作方法】判断来球的速度和方向，支撑脚脚尖面正对来球，膝关节微屈，同侧肩正对来球。接球腿提起，大腿外展，脚尖微翘，脚底基本与地面平行，脚内侧正对来球并前迎，当脚内侧与球接触的一刹那迅速后撤，把球接在脚下（图 9-5）。

（二）脚内侧接反弹球

【特点】动作灵活多变，适用于接有一定高度的来球。

【动作方法】根据来球的落点，及时移动到位，支撑脚与球落点的相对位置在球的侧前方，支撑腿膝关节微屈，身体向接球后球运行的方向偏移；接球腿提起小腿放松，脚尖微翘，脚内侧对着接球后球运行的方向并与地面成一锐角。当球落地反弹刚离地面时，大腿向接球后球运行的方向摆动，用脚内侧部位轻推球的中上部（图 9-6）。

图 9-5　脚内侧接地滚球　　　　　　图 9-6　脚内侧接反弹球

（三）脚掌接球

【特点】动作简单，控球稳定可靠，适用于接迎面球（图 9-7）或反弹球（图 9-8）。

【动作方法】身体正对来球方向，移动前迎，支撑脚站在球的侧面（或前或后均可），脚尖正对来球方向，膝关节微屈。同时接球腿提起，膝关节微屈，脚背略屈，使脚底与地面约小于 45°角（且脚跟离开地面），一般以前脚掌接触球的上部为宜。在触球瞬间接球脚可轻微将球停住，也可根据需要在接球同时将球推向前方或拉向身后。

图 9-7　接迎面球　　　　　　　　图 9-8　接反弹球

（四）胸部接球

1. 挺胸式接球

【特点】触球点高，面积宽，接球稳，适用于接胸部以上的高空球。

【动作方法】面对来球站立（两脚左右或前后开立），两膝微屈，重心置于支撑面内，上体后仰，下颌微收，两臂自然张开，维持身体平衡。接触球瞬间，两脚蹬地，膝关节伸直用胸部轻托球的下部，使球微微弹起于胸前上方（图9-9）。

2. 收胸式接球

【特点】触球点低，面积宽，接球稳，适用于接胸部以下的高空球。

【动作方法】多用于接齐胸高的平直球。面对来球，两脚左右或前后开立，两臂自然张开，挺胸迎球，触球瞬间收胸、收腹、臀部后移将球接在体前（图9-10）。若需将球接在体侧时，则触球瞬间转体将球接在转体后相应的一侧。

图 9-9 挺胸式接球

图 9-10 收胸式接球

四、运 球

运球是运动员在跑动中为将球控制在自身范围内，用脚部进行的推拨球的动作。

（一）脚背内侧运球

【特点】控球稳，运球速度较慢，适用于掩护性运球或运球变向。

【动作方法】身体稍侧转并自然协调放松，步幅小，上体前倾，运球腿提起外展，膝微屈外转，提踵，脚尖外转，使脚背内侧正对运球方向，在运球脚落地前用脚背内侧推拨球，使球随身体前进（图9-11）。

（二）脚背正面运球

【特点】直线推拨速度快，但路线单一，运球时前方需要有较大的纵深距离。

【动作方法】运球时身体持正常跑动姿势，上体稍前倾，步幅不宜过大，运球腿提起，膝关节稍屈，膝关节前送，提踵，脚尖下指，在着地前用脚

图 9-11 脚背内侧运球

背正面部位触球后中部将球推送前进（图 9-12）。

（三）脚背外侧运球

【特点】灵活性、可变性强，易于控制运球方向和发挥运球速度，并便于对球进行保护动作。

图 9-12　脚背外侧运球

【动作方法】运球时身体持正常跑动姿势，上体稍前倾，步幅不宜过大，运球腿提起，膝关节稍屈前摆，脚趾稍内转斜下指，使脚背外侧正对运球方向。在运球脚落地前用脚背外侧推拨球的后中部。

五、头顶球

（一）原地前额正面头顶球

【特点】触球部位平坦，动作发力顺畅，容易控制出球方向。

【动作方法】身体正对来球方向，眼睛注视运动中的球，两脚左右开立（或前后开立），膝关节微屈，重心置于两脚间的支撑面上（或后脚上），两臂自然张开。当球运行到将垂直于地面的垂线时，两腿用力蹬地，迅速向前摆体，微收下颌。在触球瞬间颈部做爆发式振摆，用前额正面击球中部，上体随球前摆（图 9-13）。

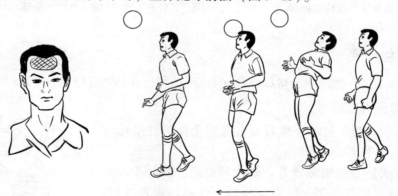

图 9-13　原地前额正面头顶球

（二）原地跳起头顶球

【特点】触球点高，爆发力强，容易加快球速。

【动作方法】两膝屈，重心下降，然后两脚用力蹬地起跳，同时两臂屈肘上摆，在身体上升阶段展腹挺胸，两臂自然张开，眼睛注视来球，身体自然成背弓。当球运行至身体额状面时，迅速收腹，上体前摆，触球瞬间颈部做爆发性振摆，用前额正面将球顶出。同时两腿向前做振摆，球顶出后两腿屈膝屈踝落地。

六、抢截球

（一）正面抢球

【特点】容易发力，动作迅速，抢截球快。

【动作方法】抢球者两脚前后开立，迎着运球者而站，两膝微屈，身体重心下降并置于两脚间，当运球者与抢球者间的距离缩小到一定范围（即抢球者上前跨一大步可能触及球），运球者脚触球后即将落地或刚刚落地时，抢球者后脚用力蹬地并跨步向前，以脚内侧去堵截球，当已堵住球时，另一只脚应迅速上步。若抢球脚堵住球，则抢球者应将另一只脚迅速前移做支撑脚，抢球脚在不脱离球的情况下迅速向上提拉，使球从对手脚面滚过，身体重心也迅速跟上并将球控制好（图9–14）。

图 9–14　正面抢球

（二）侧面合理冲撞抢球

【特点】断球迅速，攻防兼备。

【动作方法】当防守者并肩与运球者跑动追球时，防守者重心稍下降，靠近对手一侧的手臂紧贴身体，利用对方同侧脚离地的过程，用肘关节以上部位适当冲撞对手同样部位，

图 9–15　侧面合理冲撞抢球

使对手身体失去平衡，乘机将球控制住（图9–15）。

七、掷界外球

【动作方法】两手手指自然张开，持球的后半部，两拇指靠近，虎口相对。两脚前后或平行开立，膝关节稍屈，将球举在头后，身体重心放在两脚上，上体后仰。掷球时，两脚蹬地，收腹屈体，同时两臂快速前摆，身体重心前移，手腕、手臂、腰和腹部同时用力将球掷出（图9–16）。

图 9–16　掷界外球

八、守门员技术

（一）准备姿势

【动作方法】两脚左右开立，约与肩同宽，两膝自然弯曲，身体略向前倾，两脚跟稍提起，重心放在前脚掌上，两臂自然弯曲，掌心向下，两眼注视来球。

（二）上手接球

【动作方法】接球时，两手自然张开，拇指相对，食指与拇指形成"桃形"，要接触球的后中部，触球部位以手指为主，手掌上端轻微触球（掌心不能触球）。在接球的一刹那，两手要有缓冲动作，将球牢牢接在手中（图9-17）。

图9-17 上手接球

（三）下手接地滚球

【动作方法】分直立接球和单膝跪立接球两种。直立接球时，两脚要自然并拢，脚尖对准来球，上体前屈，两臂自然下垂，手指自然张开，手心向前，两手接球底部。接球后，两臂同时弯曲，并互相靠拢，将球抱至胸前（图9-18）。

图9-18 下手接地滚球

（四）扑侧面球

【动作方法】异侧脚用力蹬地，双手快速向侧伸出，一手置于球后，另一侧手置于球的侧后上方。同时身体向同侧脚方向倒地，落地时以小腿、大腿、臀、肘外侧依次着地，落地后抱球团身（图9-19）。

图9-19 扑侧面球

第三节　足球基本战术

　　足球战术是比赛中为了战胜对手，根据主客观的实际所采取的个人和集体配合的手段的综合表现。比赛实践证明，熟练而巧妙地运用全队是夺取胜利的重要因素。

　　足球战术可分为进攻和防守两大体系，其中分别包含着个人战术、局部战术和整体战术。个人和局部战术是基础，为全队整体战术服务。进攻战术与防守战术既对立统一，又相互制约，相互促进，从而推动了足球战术的不断发展和提高。足球战术的分类见图9-20。

足球战术

进攻战术
　个人战术　{ 传球、射门、运球突破
　　　　　　　跑位
　局部战术——传切配合、交叉掩护配合、转移进攻
　整体战术 { 边路进攻、中路进攻、转移进攻
　　　　　　　快速反击进攻、层次进攻、破密集防守进攻
　定位球战术——中点开球、任意球、角球、掷界外球、门球、点球
比赛阵型

防守战术
　个人战术 { 选位、盯人
　　　　　　　断球、补位、封堵
　局部战术——保护、补位、围抢
　整体战术 { 区域盯人暗、人盯人防守、混合盯人防守
　　　　　　　向前逼压式防守、层次回撤式防守、快速密集式防守
　定位球战术——中点开球、任意球、掷界外球、门球、点球

图9-20　足球战术分类

一、个人攻守战术

（一）个人进攻战术

　　其主要包括传球、射门、运球突破和跑位等。

　　传球是集体配合的基础，它是完成战术配合、创造射门机会的主要手段。

　　射门是一切进攻战术配合的最终目的和进攻得分的唯一手段，也是进攻战术最重要、最困难、最振奋人心的环节。

　　运球突破是进攻战术中极为重要的个人战术，是突破密集防守、创造射门机会的有效手段，是冲破紧逼盯人造成局部地区以多打少、觅得传球空当、获得射门机会的有效手法，同时也是扰乱对方防线的锐利武器。

　　跑位是指比赛中队员在无球的情况下，通过有意识的跑动，为自己或同伴创造进攻机会的行动。

（二）个人防守战术

　　其主要包括选位、盯人、抢球、断球等。

　　选位是指防守队员根据位置职责和临场情况，选择适当的防守位置。

　　盯人是指防守队员控制进攻队员的行为与传接球的时间和空间。它可分为紧逼盯人和

松动盯人。

断球是指将对方的传球从途中截下来或破坏掉的战术行为。

抢球是指将对方控制的球抢过来或破坏掉的战术行为。

二、局部攻守战术

（一）局部进攻战术

其是指进攻中两个或几个队员之间的配合方法。它是集体配合的基础，其基本配合形式有传切配合、交叉掩护配合、二过一配合。

（1）传切配合：包括斜传直插配合、直传斜插配合。

（2）交叉掩护配合：比赛中经常采用的 2 人局部进攻配合有传切配合、掩护配合和二过一配合。局部 2 人配合是整体进攻战术的基础。不论在任何一个场区，任何 2 名同队队员（守门员除外）都可以采用。完成 2 人配合的能力强弱直接反映球队的进攻战术的质量。

（3）踢墙式"二过一"配合："二过一"配合是在局部地域，2 名进攻队员通过 2 次传球越过一名防守队员的战术手段。

（二）局部防守战术

是指 2 名或 2 名以上防守队员之间的配合方法。它是防守战术的基础，其基本配合形式有保护、补位、围抢。

保护是指给逼抢持球队员的同伴心理和行动上的支持，使其无后顾之忧，全力以赴紧逼对手。

补位是足球比赛中局部地区集体配合进行防守的一种方法。当防守过程中一个防守队员被对手突破时，另一个队员则立即上前进行堵封。

围抢是指比赛中在某局部位置上，防守一方利用人数上的相对优势（通常是两三名队员）同时围堵对方的持球队员，以求在短暂时间内达到抢断或破坏对方的目的。

三、整体攻守战术

（一）整体进攻战术

其是指为了完成进攻战术任务所采用的全局性的配合方法。依据进攻的区域，整体进攻战术可分为边路进攻、中路进攻和转移进攻；依据进攻的速度，整体进攻战术可分为快速反击、层次进攻和破密集防守进攻。

（1）边路进攻：利用球场两侧地区发起进攻的方法叫边路进攻。边路进攻是全队进攻战术的主要形式之一，其主要特点是有利于发挥进攻速度，打破对方防线制造缺口。

（2）中路进攻：是利用球场中间区域组织的进攻，这种进攻虽能直接射门，但难度最大，因中路防守最为严密，前锋的攻击手必须是反应极其敏锐、意识强、技术高、敢于冒险、速度快和善于跑位策应的队员。

（3）转移进攻：是指由一个区域转向另一个区域的进攻配合。

（二）整体防守战术

其是指全队所采取的防守配合。整体防守战术按形式可分为人盯人防守、区域盯人防守和混合盯人防守；按打法可分为向前逼压式打法、层次回撤式打法和快速密集式打法。

人盯人防守是一种除自由人以外，其他每个队员都有固定盯人对象的防守形式。

区域盯人防守是每一防守队员占据一定的活动区域，当进攻者进入该防区时，区域防守队员实施严密盯人，以控制进攻者在此区域的一切有效行动。

混合防守是人盯人和区域盯人防守两种形式交织在一起的防守打法。

四、定位球战术

定位球战术是指比赛成死球时所采用的攻守战术方法，它主要包括中圈开球、掷界外球、罚球点球、角球和任意球时的配合方法。

（一）任意球攻守战术

1. 任意球进攻战术

直接射门：无论在场地中间或两侧获得任意球的机会时，只要有可能射门，最好的办法就是直接射门，随着守队排墙人数的增加，直接射入对方球门变得更加困难，因此，射手更需要掌握高超的踢弧线球技术。

配合射门：在罚球区的侧角和两边，当不可能直接射门时，则应进行配合射门，经常采用短传配合和长传配合两种方式。但配合的传球次数宜少，宜简不宜繁。传球和射门配合要默契。

2. 任意球的防守战术

干扰对方罚球，争取时间，迅速组织人墙；由守门员指挥，也可由人墙最外侧第二位队员进行指挥排墙，以防止从外侧绕过人墙的弧线球。

（二）角球攻守战术

1. 角球的进攻战术

角球是破门得分的重要手段之一。角球进攻有短传配合和长传配合两种，而多数角球采用弧线球将球传至门前区域。角球进攻战术可分为短传角球和长传角球。

2. 角球的防守战术

对方踢角球时，全队应迅速组织防守。特别是在球门区附近，防守前、中、后3个危险点，封堵和限制对方角球的有效落点。

（三）界外球攻守战术

足球比赛中掷界外球的次数比较频繁，特别是在前场的界外球，它已接近了角球对双方所产生的影响和效果。

1. 掷界外球进攻战术

直接回传：由接球者直接或间接回传给掷球者，由掷球者组织进攻。

摆脱接球：用突然的变速变向摆脱防守，接应或插入接球，展开进攻。

长传攻击：由擅长掷球的队员掷出长传球，由同伴在对方门前配合攻击是经常用的方法。如掷球给跑动中的同伴，接球后用头顶后蹭传球，另两名队员配合同时包抄抢点攻门。

2. 掷界外球防守战术

在掷球局部要紧逼，特别是有可能接球者，要死盯。对比较危险的地域和有可能出现的空当要重点防守和保护。对手在前场掷球时，应采取相应的防守对策，派人在掷球者前面影响掷球的远度和准确性，对重点对象要盯紧，选择防守的有利位置。

第四节　足球竞赛规则简介

一、比赛场地

（一）球　场

球场地面必须平坦，硬度合适。球场边线的长度不得多于 120 米或少于 90 米，球门线的长度不得多于 90 米或少于 45 米，在任何比赛情况下，球场边线的长度必须大于球门线的长度。国际足联规定世界杯决赛阶段的比赛场地为长 105 米、宽 68 米。

（二）边　线

当球的整体从地面或空中全部越过边线为界外球。正式比赛中，任何人未经裁判员允许不得擅自出入此线。场地各线宽度不超过 12 厘米。

（三）球门与球网

球门应设在球门线的中央，由两根内沿相距 7.32 米与两边角旗点距离相等的直立门柱，以及一根下沿离地面 2.44 米的水平横木连接组成。门柱及横木的宽度、厚度与球门线，均应对称相等，不得超过 12 厘米。球门后需装球网，并要适当地撑起，使守门员有充分活动的空间。

（四）角旗杆与角球弧

角旗杆是球门线与边线分界处的一个标志。一般情况下角旗杆高度不得低于 1.5 米，杆的顶端应圆平。以角旗为圆心，以 1 米为半径画圆，在比赛场地内与底线和边线相交的 1/4 圆弧的范围，这个范围叫角球区（或角球弧）。踢角球时，球必须整体被放在角球弧内。在罚角球的时候防守队员也必须在角球弧的 9.15 米以外。

（五）罚球点与罚球弧

"罚球点"是平时所提到的"点球点"。在距离球门线中点垂直向场内量 11 米处设置为罚球点，罚球点球时，球必须放定在罚球点上。罚球弧在罚球区外，以距罚球点 9.15 米为半径画一条圆弧。罚点球时，除了主罚点球队员和守门员外，其他球员必须在该罚球区和罚球弧外。

（六）中线、中点、中圈

2 条边线的中点连线就是中线。中线把全场划分成了 2 个相等的半场。中线的中点就是开球点。以中点为圆心，以 9.15 米为半径画一个圆圈就是中圈。在开球的时候，必须把球放在中点上；双方队员须站定在各自半场；守方队员须在中圈以外；当裁判员鸣哨后，球被踢出并向前移动时，比赛正式开始，这时双方球员才可以进入对方的半场。

（七）球门区

"球门区"是我们平时所提到的"小禁区"。它是在每个球门柱内侧 5.50 米处，向场地内侧画两条 5.50 米垂直于球门线的线，与一条平行于球门线的线相连接。由这些线和球门线所组成的区域范围就是球门区。

（八）罚球区

"罚球区"是我们平时所提到的"大禁区"。它是在每个球门柱内侧 16.50 米处，向场地内侧画两条 16.50 米垂直于球门线的线，与一条平行于球门线的线相连接。由这些线和球门线所组成的区域范围就是罚球区。

二、球

（1）球是圆形的，用皮革或其他适当材料制成。

（2）球的周长在 68~70 厘米；球的重量为 410~450 克；球的气压为 0.6~1.1 个大气压力（世界杯赛一般采用 0.9 个大气压力）。

（3）比赛中球发生破裂或损坏，裁判员应停止比赛，更换球后在球所在地点坠球恢复比赛，如已经成死球则罚球恢复比赛。

三、队员人数

（1）每队不得多于 11 人，少于 7 人，其中每队上场队员中必须有 1 名守门员。

（2）正式比赛的提名替补队员为 7 人，但最多可以替补 3 人。被替换下场的队员不可以在本场比赛中重新参赛。

（3）场上队员与守门员互换位置前要通知裁判员，在死球时互换；场下替补队员替换时，也应通知裁判员。在球成死球时，从中线处先下后上进行替换。

四、比赛时间

（1）正式比赛时间为 90 分钟，上下半场各 45 分钟。除经裁判员同意外，中场休息时间不得超过 15 分钟。

（2）比赛中的罚球点球不受时间限制，应允许延长时间执行完罚球点球。

（3）比赛最后几秒钟的进球，裁判员应将球放到开球点上再鸣哨结束比赛，表示进球有效。不再开球。

五、队员装备

（1）必需的装备：运动上衣、短裤、护袜、护腿板、足球鞋。

（2）正式比赛队员上衣前胸、背后和短裤前方均应有号码，上衣与短裤号码必须一致，队员之间不得重号；守门员服装颜色应区别于其他队员、裁判员和助理裁判员。队长须佩戴袖标。

六、比赛开始和重新开始

（1）通过掷币，猜中队选择场区，另一队开球。

（2）球放在中点上开球，当球被踢并向前移动时比赛即为开始。

（3）开球可以直接射入对方球门得分。开球队员不得连踢。

（4）比赛中由于规则没有提到的原因而停止比赛后，应用坠球恢复比赛。此类原因主要包括：队员受伤；需要检查装备；天气原因不宜继续比赛；球及场地器材损坏，需要更换。

七、比赛进行及死球

（1）球从球门柱、横梁或角旗杆弹回场内。

（2）球从比赛场地上的裁判员或助理裁判员身上弹回场内。

（3）队员有犯规，而裁判员未予判罚。

（4）当球无论在地面或空中全部越过球门线或边线时，包括球被大风刮回。

（5）当比赛已被裁判员停止时。

八、计胜方法

（1）当球的整体从球门柱间及横梁下越过球门线，而此前未违反竞赛规则，即进球得分。

（2）判断球是否进门应根据球的位置，而不是以守门员接球或队员触球时身体所站的位置来决定。

（3）如有观众进场，企图阻止球入球门，但未触及球，而球进门，应算进球有效。如触及或妨碍比赛，裁判员应停止比赛，坠球恢复比赛。

九、越　位

进攻球员在没有球的状态下，站于防守一方的球门线与该进攻球员之间，若当只有一位防守球员时，进攻的球员便处于越位位置。

（一）构成越位的条件

（1）该队员在对方半场。

（2）该队员较球更接近于对方球门线。

（3）在该队员与对方球门线之间，对方队员不足两人。

（二）满足以下3个条件之一，应判罚越位

（1）该队员干扰比赛。

（2）该队员干扰对方队员。

（3）该队员利用越位位置获得了利益。

十、界外球

（1）当球越过边线时，应由最后触球球员的对方球员在球出界的位置掷界外球。

（2）掷界外球之球员必须双足站立在边线上或边线外地面，并双手持球从头后经头顶掷出。

（3）掷界外球不能直接进球得分。队员不慎致使球脱落于场外，可以重掷。

（4）掷球时，队员以合理动作故意掷击场内的对方队员，应判由对方在犯规地点罚直接任意球。

十一、球门球及角球

（1）球门球可以直接射入对方球门得分。

（2）踢球门球时，对方队员应退出罚球区。

（3）踢角球时，不得移动角旗杆，对方队员至少距球 9.15 米。

（4）踢角球时，队员不得站在守门员身前阻挡他，否则为犯规。

十二、罚球点球

（1）罚球点球可以直接进球得分。

（2）执行罚球点球时，球必须放在点球点上，并由主罚队员向前踢出，若主罚队员横传或回传均比赛尚未恢复，应重踢。

（3）执行罚球点球时，在没有守门员的情况下，比赛不能进行。

第十章　乒乓球运动

第一节　乒乓球运动概述

乒乓球，是一种世界流行的球类体育项目。也是我国的国球。

1890 年，几位驻守印度的英国海军军官偶然发现在一张不大的台子上玩网球颇为刺激。后来他们改用空心小皮球代替弹性不大的实心球，并用木板代替了网拍，在桌子上进行这种新颖的"网球赛"，这就是 Table tennis 得名的由来。

Table tennis 出现不久，便成了一种风靡一时的热门运动。20 世纪初，美国开始成套地生产乒乓球的比赛用具。它是美国头号持拍运动，有超过 20 万美国人在打乒乓球。最初，Table tennis 有其他的名称，如 Indoor tennis。后来，一位美国制造商以乒乓球撞击时所发出的声音创造出 Ping-pang 这个新词，作为他制造的"乒乓球"专利注册商标。Ping-pang 后来成了 Table tennis 的另一个正式名称。当它传到中国后，人们又创造出"乒乓球"这个新的词语。

20 世纪初，乒乓球运动在欧洲和亚洲蓬勃开展。1926 年，在德国柏林举行了国际乒乓球邀请赛，后被追认为第一届世界乒乓球锦标赛，同时成立了国际乒乓球联合会。

1904 年，乒乓球运动由日本传入上海，我国开始有了乒乓球运动。1952 年，在北京大学举行了第一次全国比赛；同年，中华全国体育总会乒乓球部加入了国际乒联，后称为中国乒乓球协会。1959 年 4 月 5 日，在第 25 届世界乒乓球锦标赛中，容国团为我国夺取了第一个男子单打世界冠军。自容国团赢得第一个世界冠军至今，中国乒乓球 50 多年来在世界三大赛事中共夺取了 100 多个世界冠军，并且多次囊括了世锦赛、奥运会的全部金牌，创造了世界体坛罕见的长盛不衰的历史。

在名目繁多的乒乓球比赛中，最负盛名的是世界乒乓球锦标赛，起初每年举行 1 次，1959 年后改为两年举行 1 次。

第二节　乒乓球基本技术

一、握拍法

（一）直拍握拍法（图 10-1）

（1）快攻型握拍法。食指第二指节和拇指第一指节在拍的前面呈钳型，两指间的距离为 1~2 厘米，拍柄贴住虎口，另外三指自然弯曲贴于球拍后的 1/3 上端。

（2）弧圈型握拍法。弧圈型握拍法与快攻型握拍法基本相同。其区别是：拇指和食指形成一个小环状，扣住拍柄，其他三指在拍背面自然重叠，由中指的第一指关节顶于拍柄的延长线上。

（二）横拍握拍法（图 10-2）

横拍握拍法如同握手一样。中指、无名指、小指自然弯曲握住拍柄，大拇指在球拍正面靠近中指，食指自然伸直，斜放于球拍背面。正手攻球时，食指稍向上移动；反手攻球时，拇指稍向上移动。

图 10-1　直拍握拍法　　　　　图 10-2　横拍握拍法

二、准备姿势

（一）身体姿势

两脚开立与肩同宽或比肩稍宽，两膝微屈，前脚掌着地（主要以脚内侧蹬地），脚趾轻微用力压地，脚跟微离地面。重心置于两脚之间，上体略前倾、收腹，持拍手臂自然弯曲，直握拍的肘部略向外张，球拍置于腹部右前方，手腕自然放松，拍头指向右斜前方，横握拍的肘部向下，前臂自然平举，手腕自然放松，拍头指向上方。非持拍手臂自然弯曲于身体左侧，两眼注视来球。

（二）站　位

不同打法的人，其站位方式也不同。

直拍左推右攻打法的站位，一般是左脚稍前于右脚，左脚位置基本处于球台左边线的延长线上。身体与球台端线的距离约为 40 厘米。

三、基本步法

步法是乒乓球技术环节的一个重要组成部分，是及时准确地运用与衔接各项技术动作的枢纽，也是执行各项战术的有力保证。具有良好的步法技术，就能够经常保持最佳的击球位置，使击球的速度、力量、旋转得到充分的发挥。乒乓球的基本步法主要有单步、跨步、跳步、并步和交叉步 5 种。

（一）单步移动

【移动方法】击球时以一只脚为轴，另一只脚向前、后、左、右不同方向移动，身体重心随之落在移动脚上。

（二）跨步移动

【移动方法】击球时一脚蹬地，另一脚向移动方向跨一大步，蹬地脚随后跟上半步或一小步，身体重心随即移到跨步脚上。

（三）并步移动

【移动方法】击球时一脚先向另一脚并半步或一小步，另一脚在并步脚落地后随即向来球方向移动一步。

（四）跳步移动

【移动方法】以来球异侧脚用力蹬地，两脚同时离地向来球方向跳动。

（五）交叉步移动

【移动方法】以靠近来球方向的脚作为支撑脚，该脚的脚尖调整指向移动方向，远离来球方向的脚在体前交叉，向来球方向跨出一大步，身体随之向来球方向转动，支撑脚跟着前脚向来球方向再迈一步，这是前交叉步。后交叉步是在体后完成交叉动作。

四、发 球

（一）正手发奔球

【特点】球速急、落点长、冲力大，发至对方右大角或中左位置，对对方威胁较大。

【要点】（1）抛球不宜太高；（2）提高击球瞬间的挥拍速度；（3）第一落点要靠近本方台面的端线；（4）点与网同高或稍低于网。

（二）反手发急球与发急下旋球

【特点】球速快、弧线低，前冲大，迫使对方后退接球，有利于抢攻，常与发急下旋球配合使用。

【要点】（1）击球点应在身体的左前侧与网同高或比网稍低；（2）注意手腕抖动发力；（3）第一落点在本方台区的端线附近。

（二）发短球

【特点】击球动作小，出手快，球落到对方台面后的第二跳下不出台，使对方不易发力抢拉、冲或抢攻。

【要点】（1）抛球不宜太高；（2）击球时，手腕的力量大于前臂的力量；（3）发球的第一落点在球台，不要离网太近；（4）发球动作尽量与发长球相似，使对方不易判断。

（四）正手发转与不转球

【特点】球速较慢，前冲力小，主要用相似发球动作，制造旋转变化去迷惑对方，造成对方接发球失误或为自己抢攻创造机会。

【要点】（1）抛球不宜太高；（2）发转球时，拍面稍后仰，切球中下部，越是加转球，越应注意手臂的前送动作；（3）发不转球时，击球瞬间减小拍面后仰角度，增加前推的力量。

（五）正手发左侧上（下）旋球

【特点】左侧上（下）旋转力较强，对方挡球时向其右侧上（下）方反弹，一般站在中线偏左或侧身发球。

【要点】（1）发球时要收腹，击球点不可远离身体；（2）尽量加大由右向左挥动的幅度和弧线，以增强侧旋强度；（3）发左侧上旋时，击球瞬间手腕快速内收，球拍从球的正中向左上方摩擦；（4）发左侧下旋时，拍面稍后仰，球拍从球的中下部向左下方摩擦。

（六）反手发右侧上（下）旋球

【特点】右侧上（下）旋球力强，对方挡住后，向其左侧上（下）反弹。发球落点以左方斜线长球配合中右近网短球为佳。

【要点】（1）注意收腹和转腰动作；（2）充分利用手腕转动配合前臂发力；（3）发右侧上下旋球时，击球瞬间球拍从球的中部向右上方摩擦，手腕有一个上勾动作；（4）发右侧下旋球时，拍面稍后仰，击球瞬间球拍从球的中下部向右侧下摩擦。

（七）下蹲发球

【特点】下蹲发球属于上手类发球，中国运动员早在20世纪50年代就开始使用。横拍选手发下蹲球比直拍选手方便些，直拍选手发球时需变化握拍方法，即将食指移放到球拍的背面。下蹲发球可以发出左侧旋和右侧旋，在对方不适应的情况下，威胁很大，关键时候发出高质量的球，往往能直接得分。

【要点】（1）注意抛球和挥拍击球动作的配合，掌握好击球时间；（2）发球要有质量，发球动作要利落，以防在还未完全站起时已被对方抢攻；（3）发下蹲右侧上、下旋球时，左脚稍前，身体略向右偏转，挥拍路线为从左后方向右前方，拍触球中部向右侧上摩擦为右侧上旋，从球中下部向右侧下摩擦为右侧下旋；（4）发下蹲左侧上、下旋球时，站右中部向左上方位稍平，身体基本正对球台，挥拍路线为从右后方向左前方，拍触球摩擦为左侧上旋，从球中部向左下部摩擦为左侧下旋；（5）发左（右）侧上、下旋球时，要特别注意快速做半圆形摩擦球的动作。

（八）正手高抛发球

【特点】最显著的特点是抛球高，增大了球下降时对拍的正压力，发球速度快，冲力大，旋转变化多，着台后拐弯飞行。但高抛发球动作复杂，有一定的难度。

【要点】（1）抛球勿离台及身体太远；（2）击球点与网同高或比网稍低，在近腰的中右处（15厘米）为好；（3）尽量加大向内摆动的幅度和弧线；（4）发左侧上、下旋球与低抛发球同；（5）触球后，附加一个向右前方的回收动作，可增加对方的判断（结合发右侧旋球，更有威力）难度。

发球的练习方法

（1）单一路线练习，先斜线，后直线，再斜、直线结合。

（2）单一旋转定线路、定点练习。

（3）向特定的区域发球。

（4）单一旋转不定线路、不定点练习。

（5）发球速度先慢后快。

（6）用相似手法发两种不同旋转、不同落点球练习。

五、接发球

发球判断得正确与否，直接影响接发球的方式和接发球的成败。为了判断发球的旋转性质、旋转强度及来球线路落点，应利用各种信息进行综合分析。接发球技术的具体运用如下。

（1）接上旋（奔球）球可采用正反手攻球或推挡回接，拍面适当前倾，击球的中上部，调节好向前的力量。

（2）接下旋长球用搓球、削球、提拉球回接，搓或削时多向前用力。

（3）接左侧上、下旋球可采用攻球和推挡（搓球或拉球）回接，拍面稍前倾或后仰），并略向左偏斜，击球偏右中上（中下）部位，以抵消来球的左侧上（下）旋力。

（4）接右侧上、下球可采用攻球或推挡（搓球或拉球）回击，拍面稍前倾（后仰），并向右偏倾斜击球偏在中上（或下）部位。回接要点和方法与接左侧上、下旋球相同。

（5）接近网短球用快搓、快点或台内突击回接，主要靠手腕和前臂的力量。

第三节　乒乓球基本战术

一、推　攻

【特点】主要运用正手攻球和反手推挡的速度和力量，并结合落点变化和节奏变化来压制和调动对方，以争取主动或得分。推攻战术是左推右攻打法对付攻击型打法的主要战术，有反手推挡能力的两面攻运动员、攻削结合运动员等也常使用它。

【方法】左推右攻，推挡、侧身攻，推挡、侧身攻后扑正手，左推结合反手攻，左推、反手攻、侧身攻后扑正手等5种。

【注意事项】

（1）推、攻都要有线路变化、落点变化和节奏变化，这是推攻战术争取主动和创造扣杀机会的主要方法。

（2）推挡一般以压对方反手为主，然后突然变正手，以创造进攻机会。如果对方正手较差，才以推对方正手为主。

（3）在推挡中突然加力推对方中路，使对方难以用力回击，然后用正手或侧身扣杀。

（4）遇到机会球时要果断扣杀，这是推攻战术得分的主要手段。

（5）推攻战术要坚持近台，又不能死守近台，要学会近台和中台的位置转换，掌握对手节奏。

（6）推攻战术对付弧圈类打法应坚持以近台为主，用快推和加、减力推挡控制落点，伺机采用近台反拉或中等力量扣杀弧圈球，然后进入正手连续进攻。

二、两面攻

【特点】主要利用正、反手攻球技术的速度和力量压制对方，争取主动和创造扣杀机会。两面攻技术是两面攻打法对付攻击型打法的主要战术。

【方法】攻左扣右、攻打两角和猛扣中路两种。

【注意事项】

（1）正、反手攻球都要有线路变化和落点变化，以便创造扣杀机会。

（2）要以压对方反手为主，然后攻击对方正手或中路，以创造扣杀机会。

（3）遇到机会球时要大胆扣杀。

（4）两面攻战术在主动进攻情况下要坚持近台，被动情况下可适当后退，在中近台或中台进行反攻。

（5）两面攻战术对付弧圈球打法应坚持近台，用快带顶住对方的弧圈球，伺机采用近台反拉或中等力量扣杀弧圈球，然后转入连续进攻。

二、拉　攻

【特点】连续运用正手快拉创造进攻机会，然后采用突击和扣杀来作为得分手段。拉攻战术是快攻打法对付削球类打法的主要战术。

【方法】正手拉后扣杀和反手拉后扣杀两种。

【注意事项】

（1）拉、扣的力量要有较大的悬殊，以使对方措手不及。

（2）拉球要有线路和落点变化以调动对方，争取主动和创造进攻机会。

（3）遇到机会球时要大胆扣杀或突击。

（4）采用拉攻战术要有耐心，不要急于求成，对没有把握的机会球不要过凶。

四、拉扣吊结合

【特点】由拉攻与放短球相结合而成，是快攻型打法对付削球打法的常用战术。

【方法】在拉攻战术的扣杀或突击后放短球和在拉攻战术中放短球后，结合扣杀或突击。

【注意事项】

（1）拉攻中放短球，要在对方站位较远并且来球比较近网时进行，这样，放短球的落点容易靠近球网，可增加对方向前移动的距离和难度。

（2）放短球后扣杀时，如果对方靠台极近，可对准对方身体方向扣杀，这样，往往能使对方难于让位还击。

五、搓　攻

【特点】主要运用"转、低、快、变"的搓球控制对方，以寻找战机，然后采用低突、快点或拉攻等技术展开攻势并进入连续进攻；在搓球中遇到机会球时进行扣杀，常常带有突然性，往往可以直接得分。搓攻战术是乒乓球各种打法都不可缺少的辅助战术。

【方法】正、反手搓球结合正手快拉、快点、突击或扣杀和正、反手搓球结合反手快拉、快点、突击或扣杀。

【注意事项】

（1）搓攻战术既要尽可能早起板，以争取主动，但又不能有急躁情绪，否则，起板容易失误。

（2）在搓球中遇到机会球时要大胆扣杀，这是搓攻战术的主要得分手段。

（3）在搓短中摆短，可使对方不易抢先进攻，故有利于创造进攻机会，以便伺机用正、反手或侧身进攻。

六、削中反攻

【特点】由削球和攻球结合而成，常以逼角加转削球为主，伺机反攻；或以转、低、稳、变的削球，迫使对手在走动中拉攻，以从中寻找机会，予以反攻。这种战术有"逼、变、凶、攻"的特点，是攻、削结合打法的主要技术。

【方法】正、反手削球逼角，结合正手攻或侧身攻对方右侧空当和正、反手削两大角长球，结合正、反手反攻。

【注意事项】

（1）正、反手削球都要注意旋转强度的变化。在削加转后用削加转球相似的手法削不转球，是使对方拉出高球，以进行反攻的有效方法。

（2）削球时要尽可能压低弧线，以避免对方扣杀或突击。

（3）削球逼角时要适当配合削另一角，以使对方在走动中击球。

七、发球抢攻

【特点】发球抢攻战术是以旋转、线路、落点以及速度不同的发球来增加对方回击的难度，使其出现机会球或降低回球质量，然后抢先进攻，以争取主动或直接得分，这是乒乓球所有打法特别是进攻型打法的主要战术和得分手段。

【方法】发下旋转与"不转"抢攻，发正、反手奔球抢攻以及发正、反手侧上、下旋球抢攻。

【注意事项】

（1）发球要有线路和落点变化，以使对方前、后、左、右走动中接发球。

（2）发球后要有抢攻准备，以不失抢攻的机会。

（3）自己发什么球，对方可能以什么技术回击，要做到发球前心中有数。这样才能较好地做好抢攻的准备。

（4）抢攻要尽可能凶，又不能过凶，否则，会影响命中率。

八、接发球抢攻

【特点】由某一单项攻球技术所形成，进攻性强，可变接发球的不利地位为主动地位，也可直接得分，是乒乓球运动各种打法特别是进攻型打法的主要战术。

【方法】用快点、快攻或中等力量突击进行接发球抢攻。

【注意事项】

（1）由于接发球抢攻是在对方主动发球，自己处于被动的接发球地位时所采取的进攻性打法，所以难度较大。接发球抢攻一般不可过凶，要看准来球的旋转方向、旋转强度和高度，采用适当的方法进攻。例如，对方发加转下旋球，接发球抢攻时要采用提拉手法，以免下网。同时，攻球的力量不可过大。

（2）接发球抢攻动作结束后，要立即做好对攻或连续攻的准备，以便继续处于主动地位。

（3）接发球抢攻、抢冲的力量越小，越应注意球的路线或落点，一般应多打在对方反手；若对方反手强而正手弱，则可多打在对方正手。

九、弧圈结合快攻

以弧圈球为主，快攻为辅，当今最流行的打法，男子中这种打法的可能占八成。一般两面反胶。

第四节　乒乓球竞赛规则简介

一、发球、接发球和方位的选择

（1）选择发球、接发球和场地的权力应通过选择硬币的正反面来决定。选对者可以选择先发球或先接发球，或选择先在某一方。

（2）当一方运动员选择了先发球、先接发球或选择了场地后，另一方运动员应有另一个选择的权利。

（3）在每发球两次之后接发球方即成为发球方，依此类推，直到该局比赛结束，或者直至双方比分都达到10分实行轮换发球法，这时发球和接发球次序仍然不变，而且每人只轮发一分球。

（4）一局中在某一方位比赛的一方，在该场的下一局应换到另一方位。单打决胜局中当有一方满5分时应交换方位。

二、发球、接发球次序和方位错误的处理

（1）裁判员一旦发现发球、接发球次序错误应立即暂停比赛，并按该场比赛开始时确立的次序，根据场上的比分由应该发球或接发球的运动员发球或接发球；在双打中，则按发现错误时那一局中首先有发球权的一方所确立的次序继续进行比赛。

（2）裁判员一旦发现运动员应交换方位而未交换时，应立即暂停比赛，并按该场比赛开始时确立的次序，根据场上比分纠正运动员所站的方位后再继续比赛。在任何情况下，发现错误之前的所有得分均有效。

（3）当发球者发出的球触碰到网，叫"擦网"。裁判应令发球者重新发球，若连续擦网两次则是犯规，计分者给予扣分。

三、合法还击

对方发球或还击后，本方运动员必须击球，使球直接越过或绕过球网装置（包含触及

球网装置）后，再触及对方台区。凡属上述情况，均为合法还击。

四、重发球

不予判分的回合出现下列情况，应判重发球。

（1）如果发球员发出的球，在越过或绕过球网装置时触及球网装置，此后成为合法发球或被接发球员或其同伴阻挡。

（2）如果发球员或同伴未准备好时球已发出，而且接发球员或其同伴均没有企图击球。

（3）由于发生了运动员无法控制的干扰，如灯光熄灭等原因，而使运动员未能合法发球、合法还击或未能遵守规则（运动员与同伴相撞或者被挡板绊倒而未能合法回击，则不能判重发球）。

（4）裁判员或副裁判员宣布的暂停比赛。例如，（1）由于要纠正发球、接发球次序或方位错误；（2）由于要实行轮换发球法；（3）由于警告或处罚运动员；（4）由于比赛环境受到干扰以致该回合结果有可能受到影响。

五、失分（对方得分）

回合中出现重发球以外的下列情况，应判失1分。
（1）未能合法发球。
（2）未能合法还击。
（3）阻挡。
（4）连续两次击球（如执拍手的拇指和球拍连续击球）。
（5）除发球外，球触及本方台区后再次触及本方比赛台面。
（6）用不符合规定的拍面击球。
（7）双打中，除发球或接发球外运动员未能按正确的次序击球。
（8）裁判员判罚分。
（9）其他已列举的违例现象。

六、一局比赛

在一局比赛中，先得11分的一方为胜方；比分出现10平后，先多得2分的一方为胜方。

七、一场比赛

（1）一场比赛应采用七局四胜制或五局三胜制。
（2）一场比赛应连续进行，但在局与局之间，任何一名运动员都有权要求不超过两分钟的休息时间。

八、轮换发球法

（1）如果一局比赛进行到15分钟仍未结束（双方都已获得至少9分除外），或者在此之前的任何时间，应双方运动员要求，应实行轮换发球法。计时员应在每一局比赛的第一个球进入比赛状态时开表，在比赛暂停时停表，恢复比赛时重新开表。比赛暂停包括球飞出赛区至重新回到赛区、擦汗、决胜局交换方位及更换损坏的比赛器材。一局比赛进行到 15 分钟尚未结束，计时员应报"时间到"。

（2）当时间到时，球仍处于比赛状态，裁判员应立即宣布暂停比赛，由被暂停回合的发球员发球继续比赛。当时间到时，球未处于比赛状态，应由前一回合的接发球员发球，继续比赛。

（3）出现上述情况时，计数员应在接发球方每一次击球后报出击球数，在使用轮换发球法时，计数员报数应用英语或用双方运动员及裁判员均能接受的任何其他语言。

（4）此后，每个运动员都轮发 1 分球直至该局结束，如果接发球方进行了 13 次合法还击，则判发球方失 1 分。

（5）轮换发球法一经实行，该场比赛的剩余部分必须继续进行，直至该场比赛结束。

九、间　歇

（1）在局与局之间，有不超过 1 分钟的休息。

（2）在一场比赛中，双方各有 1 次不超过 1 分钟的暂停。

（3）每局比赛中，每得 6 分球后，或决胜局交换方位时，有短暂的时间擦汗。

第十一章　羽毛球运动

第一节　羽毛球运动概述

羽毛球是一项隔着球网，使用长柄网状球拍击打平口端扎有一圈羽毛的半球状软木的室内运动。依据参与的人数，可以分为单打与双打。相较于性质相近的网球运动，羽毛球运动对选手的体格要求并不很高，却比较讲究耐力，极适合东方人发展。自 1992 年起，羽毛球成为奥运会的正式比赛项目。

一、羽毛球运动起源

早在 2000 多年前，一种类似羽毛球运动的游戏就在中国、印度等国出现。中国叫打手毽，印度叫浦那，西欧等国则叫做毽子板球。

在 14 世纪末，日本出现了把樱桃插上美丽的羽毛当球，2 人用木板来回对打的运动。这就是羽毛球运动的原形。

现代羽毛球运动起源于英国，它是由印度的浦那游戏逐步演变而成的。在 19 世纪中叶，印度的浦那城内，有一种类似今日羽毛球运动的游戏十分普及。它是以绒线编织成球形，上插羽毛，人们手持木拍，隔网将球在空中来回对击。

1873 年，在英国格拉斯哥郡的伯明顿镇有一名叫鲍费特的公爵，一天他在自己庄园里宴请宾客，恰逢下雨，客人只好聚在客厅里。当时有位从印度退役的军官将"浦那游戏"介绍给大家，并在大厅里活动起来，因这项活动极富趣味性，很快就风行开来。此后，这种室内游戏迅速传遍英国，"伯明顿"（Badminton）即成为英文羽毛球的名字。

二、羽毛球运动发展

起初，羽毛球运动并没有统一的形式，直至 1877 年在印度的喀拉量地区才首次制定了羽毛球运动的比赛规则。1893 年，英国羽毛球协会成立，并重新修订和统一了羽毛球比赛的规则。直至 1934 年，国际羽毛球联会终于成立，成员国包括多个地区及国家。亚洲羽毛球联合会亦于 1959 年在马来西亚的吉隆坡成立。

自 1899 年在英国举行的全英羽毛球锦标赛起，重要的国际羽毛球赛事相继出现，其中包括世界羽毛球个人锦标赛、汤姆斯杯（正式名称应为国际羽毛球挑战杯的男子羽毛球团体赛）、尤伯杯（女子羽毛球团体赛）、苏迪曼杯（男女子羽毛球混合队比赛）、世界杯赛、锦标赛等。在 1988 年汉城奥运会（第 24 届）上，羽毛球被列为表演项目，1992 年巴塞罗那奥运会（第 25 届）列为正式比赛项目，1996 年亚特兰大奥运会（第 26 届）混双列为比赛项目。

中国羽毛球有着悠久的历史，在世界羽坛占有重要的地位。2004 年雅典奥运会上获得 3 金 1 银 1 铜；2008 年北京奥运会上获得 3 金、2 银、3 铜；2012 年伦敦奥运会更是全揽 5 枚金牌，同时还获得 2 银、1 铜的优异成绩。

第二节　羽毛球基本技术

一、握拍法

每个羽毛球技术动作都有其各自相应的握拍和指法，从不同的角度击球或击出不同路线的球也要相应地用不同握拍法。不同的运动员完成同一个技术动作也可以采用不同的握拍和与之相配合的指法。只要符合解剖学原理，易于发力并符合动作的一致性和突变性的需要，就是合理的握拍法和技术动作，就是说羽毛球技术中的握拍和指法是多种多样的。但是归纳起来可分为正手握拍法和反手握拍法。

（一）正手握拍法

虎口对着拍柄窄面内侧的小棱边，拇指和食指贴在拍柄的两个宽面上，食指和中指稍分开，中指、无名指和小指并拢握住拍柄，掌心不要紧贴，拍柄端与近腕部的小鱼际肌平。拍面基本与地面垂直（图 11-1）。

图 11-1　正手握拍法

一般说来，正手发球、右场区击球和左场区绕头顶击球等，都采用这种握拍法（本书均以右手握拍为例）。

（二）反手握拍法

在正手握拍的基础上，拇指和食指将拍柄稍向外转，拇指顶贴在拍柄内侧的宽面上或内侧棱上，中指、无名指和小指并拢握住拍柄，柄端靠近小指根部，使掌心留有空隙。球拍斜侧向身体左侧，拍面稍后仰（图 11-2）。

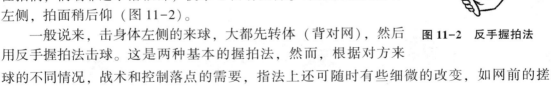

图 11-2　反手握拍法

一般说来，击身体左侧的来球，大都先转体（背对网），然后用反手握拍法击球。这是两种基本的握拍法，然而，根据对方来球的不同情况，战术和控制落点的需要，指法上还可随时有些细微的改变，如网前的搓球、勾球、放网等。

二、发球与接发球

（一）发　球

发球是运动员在发球区将球由静止状态用球拍击出，使之在空气中飞行，落到对方的接发球区，然后，双方开始互相还击球的比赛。

发球作为组织进攻的开始，其质量的好坏直接关系到比赛的主动或被动，以至赢球得分或丧失发球权。

发球可分为正手发球和反手发球。按球在空中飞行的弧线，又可分为发网前球、平快球、平高球、高远球。除高远球需采用正手发球外，其余用正手或反手发球均可。

1. 正手发球（以右手握拍为例，下同）

身体左肩侧对球网，左脚在前，脚尖向网，右脚在后，脚尖稍向右侧，两脚距离与肩同宽，身体重心放在后脚上。准备发球时，右手握拍向右后侧举起，肘部微曲，左手拇指、食指和中指夹住球，举在腹部右前方，然后放开球，挥拍击球。击球时，身体重心由右脚移至左脚上。

用正手发不同的弧线球时，击球前的准备和前期动作是相仿一致的，只是在击球时及其后的动作有所不同。

发高远球时，在左手放开球使之下落时，右手转拍由上臂带动前臂，自右后方沿身体向前左上方挥动。当球落到右臂向前下方伸直能接到球的刹那，紧握球拍，并利用手腕屈收的力量向前上方发力击球。然后，球拍顺势向左上方挥动缓冲。

发平高球时，动作过程大致与发高远球相同，只是在击球的一刹那，前臂加速带动手腕向前上方挥动，拍面要向前上方倾斜，以向前用力为主。注意发出球的弧线以对方伸拍击不着球的高度为宜，并应落到对方场区底线。

发平快球时，要充分利用前臂带动屈腕的爆发力向前方用力击球。使球直接从对方肩稍上高度越过落到后场。关键是出手（击球）动作要小而快。

发网前球时，握拍要放松，上臂动作要小，主要靠前臂带动手腕向前切送，球的弧线要贴网而过，落点在前发球附近。注意手腕不能有上挑动作。

2. 反手发球

发球站位可在前发球线后 10~50 厘米及中线附近，也可在前发球线后及边线附近。面向球网，两脚前后开立（右脚或左脚在前均可），上体稍前倾，身体重心在前脚上。右手臂屈肘，用反手握拍将球拍横举在腰间，拍面在身体左侧腰下。左手拇指与食指控住球的二三根羽毛，球托朝下，球体或球托在球拍前对准拍面。击球时，前臂带动手腕朝前横切推送（图11-3）。

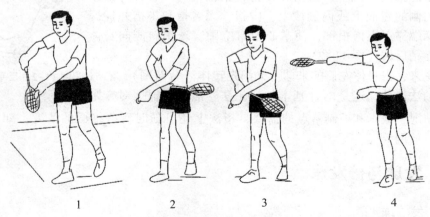

| 1 | 2 | 3 | 4 |

图11-3　反手发球

反手可发网前球和平快球。发网前球用力要轻，主要靠"切"送；发平快球则要突然发力，拍面要有"反压"动作。

（二）接发球

发球与接发球是一对矛盾。发球方想方设法发出各种不同弧线的球，力图控制对方；而接发球方则后发制人，在做好充分准备的前提下，利用第一次击球机会，力争主动，以达到反控制的目的。

接发球首先要选择合适的站位。一般情况下，单打的接发球站位离前发球线约 1.5 米处。在右发球区应站在靠中线的位置；在左发球区则站在中间稍偏边线的位置，主要防备攻方发球攻击反手部位。双打接发球时，站位可靠近前发球线。因为双打的后发球线距离前发球线比单打短 0.76 米，发高远球易被扣杀，所以主要精力应注意对方发网前球。

接发球的准备姿势：单、双打大体相同。单打接发球时，左脚在前，右脚在后，侧面对网，重心落在前脚，后脚跟稍提起，收腹含胸，持拍手在身前，两眼注视对方。双打接发球时，重心可随意放在任何一脚上，球拍高举在肩上，注意力高度集中，以便快速做出反应。

三、击球法

羽毛球击球技术方法，包括击高球、吊球、杀球、放网、搓球、挑球、推球、扑球、勾球、拨球、抽球、挡网及封网等，每一种技术又可分为正手或反手击球法。依据战术球路的需要，又可击出直线或斜线球。下面就各种击球动作的方法要领简述如下。

（一）高　球

高球是自后场打到对方后场端线经过高空飞行的球。高球分为正手、反手和头顶 3 种手法。按飞行轨迹可分为高远球、平高球、平快球等。

1. 正手高球

首先判断准来球的方向和落点，侧身后退，使球处在自己的右肩稍前上方的位置。左肩对网，左脚在前，右脚在后，重心在右脚上。左臂屈肘，左手自然高举，右手持拍，手臂自然弯曲，将球拍举在右肩上方，两眼注视来球。击球时，由准备动作开始，上臂后引，随之肘关节上提明显高于肩部，将球拍后引至头部，自然伸腕（拳心朝上）。然后在后脚蹬地，转体收腹的协调用力下，以肩为轴，上臂带动前臂快速向前上方甩腕，在手臂伸直的最高点击球。击球后，持拍手臂顺惯性往前下方挥动并收拍至体前，与此同时，左脚后撤，右脚向前迈出，身体重心由后脚移到前脚上（图11-4）。

图 11-4　正手高球

正手高球还可起跳击球，按上述要求做好准备动作，然后右脚起跳，随即在空中转体，并完成引拍击球动作。击球动作完成于球从空中最高点落下的瞬间。

2. 反手高球

当对方将球击到己方左后场区时用反手击高球。首先判断好对方来球的方向和落点，迅速将身体转向左后方，移动步伐，最后一步用右脚前交叉跨到左侧底线，背对网，身体重心在右脚上，使球处在身体右上方。击球前，迅速换成反手握拍法，持拍于右胸前，拍面朝上。击球时，以上臂带动前臂，通过手腕的闪动，自下而上地甩臂，将球击出。在最后用力时，要注意拇指的侧压力与甩腕的配合，以及两腿蹬地转体的全身协调用力。

3. 头顶击高球

头顶高球的动作要领与正手高球基本相同，只是击球点偏左肩上空。准备击球时，身体偏左倾斜。击球时，上臂带动前臂使球拍绕过头顶，从左上方向前加速挥动，注意发挥手腕的爆发力击球。落地时左腿向左后方摆动幅度大些。

（二）吊　球

吊球是自后场打到对方前场向下坠落的球。吊球技术分为正手、反手和头顶3种手法。按球的飞行速度和落点可分为轻吊和快吊。

1. 正手吊球

快吊（劈吊）：击球准备和前期动作同正手高球。只是击球时拍面正向内倾斜，手腕作快速切削下压动作，击球托的后部和侧后部。若劈吊斜线球，则球拍切削球托的右侧并向左下方发力；若劈吊直线，则拍面正对前方向前下方切削。

轻吊（拦截吊）：击球前期动作同正手高球。击球时，一种方法如同劈吊，只是击球瞬间突然减速，用力更轻些；另一种方法，是用拍面正击球托或轻挡来球，借助球的反弹力，使球过网后贴网而下。后者多用于拦截对方击来的平高球或半场高球。

2. 反手吊球

击球准备和前期动作同反手高球。不同点在于击球时拍面的掌握和力量的运用。吊直线球时，用球拍反面切削球托的后中部，向对方的右半场网前发力；吊斜线球时，用球拍反面切削球托的左侧，朝对方左半场网前发力（图11-5）。

3. 头顶吊球

击球准备和前期动作同头顶高球。头顶吊斜线球时，中指、无名指、小指屈指外拉拍柄，使拍子内旋，拍面前倾，以斜拍面击球托左侧部位。头顶吊直线球时，球拍击球托的正中部位。

图11-5　反手吊球

（三）杀　球

杀球是把对方击来的
高球在尽量高的击球点上斜压下去。这种球力量大，弧线直，落地快，给对方的威胁很大。因此，它是进攻的主要技术。

杀球从力量上分有重杀（杀球力量大）、轻杀（杀球力量较轻）和点杀（力量不大，但球高网近，落地快）；从落点上分有长杀（落点距网较远）和短杀（落点离网较近）。这些杀球都有正手、反手、绕头顶杀直线和对角线。

1. 原地起跳杀直线球

步子到位后，屈膝下降重心，做好起跳击球准备。侧身起跳时，往右上方提肩，带动上臂、前臂和球拍上举，以便向上伸展身体。起跳后，身体左转同时后仰，挺胸腹成"弓"形，以便发挥腰腹力。接着右上臂往右后上摆起，前臂自然后摆，手腕后伸（拉长了挥拍距离），前臂带动球拍由上往后下挥动，这时握拍要松。随后凌空转体、收腹带动右上臂往右上摆起，肘部领先，前臂全速往前上挥动，手腕充分后伸，带动球拍由后下稍往右后下挥动。这样的挥拍，路线长，有利于挥拍的加速度。由于前臂的突然加快向前上挥动，使手腕后伸至最大限度，它有利于发挥腕、指的爆发力。前臂的全速往前上挥动，也带动了球拍高速往前上挥动。当击球点在肩的前上方时，前臂内旋，腕前屈微收，闪腕发力杀球。这时手指突然抓紧拍柄，把手腕的爆发力集中到击球点上，球拍和击球方向水平面的夹角小于90°，球拍正面击球托的后部，使球直线下行。整个收腹、挥臂、挥拍杀球的动作是在身体由右手稍向左前转动的过程中完成的。杀球后，前臂随惯性往体前收。在回位过程中球拍回收至胸前（图11-6）。

图11-6　正手杀球

2. 移动起跳杀直线球

从接发球姿势开始，采用并步后退、前交叉后退步起跳。同前一套动作相似。击球的瞬间，在前臂快速上摆和内旋带动下，腕从最大的后伸突然全速闪动到收屈，产生强大的爆发力杀球，球拍触球时拍面稍前倾，击球托的后部，使球顺直线向斜下飞进。

杀球后，动作与前套杀球动作相同。

3. 突击杀直线球

侧身右后退一步跃起。当身体向右侧后方移动时，右臂右上摆，帮助起跳和挥拍发力。起跳后，由于身体后仰，拉长了腹部肌肉，右上臂尽量往右后上摆时，肩也尽量地后拉，这样拉长了胸大肌，有利于发力。由于右上臂往右后上摆起，前臂自然往后摆，后腕后伸和稍微外展，握拍仍较松。因此，拍子就自然往后下摆动，这样就加大了挥拍的工作距离。紧接着前臂开始全速往上前摆起。此时，由于前臂的突然向前上摆起，使腕部充分地后伸；同时，由于上臂的前上提，带动拍子由后下摆至右后。此时，由右上臂带动前臂急速往上前挥拍，突然闪腕，手腕从后伸经前臂的内旋至屈收。这时要握紧拍子，产生爆发力，迅速击球。这种突击扣杀，手臂和手腕、手指的爆发力运用得较多，特别是前臂和手腕、手指的爆发力。击球点稍远离肩原前上方。杀球的一刹那拍柄稍向虎口滑动些，整个球拍和扣杀方向的水平面所成的夹角稍小于90°角。

这种突击杀球，起动和起跳快，动作较小，身体又是向右斜上方腾起，这就争取了时间，动作突然性强，能出其不意，因此一般来说战术效果较好。要注意，如上臂用得多（指动作大，挥拍的工作时间长），那么击球点低，容易下网。突击杀球后，随惯性回收拍子。

4. 反手杀球杀直线球

在移动过程中，由正手握拍改成反手握拍，右前臂往右胸前上举，带动拍子往上举，这是反手击球前的举拍动作。接着右前臂往右胸前收，右肩有些内收，带动前臂往右摆的同时也带动拍子往左肩，上摆，这是借着转体的动作带动的，重心稍降低，以便左脚蹬地，有利于发力。紧接着右肘由内收突然上指，右上臂很快往右肩前上摆起，带动前臂和球拍往左下摆动。由于前臂开始向上挥动，而手腕此时充分外展带有内旋，拍子从左前下摆到右前下。以左脚的蹬力和腰腹力、肩力以及上臂力带动前臂全速往后上方挥动，这时握紧拍子，快速闪腕（外旋和后伸），挥拍杀球。击球托的后部，使球直线向下飞行。击球后，前臂内旋，使球拍回收到体前。

5. 头顶杀球——杀对角线球

左脚左移一步，利用右脚掌内侧蹬力，左脚再向左后垫一步，最后右脚向左后退一大步起跳。完成引拍，准备起跳。起跳开始，前臂上摆带着拍子上举，协助起跳发力，使动作伸展。起跳后，身体在空中成"弓"形，有利于发挥全身的力量。挥拍过程与原地起跳杀直线球的技术动作相似，所不同的是身体后仰程度更大。这首先是因为杀对角线球，要调整击球点，使其在右肩的前上方，这样才能更好地发挥杀球的速度和力量。其次是由于往后上起跳比较大，加上使劲扣杀对角线球，因此，两腿在空中分开得也较大。这样有助于身体在空中保持平衡，以及落地后顶往身体往后的冲力。再次，击球托的稍左侧后部，使球向对角线前下疾速飞行。最后，腰腹力用得大些。在击球的刹那间，球拍要略前倾，击球时拍面是正击而不带任何切击动作。击球后，拍子随惯性回收至体前。

（四）搓 球

搓球是由放网前球发展而来的，有正手搓球和反手搓球之分。搓球是用球拍搓击球的左或右侧下部与球托底部，使球向右侧或左侧旋转与翻滚过网。搓出的球越贴网，旋转翻滚性能越强，对方回击就越困难，从而越能为自己创造有利的攻势条件。这时回动可稍慢些，球拍上举，做好封网的准备。

1. 正手搓球

站在网前，正手握拍，做好搓球准备。球拍随着前臂伸向右前上方斜举。当球拍举至最高点时，前臂开始向外旋转，手腕稍后伸，这就是网前进攻技术（搓、推、勾）击球前期动作的一致性。击球时，前臂稍外旋，手腕由后伸至稍内收闪动，握拍手的食指和拇指夹住拍，中指、无名指和小指轻握拍柄，使球拍在手腕和手指的挥摆用力下，搓击来球的右下底部。挥拍力量、速度和拍面角度的大小，主要取决于来球时离网的远近和速度的快慢。来球离网远、速度快些，则搓球时的力量要大些；来球离网近、速度慢，则搓球时力量小些。总而言之，网前的变化较多，用力和拍面控制要合适，否则会搓球下网或过高，造成失误或被动。搓球后，球旋转翻滚过网，这是搓球的特性。

2. 反手搓球

前臂稍往上举的同时，手腕前屈，手背约与网同高，而拍面低于网顶，反拍面迎球。搓球时，主要靠前臂的前伸外旋和手腕由内收至外展的合力，搓击球的右侧后底部，使球侧旋滚动过网。击球后拍子准备回收。

（五）推 球

推球是把对方击来的网前球推击到对方的后场两底角去，球飞行的弧线较低平，速度较快，能给对方造成回击的困难。推球时的发力，主要用前臂、手腕和手指的爆发力。正手推球时注意用食指向前的推压力，反手推球时则注意拇指向前的推顶力。推球时的挥拍路线，正手推球是由于前臂的内旋，带动手腕由后伸闪动到屈腕，也就是说由右至左像盖过去的旋转动作那样，挥拍推击球；反手推球时，是从前臂微屈、手腕外展开始挥拍，前臂带外旋，由左至右盖压过去。

推球时的击球点要高，一般是在离网顶约 20 厘米处为宜。为了便于发力和掌握好球路方向，正手推直线时，击球点在身体的右侧前；推对角线时，击球点要近肩侧前。反手推直线则在左侧前；推对角线在近肩侧前方。前臂的挥摆动作，在击球前，肘关节微屈，发力时要突然加快前伸，发挥前臂和前伸速度，挥拍推击球。特别是正手推球，这种动作较为明显。球飞行弧线的高低，取决于击球瞬间击球点的高低和拍面角度的大小，而拍面角度又要靠手腕和手指来控制。

1. 正手推球

站右网前，球拍向右侧前上举。在肘关节微屈回收时，前臂稍外旋，手腕稍向后侧，球拍也随着往右稍下后摆，拍面正对来球。这时，小指和无名指稍松开，使拍柄稍离开鱼际肌。这样，在推击球时，便于发挥指力的作用。拇指和食指稍向外捻动拍柄，拍面更为后仰。推球时，身体稍往前移，右前臂往前伸，并带内旋，手腕和手指控制拍面角度，手腕由后伸至伸直并闪腕，食指向前压和小指、无名指突然握紧拍柄，拍子急速地由右经前上至左地挥动推球，使球沿边线飞向对方后场底角。

（1）正手上网推直线球

用并步加蹬跨步（两步）上右网前。在步法移动时，球拍随着手臂往右前方稍上举。引拍和击球动作基本同原地推直线。回动过程中，拍子回收。

（2）正手原地推对角线球

引拍基本同原地推直线球。击球点在右肩前，推击球托的右侧后部，使球沿对角线方向飞进。这时，手腕控制拍面角度，闪腕时手臂不要完全伸直。

（3）正手上网推对角线球

用前交叉步加蹬跨步上右网前。与原地网前推对角线球是一样的，推击球动作是在凌空飞跃中完成。

2. 反手推球

（1）反手推对角线球

站在左网前，以反手握拍举于网前，球拍随着前臂往前上方伸举。前臂稍向左胸前收引，肘关节微屈，手腕外展，这时由反手握拍变成反手推球的握拍法，球拍松握，反拍面迎球，挥拍击球。当前臂往前伸的同时，稍带外旋，手腕由外展到伸直闪腕，中指、无名指和小指突然握紧拍柄，拇指顶压，往右前方挥拍，推击球托的左侧后部，使球沿对角线方向飞行。击球后，手臂回收，恢复击球前的准备姿势。

（2）反手上网推直线球

用前交叉步加蹬跨步（两步）上左网前。在步法移动中，球拍随着手臂往左前上举。击球动作基本同原地推对角线球，区别在击球瞬间急速向前挥拍，击球托的后部，使球沿边线较低平地飞向对方后场。击球后，随着回位，球拍回收至右侧前。

（六）勾　球

勾球是把本方的右（左）边网前球击到对方右（左）边网前去，国外叫打对角线网前球。勾球分正手和反手两种，球的飞行速度快，球斜着飞越过网顶时，要尽量控制到掠网而过，贴网而落到对方网前场区内。

勾球时的发力，主要是运用前臂、手腕和手指的力量，用力要适当，手腕还要控制好拍面角度。勾球时要根据击球点的高低，灵活握拍，方能随球应变。一般在高击球点时采用拨击球的动作，这种动作能使球的飞行弧线较平，落地也快。

网前勾球如与搓球、推球结合运用，就能更好地调动对方，加长其跑动距离并被动回球，以便自己发挥前场进攻的威力。

1. 正手勾球

（1）正手勾对角线球

用并步加蹬跨步上右网前，在步法移动的同时，球拍随着前臂往右前斜上举。前臂前伸的同时，稍有外旋，手腕微后伸，这时的握拍法稍有变化，将拍柄稍向外捻动，使拇指贴在拍柄的宽面上，而食指的第二指节贴在拍柄背面的宽面上，拍柄不触掌心。球拍随着向右侧前挥动，拍面朝向对方右网前。击球时，靠前臂稍有内旋往左拉收，手腕由稍后伸至内收闪腕，挥拍拨击球托的右侧下部，使球沿网的对角线跃进。拨击球时，手腕要控制拍面角度。击球后，球拍回收至右肩前。

（2）正手被动勾对角线球

垫步加跨大步上网（两步），击球时，手脚跟进一小步成弓箭步，重心较低。随着步法到位，球拍前伸至右侧前。球拍由侧前向下至左方挥动，在前臂带动下，手腕由伸展到屈收，在球将落地时，球拍面后仰朝左前上方稍带挥送动作，击球托右后下部位，把球轻送到对角线网前去。击球后，上体直起，随着右脚向左前移一步，上体左转，球拍收至右肩前，准备封直线网前。

2. 反手勾球

（1）反手原地勾对角线球

站在左网前，反手握拍法，随着前臂前伸拍子平举。身体前移的过程中，球拍随手臂下沉至离网顶20厘米处，由反手握拍变成反拍勾球的握拍法（见前面介绍的"握拍的灵活性"）。这时拍面正对来球。当来球过网时，肘部突然下沉，同时前臂有点外旋，手腕由稍屈至后伸闪腕，拇指内侧和中指把拍柄往右侧一位，其他手指突然握紧拍柄，拨击球托的左侧后部，使球沿对角线飞越过网。击球后，球拍往右侧前回收。

（2）反手上网勾对角线球

用前交叉步加蹬跨步上左网前，基本与原地反手勾对角相同，推上网时有前冲力，要注意击球时的合力运用。

（3）反手被动勾对角线球

交叉步加跨步上左网前，被动击球点在腰部以下，所以挥拍路线从左侧挥摆而下，再向前上摆击球。击球时手臂是伸直的，击球瞬间手腕从外展突然后伸闪腕，手指紧握拍柄，从左至右挥拍切击球托的左侧下部，使球向对角网前飞越。

（七）扑　球

来球在网顶上空时，能以最快的速度上网扑压来球，称之为扑球。扑球方法有正、反手两种，扑球路线有直线、斜线和扑追身球。

扑球在网前进攻技术中是威胁较大的一项技术。扑球的关键在于能否抓住时机，首先是取决于判断，一经作出判断，上网就要快，即要求起动快，起蹬腿的蹬力要强，产生强有力的爆发力。同时出手也要快，因为来球一般不会太高（在网顶10~20厘米）。若反应迟缓，时机稍纵即逝，将错失一次强有力的进攻机会。

扑球时，主要靠前臂的屈伸和转动，手腕的闪动和手指的顶压，其中手腕是控制力量的关键。挥拍距离短、动作小、爆发力强，扑击出去的球才能急速落地。创造扑球的机会，可以通过后场进攻（如杀球或快吊），也可以通过前场进攻（搓、推、勾球）。关键在一个"快"字上，抓住时机后，要以迅雷不及掩耳之势，一拍解决战斗。

1. 正手扑球

左脚先蹬离地面，然后右脚向右网前蹬跃起凌空扑去。当身体往前倾时，正拍朝前，球拍随手臂往右前伸而斜上举。蹬跳后，身体凌空跃起，前臂往前稍上伸并有外旋，腕关节后伸的同时，握拍有些变化——虎口对着拍柄的宽面，小指和无名指稍松开，使拍柄离开鱼际肌。击球时，手腕由后伸略内收闪动至外展。随着后腕的闪动，拍子从右侧向前左挥动扑球。这时击球的力量主要靠身体前扑的冲力。如果球离网顶较近，那就要靠手腕从右前往左前的"滑动式"击球，这样可以避免球拍触网犯规。扑球后，球拍随着手臂往右侧前下回收。

2. 反手扑球

同正手扑球相似，推球方向在左网前。反手握拍，持于左侧前。当身体向左前方跃起时，球拍随着前臂前伸而前举，手腕外展，拇指顶压在拍柄的宽面上，食指和其他三指并拢，拍面正对来球。身体向左前飞跃，凌空向前下挥拍扑压。击球时，手臂伸直，手腕由外展至内收闪动，手指握紧拍柄，拇指顶压，加速挥拍扑击。击球后马上屈肘，手腕由内收到外展，拍子放松回收，以免触网犯规。击球后，球拍随手臂回收至体前。

（八）抽　球

1. 正手抽球

右脚稍向右侧迈出一小步，同时上体稍往右侧倾，右臂向右侧上摆，球拍随着上举，肘关节保持一定角度，左脚跟提起。由肘关节开始前摆发力，前臂稍后摆而带有外旋，手腕从稍外展至后伸，使球拍引至后下方。前臂急速往右侧前挥动，从外旋转为内旋，手腕由后伸至伸直闪腕，手指握紧拍柄，高速挥拍击球，然后由后下往右侧稍平地抽压过去。击球后，球拍顺势盖过去向左边摆，左脚往左前跟进一步，准备迎击第二次来球（图11-7）。

1　　　　　　　　2　　　　　　　3　　　　　　　4

图11-7　正手抽球

2. 反手抽球

右脚向左前跨一步，身体左转，右前臂往身前收，肘部稍上抬，前臂内旋，手腕外展，球拍引向左侧。右前臂在往前挥拍的同时外旋，手腕由外展到伸直至内收闪腕，手指突然握紧拍柄，拇指前顶，迎球挥拍，击球托的后底部。挥拍的路线是由下稍上至前，击球后球拍顺势盖过去，使球向前平直飞行。击球后，球拍随身体的回动而回收。

四、基本步法

步法是由几个单个步子组成的在场区上移动的方法。每一组步法一般都是从场地中心位置开始，按移动方向分为上网步法、后退步法和两侧移动步法。步法的结构，一般分起动、移动、到位击球和回位等部分。

根据运动员在场上的中心位置和来球的远近，可用1步、2步或3步移动到位击球。右手持拍者，到位击球时的最后一步一般都是右脚在前，左脚总是靠近中心位置，像轴心一样。

（一）站位姿势

站位姿势同步法有很大关系，在不同的情况下有着不同的站位姿势。接发球时站法以左脚在前、右脚在后为宜，这样站法有利于运用正手回击。除接发球外，多用右脚稍前、左脚稍后的站法，这样便于上网与后退。在防守接杀时，双脚开立，以利于向两侧移动，同时重心要降低些，利于向两侧起动移动。

（二）基本步法

1. 上网步法

上右网前，如果站位靠前，可用两步交叉步上网。若站位靠后场，则采用 3 步交叉跨步的移动方法，即右脚向右前方迈一小步，左脚接着前交叉迈过右脚，然后右脚顺着这一方向跨一大步到位。为了加速上网，可采用垫步上网，则右脚向右前迈一小步后，左脚快速跟进到右脚跟后，利用左脚掌内侧后蹬，右脚向右前跨出一大步。这样蹬得有力，跨得远，能争得网前高击球点做主动进攻，所以有人称之为主动步法。

2. 后退步法

正手后退右后场，凡后退步法一般用侧身后退才有利于到位后挥拍击球。如是右脚稍前的站位，则先解决右脚后蹬—髋部右后转—成侧身后退，然后采用 3 步并步后退或交叉步后退。后退左后场正手绕头顶击球的步法基本同正手后退右后场步法，唯移动方向是左后而已。反手后退左后场，反手左后场击球时身体必须向左后转，这时背向网，以利于移动到位后挥拍击球。

3. 两侧移动步法

向右侧移动，两脚开立，右脚跟稍提起，利于向两侧起动。离球较近时用蹬跨步（一步）到位击球；若距来球较远，则垫一小步后蹬跨到位。向左侧移动，与向右侧移动的站法相同。距来球较近，可一步蹬跨到位击球；离球较远，则左脚先移一小步，然后向左转身，右脚跨大步到位（背向网）反手击球。

4. 起跳腾空步法

步子到位后，为了争取战机和更高的击球点，用单脚或双脚起跳，居高临下，凌空一击，称为起跳腾空击球。上网、后退、两侧移动都可运用这种腾跳步。这在双方立足未稳之际，常能争得主动或一拍解决战斗。一般说来，腾跳步较多用于向左、右两侧进行跳起突击。如对方打来弧线较低的平高球沿右侧边线上空飞向底线时，可用右脚向右侧迈一步后，用右脚起跳，上体向右侧上空窜出截住来球，突击和扣杀对方空当。若左侧腾跳突击，则以左脚向左侧迈一步后，用左脚起跳。

（三）步法移动中应注意的问题

1. 站　位

选择适当的站位，以便缩短移动距离迎击来球。单打中，由于初学者后场反击能力较差，一般战术上都采用攻后场为主。因此，初学者的站位应稍偏后场。站位还与自己击出球的方向有关。例如，击到对方右场的高远球，应站在偏左的场区，防备对方的直线杀球；击到对方左场的高远球，则应站在稍偏右的场区重点防备对方进攻直线球。但若对方打对角线球路，因其路线较直线长，来得及移动过去接球。

2. 起动和回动

起动快才能迅速移动到位，争得较高的击球点。要想做到这一点，必须注意在任何时候两膝都要保持微屈，要有一只脚的脚跟稍提起，身体重心移向前脚掌，以便随时起动。在对方击球的一刹那，要有一个预动调整，作为起动的前奏，这种预动调整可以是重心的起伏转移和两脚的微动，起到以动促动的作用。回动就是为回场地中心位置做好准备。要想回动快，在击球的同时，必须保持身体的平衡，失去平衡则不利于立即回动。击球时双脚间距不能过大，重心过低，给迅速回动造成困难。因此，在上网步法中，蹬跨步后，前脚要制动，后脚要跟进一小步；在后退步法中，击球时后脚要顶住重心的后移，击球后随着重心的前移立即回动。在后退起跳腾空一击后，要充分利用收腹动作，使身体前倾，同时后脚后摆要大，落地时落在重心之后，使落地动作即为回动的开始。

3. 争取较高的击球点

采用蹬跨步与蹬跳步对于争取较高的击球点有重要意义。蹬跨步以后脚掌内侧后蹬，可以使上网加快速度和加大移动距离。蹬跳步可以起跳腾空击球，取得最高击球点，加快场上速度，提高后场进攻的威胁。

4. 步法的小调整

步法是有一定规律的，掌握了这个规律，在场上就显得轻松自如。但来球的落点是千变万化的，步法也要随机应变、灵活调整。这种调整并不破坏步法的规律性，而是使步法更加灵活。

第三节　羽毛球基本战术

一、发球战术

发球不受对方干扰，只要在规则允许的范围内，发球者就可以以任何方式发到对方接球区的任何一点。采用变化多端的发球战术，常常能起到先发制人、取得主动的作用。因此，发球在比赛中占有重要地位。

在采用发球战术时，眼睛不要只看自己的球和球拍，应用余光注意对方的情况，找出其薄弱环节。发各种球的准备姿势和动作要注意一致性，给对方的判断带来困难，使其处于消极等待的状态。发球后应立即把球拍举至胸前，根据情况调整自己的位置，要两脚开立，使身体重心居中，但一定注意重心不要站死，眼睛紧盯对方，观察对方的任何变化，积极准备还击。

（一）发后场高远球

这是单打中常用的发球战术。它要求把球发到对方端线处，迫使对方后退还击，给对方进攻制造难度。

（二）发平高球

发平高球时，球的飞行弧线较低，但对方仍然必须退到后场才能还击。由于球的飞行速度快，致使对方没有充裕的时间考虑对策，因此回球的质量会受到一定的影响。对于球飞行弧线的控制，应看对方站位的前后和人的高矮及弹跳能力而定，以恰好不给对方半途拦截机会为宜。

（三）发平快球

发平快球（或者平高球）和网前球配合，争取创造第三拍的主动进攻机会，组成了发球抢攻的战术。发平快球属于进攻性发球，球速很快，作为突袭手段如运用得当，往往能取得主动。但当接球方有所准备时，也能半途拦截，以快制快，发球方反而会处于被动。发平快球时球的落点一般应在对方的反手区，或直接对准接发球者的身体，使对方措手不及。

（四）发网前球

发网前球能减少对方把球往下压的机会，并立即进入互相抢攻的局面。把球发到前发球线内角位，球飞行的路线较短，容易封住对方攻击自己后场的角度；发球到前球线外角位能起到调离对方离开中心位置的作用。发网前球也可以发对方的追身球造成对方被动。发网前球时最好配合发底线球才能有较好的效果。

二、接发球战术

接发球虽然处于被动、等待的状态，但由于发球时受到规则的诸多限制，便不能给接发球者带来太大的威胁。发球者发球只能发到对角线的接发球区内，而接发球者只需防守不到半个的区域，便可还击到对方整个场区。所以，接发球者若能处理好这一拍，也可取得主动。

（一）接发高远球、平高球

一般可用平高球、吊球或杀球还击。但如果对方发球后站位适中，进攻时要注意落点的准确性，若用杀球、吊球还击，自己的速度就要跟上。如果对方发球质量很好就不要盲目重杀，可用高远球、平高球还击，伺机再攻，或者用点杀、劈杀、劈吊下压先抑制对方。

（二）接发网前球

可用平推球、放网前球或挑高球还击。当对方发球过网较高时，要抢先上网扑杀，接发网前球的击球点应尽量抢高。

（三）接发平快球

要观察对方的发球意图，随时要做好准备。借用对方的发球力量快杀空当或追身都能奏效，也可借助反弹力拦吊到对角网前。

三、逼反手

对所有运动员而言，后场的反手击球总是或多或少地弱于正手击球，相对来说其进攻性不强，球路也较简单（由于生理解剖结构的限制），甚至有的运动员在后场都不能用反手把球打到对方端线，所以对于对方的反手要毫不留情地加以攻击。

四、平高球压底线

用快速、准确的平高球打到对方后场两角，在对方不能拦截的前提下尽量降低球的飞行弧线，把对方紧压在底线。当对方回击半场高球时，就可以扣杀进攻。使用平高球压底线时，如配合劈吊和劈杀可增加平高球的战术效果。一般情况下，平高球的落点和杀、吊的落点拉得越开效果越好。

五、拉、吊结合杀球

此战术是把球准确地打到对方场区的 4 个角上，使对方每次击球都要在场上来回奔跑。使用这种战术时，对不同特点的对手要采用不同的拉、吊方法。对后退步法慢的可以多打前、后场；对盲目跑动满场飞的可使用重复球和假动作；对灵活性差的应多打对角线，尽量使对方多转身；对后场反手差的仍通过拉开后攻反手；对体力不好的可用拉、吊来消耗其体力，然后战胜对方。

六、吊、杀上网

先在后场以轻杀、点杀、劈杀配合吊球把球下压，落点要选择在场地两边，使对方被动回球。对方还击网前球时，迅速上网以贴网的搓球、勾对角或快速平推创造半场扣杀。若对方在网前挑高球，可在其向后退的过程中把球直接杀向对方身上。

七、过渡球

首先要明确过渡球是为了摆脱被动，为下一拍的积极反攻创造条件。怎样才能变为主动是比赛中的重要一环。被动时要做到：首先争取时间调整好自己的位置和身体的重心，从网前或后场底线击出高远球是被动时常用的手段。当处于不停顿追球的状态时或身体重心失去控制时，可以打出高远球，以赢得时间，恢复身体体能，调整自己的处境；其次，利用球路变化打乱对方的进攻步骤。

八、防守反攻

这一战术是对付那种盲目进攻而体力又差的对手。比赛开始，先以高球诱使对方进攻，在对方只顾进攻而疏于对自己的防守时，即可突击进攻；或者在对方体力下降、速度减慢时再发动进攻。这种开始固守、乘虚而入、以逸待劳、后发制人的战术有时效果会较好。

第四节　羽毛球竞赛规则简介

一、计分制度

（1）类似曾经的乒乓球记分方法，采用 21 分制，即双方分数先达 21 分者胜，三局两胜。每局双方打到 20 平后，一方领先 2 分即算该局获胜；若双方打成 29 平后，一方领先 1 分，即算该局取胜。

（2）新制度中每球得分，并且除特殊情况（比如地板湿了，球打坏了），球员不可再提出中断比赛的要求。但是，每局一方以 11 分领先时，比赛进行 1 分钟的技术暂停，让比赛双方进行擦汗、喝水等。

（3）得分者方有发球权，如果本方得单数分，从左边发球；得双数分，从右边发球。在第三局或只进行一局的比赛中，当一方分数首先到达 11 分时，双方交换场区。

二、站位规则

（一）单　打

（1）发球员的分数为 0 或双数时，双方运动员均应在各自的右发球区发球或接发球。

（2）发球员的分数为单数时，双方运动员均应在各自的左发球区发球或接发球。

（3）如"再赛"，发球员应以该局的总的分数来确定站位。若总分为 15 分（单数），双方运动员均应在各自的左发球区发球或接发球；若总分为 16 分（双数），双方运动员均应在各自的右发球区发球或接发球。

（4）球发出后，双方运动员就不再受发球区的限制而自由击到对方场区的任何位置，运动员的站位也可以在自己这方场区的界内或界外。

（二）双　打

（1）一局比赛开始，应从右发球区开始发球。

（2）只有接发球员才能接发球；如果他的同伴去接球或被球触及，发球方得 1 分。

①在发球方得分为 0 或双数时，应该由发球方的站在右侧的运动员发球，接发球方站在右侧的运动员接发球；发球方得分为单数时，则应站在左发球区的运动员发球或接发球。②每局开始首先接发球的运动员，在该局本方得分为 0 或双数时，都必须在右发球区接发或发球；得分为单数时，则应在左发球区接发球或发球。③上述两条相反形式的站位适用于他们的同伴。

（3）任何一局的本方发球员失去发球权后，同时对手获得 1 分，接着由他们的对手之一发球，如此传递发球权。注意，此时双方 4 位运动员都不需要变换站位。

（4）运动员不得有发球错误和接发球的错误，或在同一局比赛中有两次发球。

（5）一局胜方的任一运动员可在下一局先发球，负方中任一运动员可先接发球。

（6）球发出后就不再受发球区的限制了。运动员可在本方场区自由站位和将球击到对方场区的任何位置。

三、其他规则

（一）场区规则

（1）以下情况运动员应交换场区：第一局结束；第三局开始；第三局中或只进行一局的比赛进行至一方达到 11 分时。

（2）运动员未按以上规则交换场区，一经发现立即交换，已得分数有效。

（二）合法发球

（1）发球时任何一方都不允许非法延误发球。

（2）发球员和接发球员都必须站在斜对角线发球区内发球和接发球，脚不能触及发球区的界限；两脚必须都有一部分与地面接触，不得移动，直至将球发出。

（3）发球员的球拍必须先击中球托，与此同时整个球必须低于发球员的腰部。

（4）击球瞬间球杆应指向下方，从而使整个球框明显低于发球员的整个握拍手部。

（5）发球开始后，发球员的球拍必须连续向前挥动，直至将球发出。

（6）发出的球必须向上飞行过网，如果不受拦截，应落入接发球员的发球区。

（三）羽毛球的违例

（1）发球不合法违例，或接发球者提前移动。

注：发球时，球拍拍框高于握拍手的手腕（过手）或者拍框过腰也都属于犯规。

（2）发球员发球时未击中球。

（3）发球时，球过网后挂在网上或停在网顶。

（4）比赛时：①球落在球场边线外；②球从网孔或从网下穿过；③球不过网；④球碰屋顶、天花板或四周墙壁；⑤球碰到运动员的身体或衣服；⑥球碰到场地外其他人或物体（由于建筑物的结构问题，必要时地方羽毛球组织可以制定羽毛球触及建筑物的临时规定，但其他组织有否决权）。

（5）比赛时，球拍或球的最初接触点不在击球者网的这一方（击球者击球后，球拍可以随球过网）。

（6）比赛进行中：①运动员球拍、身体或衣服触及网或网的支持物；②运动员的球拍或身体，以任何程度侵入对方场区；③妨碍对手，如阻挡对方紧靠球网的合法击球。

（7）比赛时，运动员故意分散对方注意力的任何举动，如喊叫、故作姿态等。

（8）比赛时：①击球时，球夹在或停滞在拍上紧接着又被拖带；②同一运动员两次挥拍连续击中球2次；③同一方两名运动员连续各击中球1次；④球碰球拍继续向后场飞行。

（9）运动员违反比赛连续性的规定。

（10）运动员行为不端。

（四）重发球

（1）有不能预见或意外的情况，应重发球。

（2）除发球外，球过网后，球挂在网上或停在网顶，应重发球。

（3）发球时，发球员和接发球员同时违例，应重发球。

（4）发球员在接发球员未做好准备时发球，应重发球。

（5）比赛进行中，球托与球的其他部分完全分离，应重发球。

（6）司线员未看清球的落点，裁判员也不能做出决定时，应重发球。

（7）重发球时，最后一次发球无效，原发球员重发球。

（五）死　球

（1）球撞网并挂在网上，或停在网顶上。

（2）球撞网或网柱后开始在击球这一方落向地面。

（3）球触及地面。

（4）违例或重发球。

（六）发球区错误

（1）发球顺序错误。

（2）从错误的发球区发球。

（3）在错误的发球区准备接发球，且对方球已发出。

（七）发球区错误的裁判方法

（1）如果错误在下一次发球击出前发现，应重发球；只有一方错误并输了这一回合，则错误不予纠正。

（2）如果错误在下一次发球击出前未被发现，则错误不予纠正。

（3）如果因发球区错误而"重发球"，则该回合无效，纠正错误重发球。

（4）如果发球区错误未被纠正，比赛也应继续进行，并且不改变运动员的新发球区和新发球顺序。

（八）比赛中的出界

（1）单打的边线，是在边界的里面一条。

（2）双打的边线就是最外面一条。

（3）单打的前发球线，就是最前面的一条线；后发球线就是底线，发球在这两条线之间才有效。

（4）双打的前发球线和单打一样，都是最前面一条；后发球线是底线前的那一条线，发球在这两条线之间才有效。

（九）裁判职责

（1）裁判长对比赛全面负责。

（2）临场裁判主持一场比赛并管理该球场及其周围。裁判员应向裁判长负责。

（3）发球裁判员应负责宣判发球员的发球违例。

（4）司线裁判对球在其分管线的落点宣判界内或界外。

（5）临场裁判员对其所分管职责内的事实的宣判是最后的裁决。

（6）裁判员应做到：①维护和执行羽毛球比赛规则，及时地宣报违例或重发球等；②对申诉应在下一次发球前作出裁决；③使运动员和观众能随时了解比赛的进程；④与裁判长磋商后撤换司线或发球裁判员；⑤在缺少临场裁判员时，对无人执行的职责作出安排；⑥在临场裁判员未能看清时，执行该职责或判重发球；⑦记录与规则有关的情况并向裁判长报告；⑧将所有与规则有关的争议提交裁判长（类似的申诉，运动员必须在下一次发球击出前提出；如在一局比赛结尾，则应在离开赛场前提出）。

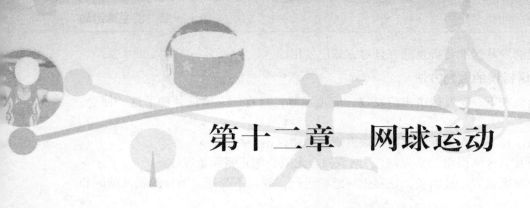

第十二章　网球运动

第一节　网球运动概述

一、网球运动的起源与发展

网球运动是一项优美又激烈的运动。它孕育在法国，诞生在英国，普及在美国，现在盛行于全世界，被称为世界第二大球类运动。13 世纪法国国王规定网球为皇室运动，禁止平民参加，网球被冠以"贵族运动"。14 世纪中，网球由法国传入英国，球由布面改为皮面；15 世纪发明了穿弦的球拍；16 世纪室内网球有了规则；17 世纪将球网由网篷改成由小方格组成的线质网球网。

大约 1885 年，网球运动传入中国，先是在上海、广州大城市的外国传教士和商人之间出现网球运动，然后在一些教会学校也开展起这项运动。1906 年，网球在一些大学学校开展起来。20 世纪 80 年代以来，我国网球运动水平提高幅度较快。在雅典奥运会上我国女子双打选手李婷、孙甜甜获得双打金牌。在 2006 年四大满贯赛事中，郑洁、晏紫获得了女子双打冠军。中国选手李娜先后获得 20 年网和 20 年网女子单打冠军。

二、国际网球组织与世界网坛的主要赛事

（一）国际网球组织

1. 国际网球联合会（ITF）

ITF 是国际网球联合会（International Tennis Federation）的英文缩写，简称国际网联。国际网球联合会是最早的国际网球组织。1913 年 3 月 1 日在法国巴黎正式成立，是由世界各国网球协会组成的权利机构，现总部设在英国伦敦。

2. 世界男子职业网球协会（ATP）

ATP 是世界男子职业网球协会（Association Tennis Professional）的英文缩写，简称国际职业网联，成立于 1972 年美国网球公开赛，是世界男子职业网球选手的自治组织机构。

3. 世界女子职业网球协会（WTA）

WTA 是世界女子职业网球协会（Women's Tennis Association）的英文缩写。成立于1973 年。

（二）世界网坛主要赛事

大满贯（Grand Slam）原本是桥牌术语。"大满贯"已成为网球运动的王冠称号，指

一位或一对网球运动员在同赛季获得温布尔顿网球锦标赛、美国网球公开赛、澳大利亚网球公开赛、法国网球公开赛这四大锦标赛的冠军，即为获得"大满贯"。

1. 澳大利亚网球公开赛（Australian Open）

其始创于1905年，是四大公开赛中最迟创建的赛事，但是每年最早开赛，于1月底至2月初在墨尔本举行。1968年，国际网球职业化以后它被列为四大公开赛之一。塑胶硬地。

2. 法国网球公开赛（Roland Garros French Open）

其始创于1891年，通常在每年的5月至6月举行。开始只限法国人参加，1925年后对外开放成为公开赛。场地设在巴黎西部的罗兰加洛斯，属慢速红土球场，利于底线对抗。每场比赛采用5盘3胜淘汰制，所以一场比赛打上4个小时是经常有的。因此，在这样的球场要取胜是不易的，球员要有高超的技术超人的毅力。

3. 温布尔顿网球锦标赛（Wimbledon Open）

其也称"全英草地网球锦标赛"，创办于1877年，于每年6月底至7月初在英国温布尔顿举行。场地为草地球场。开始只限英国人参加，从1905年开始扩大为国际性球赛。所设奖金也随着商业化的进程而逐年提高。

4. 美国网球公开赛（US open）

其始创于1881年，历史仅次于温布尔顿网球锦标赛，于每年的8月底至9月初在美国纽约举行。美国网球公开赛在"四大网球赛"中，以奖金最多而闻名。场地为塑胶硬地。

5. 戴维斯杯（Davis Cup）

戴维斯杯网球赛始办于1900年，是每年一度的世界男子网球团体赛，也是世界网坛层次最高、影响最大的国际性团体赛，由国际网球联合会主办，是除奥林匹克网球比赛外历史最长的网球比赛。戴维斯杯赛采取升降级的比赛办法，分两个级别。无论哪一级的团体赛，比赛时间都是3天。

6. 联合会杯（Fed Cup）

联合会杯赛是国际女子网球团体赛，始于1963年，每年举办1次。联合会杯网球赛仿效戴维斯杯赛的比赛办法，16支队伍参加，并实行"联合会杯新赛制"。

三、网球运动的特点及锻炼价值

网球是由2名或4名运动员用球拍往返击球的一项运动。网球场地有草地、土地和硬地3类。球场长23.77米、宽8.23米（10.97米），中间横隔球网（0.914米），运动员各占半个专制场区，用球拍将一绒面弹性小球来回拍击。可在空中还击球，也可落地1次后还击。

网球是世界上最流行的运动项目之一。网球一直被誉为"贵族运动""高雅运动"以及"文明运动"的美誉。独特的网球文化使得网球运动成为现代社会中人们崇尚的生活方式之一。随着现代生活水平提高，人们健康意识的加强，越来越多的人参与到网球时尚运动中来。网球运动已开始走进千家万户。网球是一种有氧无氧相结合的户内外运动之一。通过网球运动中的技能、心理、准则、礼仪等将网球文化所要求的思想模式、道德规范、行为准则有机地融为一体，以提高其综合素质。网球运动不受年龄和性别的影响（网球运动是能在5～90岁男女之间进行的活动）。年轻人可以显示他们优良的身体素质、强劲的力量和快速的奔跑；少年儿童在愉快中打网球；中年人及古稀老人，可以根据自身的体质、心理、生理条件，选择适宜的运动强度，从而促进健康、增强体质、强壮身心的目的。由于网球运动是隔网对垒，无肢体碰撞，能减少不必要的伤害。所以，网球运动是一项能让你终身受益的运动项目。

网球比赛是非常讲究团结协作精神的运动项目。教练与球员之间、球员与球员之间、双打搭档之间都要有默契的配合。而这种默契就来自每个球员所具有的团队协作精神。特别是在双打比赛中，要尊重和鼓励同伴，勇于承担责任，这种协作精神将大大加强集体的凝聚力和战斗力。它的功效在学生进入社会后自然会淋漓尽致地体现出来。

网球运动是一种文明、礼貌、高雅的网球文化礼仪。球员与球员之间、教练与球员之间、观众之间始终以礼相待；观众观赏网球比赛，中途不能走动和发出声音；网球运动中，一个举止文明、有礼节、有涵养的运动员，不管在任何地方都受到大家的欢迎。现代网球既保留了这种古代网球的文明、礼貌和高雅性，又增强了现代网球运动文化的大众性。

第二节　网球基本技术

本书以下都是以右手握拍为例。

一、正手抽球（图12-1）

（一）准备姿势

（1）面向球网，双脚分开与肩同宽，上体保持直立，膝关节微屈，身体前倾重心落在前脚掌。

（2）采用半西方式握拍法，左手托住拍颈，双臂微屈将拍置于身体正前方，双肘稍离开身体。

（3）拍框竖起垂直地面，拍头高于拍柄，拍头高度应在视平线以下，双眼注视来球，及时对来球作出判断。

（二）引　拍

（1）当判断来球飞向正手时，应该及时作出预判。

（2）左手应拖住拍颈向后略微推动，同时右脚尖向外侧转动（约为身体正前方45°角），此时头部应保持固定，面朝前盯住来球。

（3）后摆应带有弧度将球拍拉向身后。

（4）拍头拉至身体后方约45°角，左手向前伸出，以保持身体的平衡。左脚向右上方跨出。

（三）挥拍击球

（1）将引拍时处于高位的拍头下降，挥到来球的下面。

（2）后摆结束准备向前击球，随着击球左手继续保持向前方左侧伸出，持续保持身体的平衡。

（3）在挥拍的整个过程中，拍柄控制着拍面直至与球接触。

（4）击球点在左脚斜前方（身体正前方约 45°角）。

（四）随挥结束动作

（1）击球后的随挥动作球拍沿着击球方向送出，继续向前挥动。

（2）动作结束时球拍挥至左肩上方。

（3）身体重心前倾，保持身体平衡并且稳定。

准备姿势　　引拍　　　　挥拍击球　　　随挥结束动作

图 12-1　正手抽球

二、反手抽球

反手抽球是网球运动中常用的基本技术之一。大部分网球选手通常是正手击球优于反手击球。由于人们对力量的追求，所以在练习上则更多地选择正手，因而反手的练习相对减少，也相对较弱。

反手抽球又分单手反拍击球和双手反拍击球，两种击球技术各有利弊。

单手反拍采用东方式反手握拍比较适宜，此项技术优势在于单手击球的击球半径较大，相对而言，这对脚下步伐限制也就较少，因此在击打时可以较灵活地选择击球点，从而击打时会容易多变。但是从运动生物力学的角度来分析其击球的稳定性及控制能力必定略逊色于双手反拍。双手反拍使用较广的两种握拍：（1）双手均采用东方式握拍法；（2）右手用东方式反手握拍（或大陆式握拍法），左手用东方式握拍法。此项技术是网球技术唯一一项双手使用的常规技术。双手反抽其特点是可以击打出较强的旋转球以及击球时抗阻能力较好，所以稳定性及控制能力较强。但由于是双手击球的原因，所以对脚下步伐要求偏高。

（一）单手反拍（图 12-2）

1. 准备姿势

（1）面向球网，双脚分开与肩同宽，上体保持直立，膝关节微屈，身体前倾重心落在前脚掌。

（2）采用正手握拍法，左手托住拍颈，双手微屈将拍置于身体正前方。

（3）拍框竖起垂直地面，拍头高于拍柄，拍头高度应在视平线以下，双眼注视来球，及时对来球做出判断。

2. 引 拍

（1）当判断来球飞向反手时，应该及时作出判断。做转身动作，同时左手握住拍颈向后拉动球拍。

（2）右脚向左斜上方跨出（身体正前方约45°角），身体侧对球网并形成"关闭式"步伐击球。

3. 挥拍击球

（1）后摆结束准备向前击球时蹬左腿。

（2）击球点在右脚斜前方（身体正前方约60°角），击打在球体的中后部。

（3）在挥拍的整个过程中，拍柄控制着拍面直至与球接触。

（4）左手随着击球逐渐后展，与右手形成了对等距离的扩胸动作，以确保身体平衡。

4. 随挥结束动作

（1）击球后的随挥动作尽量伸展手臂。

（2）球拍沿着击球方向送出，继续向前挥动。

（3）动作结束时球拍挥至右肩斜上方，左手后展于身后。

（4）身体重心前倾，保持身体平衡并且稳定。

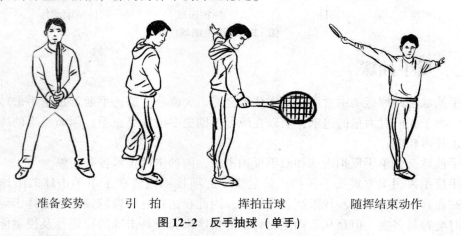

准备姿势　　　引 拍　　　　挥拍击球　　　　随挥结束动作

图 12-2　反手抽球（单手）

（二）双手反拍（图 12-3）

1. 准备姿势

（1）面向球网，双脚分开与肩同宽，上体保持直立，膝关节微屈，身体前倾重心落在前脚掌。

（2）采用正手握拍法，左手托住拍颈，双手微屈将拍置于身体正前方。

（3）拍框竖起垂直地面，拍头高于拍柄，拍头高度应在视平线以下，双眼注视来球，及时对来球作出判断。

2. 引 拍

（1）当判断来球飞向反手时，双手调整到指定的握拍位置，并随即做出转身动作。

（2）双手同时向后拉动球拍，盯住来球。

（3）后摆应带有弧度将球拍拉向身后。

（4）右脚向左上方跨出（身体正前方约45°角），身体侧对球网并形成"关闭式"步伐击球。

3. 挥拍击球

（1）后摆结束准备向前击球时，挥到来球的下面。

（2）向前挥拍时蹬腿转动髋关节，击打在球体的中后部。

（3）击球点在右脚斜前方（身体正前方约60°角）。

4. 随挥结束动作

（1）击球后的随挥向前。

（2）球拍沿着击球方向继续向前挥动。

（3）动作结束时球拍挥至右肩斜上方，左肩触及下颚。

（4）随挥结束后身体面向球网，双肩应对着击球方向。

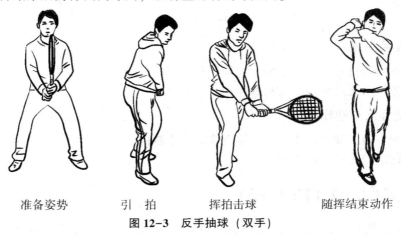

准备姿势　　　引　拍　　　挥拍击球　　　随挥结束动作

图12-3　反手抽球（双手）

三、正手拦网（图12-4）

拦网又称"截击"，此项技术通常采用大陆式握拍。拦网是指在网前凌空回击来球。拦网是积极主动进攻的重要技术，拦网大多数是在离网较近处完成的，也可在场上任何位置使用。

拦网是通过缩短击球距离、扩大回球角度，在时间和速度上赢得胜利的机会。

拦网是一名正在成长的选手必须要学的技术，它往往是结束一分球的最后一击。屡见不鲜的是许多网球爱好者通常都具有较优秀的底线技术，而拦网的技术还是只停留在初级水平。

（一）准备姿势

（1）面向球网，双脚分开与肩同宽，上体保持直立，膝关节微屈，身体前倾重心落在前脚掌。

（2）采用大陆式握拍，左手托住拍颈，双臂将拍置于身体正前方，双肘稍离开身体。

（3）拍框竖起垂直地面，拍头高于拍柄，拍头高度应在视平线以下，双眼注视来球，及时对来球作出判断。

（一）引 拍

（1）当判断出来球飞向正手时，应左手伸展于身体前方，双肩锁紧。

（2）球拍略微向后打开于身体正前方约45°角。

| 准备姿势 | 引 拍 | 挥拍击球 | 随挥结束动作 |

图12-4 正手拦网

（三）挥拍击球

（1）触球瞬间持拍手握紧拍柄，锁紧手腕，眼睛盯球。

（2）拍面触击来球的后下部与球相撞。

（四）随挥结束动作

（1）击球后沿击球方向跟进，还应继续保持手腕固定。

（2）击球后沿击球方向跟进。

四、反手拦网（图12-5）

作为拦网，比较理想的握拍法是大陆式握拍。此握拍法无论是正手拦网还是反手拦网都不用换拍，因为网前的速度较快，几乎是来不及转换球拍的。

（一）准备姿势

（1）面向球网，双脚分开与肩同宽，上体保持直立，膝关节微屈，身体前倾重心落在前脚掌。

（2）采用大陆式握拍，左手托住拍颈，双臂微屈将拍置于身体正前方。

（3）拍框竖起垂直地面，拍头高于拍柄，拍头高度应在视平线以下，双眼注视来球，及时对来球作出判断。

（二）引 拍

（1）当判断出来球飞向反手时，左手握住拍颈向后拉动球拍，双肩锁紧。

（2）球拍略微向后拉开于身体正前方约45°角。

（三）挥拍击球

（1）击球时，右脚向身体正前方的左侧跨步，形成"半开放"式步伐。

（2）击球点保持在身体左侧前方约60°角的位置。

（3）触球瞬间持拍手握紧拍柄，锁紧手腕，眼睛盯球。

（四）随挥结束动作

（1）触球后将球拍向击球的方向跟进，左手展于身后。

（2）击球后沿击球方向跟进。

准备姿势　　　　引　拍　　　　挥拍击球　　　随挥结束动作

图 12-5　反手拦网

五、发球（图 12-6）

比赛中的每一个球都由发球开始。发球是网球运动中唯一一项不受对方限制的技术，又是完全由自己掌控并在比赛中获得进攻优势的网球技术。

（一）准备动作

（1）采用大陆式握拍。

（2）双脚站在底线以后，前后分开与肩同宽。

（3）平分区前脚尖紧贴底线约 45°角，右脚约与底线平行。

（4）占先区前脚尖紧贴底线约与底线平行，右脚约与底线平行。

（5）左手持球并拖住拍颈，球拍放置在身体前段腰部高度。

（二）抛球及引拍阶段

（1）左手持球（用手指持球），手型似端"酒杯"的动作姿势。

（2）准备动作开始向后引拍时。

（3）以肩为轴向上抛球，将球抛向空中。

（4）在抛球的同时，持拍手臂开始引拍。

（5）当左手抛出球时，球拍继续向上摆起。

（6）将球抛在身体右侧前上方。

（三）挥拍击球

（1）球拍挥至右肩上方，拍头指向天空。

（2）屈双膝，转体后仰，身体呈"满弓"状。

（3）当球到达最高点即将下落的停顿瞬间，下肢蹬地将力量向上传递，准备击球。

（4）挥拍击球时，右肩完全向上伸展从而达到最高点击球。前上方挥出击球。

（四）随挥结束动作

（1）球击出后左脚先落地。

（2）身体随着球的轨迹移动，做到完全自然的跟进并保持身体平衡。

（3）随挥动作应在身体右侧自然地转向左侧。

（4）随挥动作应顺势将球拍挥至非持拍手侧方并抓拍或扶住球拍。

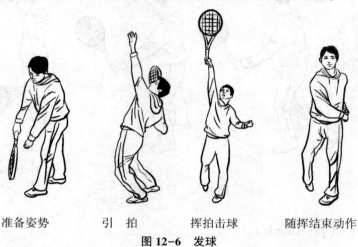

准备姿势　　　引　拍　　　挥拍击球　　　随挥结束动作

图 12-6　发球

六、高压球（图 12-7）

（一）准备姿势

（1）面向球网，双脚分开与肩同宽，上体保持直立，膝关节微屈。

（2）采用大陆式握拍法，左手托住拍颈，双臂微屈将拍置于身体正前方，双肘稍离开身体。

（3）拍框竖起垂直地面，拍头高于拍柄，拍头高度应在视平线以下，双眼注视来球，及时对来球作出判断。

准备姿势　　　引　拍　　　挥拍击球　　　随挥结束动作

图 12-7　高压球

（二）引 拍

（1）判断出对方挑高球后，迅速移动到来球的下方。

（2）侧身后左手拖住拍颈在胸前辅助持拍手向后推动球拍。

（3）眼睛紧盯来球。

（三）挥拍击球

（1）击球前保持抬头姿势，眼睛紧盯来球。

（2）击球前，蹬地向上挥拍击球。

（3）击球点略在身体前上方稍靠右侧的位置。

（四）随挥结束动作

（1）持拍手随击球惯性完成手腕和前臂自然下压动作。

（2）球击出后，身体向击球方向前倾，上体随着击球的路线继续向前屈体。

（3）球拍沿挥拍轨迹自然结束到身体的左侧，并保持头部抬起看着击球方向。

第三节 网球基本战术

网球是一项讲求战术的运动，战术是赢得一场比赛的整体策略。单双打战术各有不同，针对不同选手采用的战术又不同。其基本战术如下。

一、单打战术

（一）发 球

发球是最不受对方制约的技术，所以一定要充分地利用，争取拿下发球局，掌握主动权。然而一成不变的发球会使对方很容易适应，并找到对付己方的方法。己方也许侥幸拿下了第一个发球局，但第二个、第三个发球局就危险了。具体点就是：内、外角、中路3种路线相结合，上旋、侧旋、平击多变化。

（二）接发球

从被动到主动。如果对方反手较弱那就打对方的反手，对方发球动作较大就打追身球，令其没有时间调整脚步。

（三）发球上网

如果己方能准确、快速地发出外角球，那就准备上网。注意不要一次冲到近网，没有回旋的余地。大约到发球线附近停顿一下，仔细观察对方回击球的情况，采取下一步的行动，因为如果己方冲得过于靠前，对下一步的截击或高压不利，一旦对方回球是一个上旋短球，己方也将没有机会截击反弹球，若对方回球较高，己方也将失去高压球的机会。

（四）攻反手，调正手

对于反手较弱的对手，继续攻对方的反手几个回合之后，对方会有一个惯性的认识，感觉下一拍还是打他的反手。这时己方找准时机调他一个正手，或直接得分，或为下一拍创造机会。

（五） 等待对方主动变线

在双方僵持不下、力量均等的情况下，等待对方主动变线，因为此时变线失误的概率大于得分或取得主动的概率。

（六） 放短球，吸引对方上网

当对手的网前技术不是很好时可采用此战术，或直接得分，或者为下一拍的穿越破网做准备。

（七） 挑高球，逼迫对方打高压球

当己方在底线拿对方没什么办法，而对方高压球又不是很好时，挑高球是一个不错的选择。

二、双打战术

双打比赛和单打比赛有很大的差别，双打更多的依赖配对的两个球员的默契配合，以及网前的截击技术。

（1） 与单打比赛不同，双打时两个人的防守区域变小。不能让对方轻易找到空当，从而不会轻易改变球的路线。这样己方就会取得主动，伺机进攻，站在网前的球员可以截击，底线的球员可以找机会穿越。

（2） 双上网战术。如果本方发球质量很高时，可使用此战术。

（3） 底线球多给对方底线，截击球多给对方网前的人，这样容易减少失误，提高得分率。

（4） 把球更多地打给对方相对较弱的球员，"恃强凌弱"，避实就虚。

第四节　网球竞赛规则简介

一、网球场地

网球场可分为室内、室外两种，但大多数比赛是在室外进行。室外场地一般要南北朝向。球场分硬地、土地、草地三种。

二、球的大小、重量和弹力

球为白色或黄色，外表毛质均匀，接缝没有缝线。球的直径是 6.35~6.67 厘米，重量是 56.7~58.5 克。

三、球　拍

球拍如不符合下列规格，则不得在比赛中使用。

（1） 球拍的击球面必须是平的，由弦线上下交替编织或联结组成。

（2）拍框和拍柄的总长不得超过81.28厘米，总宽不得超过31.75厘米。

（3）拍框包括拍柄，不应有附属物或设备。如有附属物或设备，只限用以限制或防止拍框和拍柄的磨损、振动或分散重力。任何附属物或设备，其大小和重量必须合理。

四、发球和接球员

发球员和接球员在每一局结束后交换发球权。在1、3、5等单数局后交换场地。此外，发球员与接球员以网为界，球网不属于任何一方。因此，可以在网前自己一侧自由活动，但在球拍、身体、服装、鞋等触网时为失分。

五、选择权

第一局比赛用掷钱币等方法来决定选择场区或首先发球权、接发球权。得胜者，有权选择或要求对方选择。

（1）选择发球或接发球者，应让对方选择场区。

（2）选择场区者，应让对方选择发球或接发球。

六、发　球

发球应按下列方法将球发送出去。

发球员在发球前，应先站在端线后、中点和边线的假定延长线之间的区域里，然后用手将球向空中任何方向抛起，在球接触地面以前用球拍击球（仅能用一只手的运动员，可用球拍将球抛起），球拍与球接触，就算完成球的发送。

违反了本条规则，如果是第一次发球，判为发球失误；如果是第二次发球，则判为二次发球失误，发球员失分。

七、脚　误

发球员在整个发球动作中，禁止下列行为，如有违反，判为脚误。出现脚误时，第一次发球为无效，第二次发球为二次发球失误。

（1）不得通过行走或跑动改变原站的位置。

（2）脚是指踝关节以下部分，允许发球员横向活动的范围，在中点内侧到边线外侧的假定延长线之间。

八、发球员的位置

（1）每局开始发球时，发球员应先从右区端线后发球；得（失）1分后，应换到左区发球。如发球位置错误而未察觉，比分仍然有效；一旦察觉，应立即纠正。

（2）发出的球，在对方还击前，应从网上越过，落到对角的发球区内或其周围的线上。

九、发球失误

发球时发生下列任何一种情况，均为失误。

（1）发球员违反规则第6、7、8条的各项规定。

（2）未击中球。

（3）发出的球，在落地前触及固定物（球网、中心带、网边白带除外）。

十、第二次发球

发球员第一次发球失误后，应在原发球位置进行第二次发球，即发球可以有两次机会。在第一次发球失误后，在相同的一侧进行第二次发球。第一次发球失误后，发现发球位置错误时，应按规则改在另区发球，但只能再发一次球。

十一、发球时间

（1）发球员须待接球员准备好后才能发球。

（2）接球员做还击姿势就算已做准备。

（3）如接球员表示尚未准备，即使所发的球没有落到发球区内，接球员也不能要求判此球失误。

十二、重发球和重赛

凡根据规则必须重发球或比赛受到干扰时，裁判员应呼叫"重发球"。对此可作下列解释。

（1）宣报发球无效时，仅该球不算，重发球。

（2）在其他情况下，该分重赛。

十三、发球无效

下列任何一种情况，应判发球无效，并重发球。

（1）合法的发球触及球网、中心带、网边白布后，仍落到对方发球区内；或发球触及球网、中心带、网边白布后，在落地前触及接球员身体或其穿戴物件。

（2）不论发出的球成功还是失败，接球员均未做准备。如重发球，则那次发球不予计算，但原先的第一次发球失误不予取消。

十四、发球次序

第一局比赛结束，接球员成为发球员，发球员成为接球员。以后每局结束，均依次互相交换直至比赛结束。

如发球次序发生错误时，发觉后应立即纠正，由应轮及发球的球员发球。

十五、运动员何时交换场地

双方应在每盘的第1、3、5等单数局结束后，以及每盘结束双方局数之和为单数时，交换场地。并且有90秒休息时间。决胜局比赛中双方比分之和为6的倍数时要互换场地，不休息。

十六、"活球"期

自球发出时（除失误或重发外）至该分胜负判定时止，为"活球"期。

无论是对打出的好球，还是对出界球，仅靠此还不能认为胜负已定。也就是说，在认为是可能的出界球实际落在地面或挡网前，均为"活球"期。同样，当有效的球正确地落在场内，在第二次弹起之前，也是"活球"期。

十七、发球员得分

下列任何一种情况，判发球员得分。

（1）发出的球（发球无效除外），在着地前触及接球员或他穿戴的任何物件时。

（2）接球员违反规则的规定而失分时。

十八、接球员得分

下列任何一种情况，判接球员得分。

（1）发球员连续两次发球失误时。

（2）发球员违反规则的规定而失分时。

十九、失　分

发生下列任何一种情况，均判失分。

（1）在球第二次着地前未能还击过网。

（2）还击的球触及对方场区界线以外的地面、固定物或其他物件。

（3）还击空中球失败。

（4）在比赛进行中，运动员故意用球拍拖带或接住球，或故意用球拍触球超过一次。

（5）"活球"期间运动员的身体、球拍（不论是否握在手中）或穿戴的其他物件触及球网、网柱、单打支柱、绳或银丝绳、中心带、网边白布或对方场区以内的地面。

（6）过网击球。

（7）抛拍击球。

（8）除握在手中的球拍外，运动员的身体或穿戴的物件触球。

（9）比赛进行中运动员故意改变球拍形状。

二十、压线球

落在线上的球都算界内球。

第十三章　健美操运动

第一节　健美操运动概述

健美操是在音乐伴奏下，以身体练习为基本手段，以有氧运动为基础，达到增进健康、改善气质、娱乐休闲目的的一项运动。

一、健美操的分类

按照目的任务和国内外的惯例，健美操运动分为健身性健美操、竞技性健美操和表演性健美操。

（一）健身性健美操

健身性健美操是集健身、娱乐、防病于一体的群众性普及性健身运动，其主要目的是锻炼身体、保持健康。健身性健美操按练习形式可分为徒手健美操、器械健美操和特殊场地健美操3大类。

（1）徒手健美操包括传统意义上的有氧健美操和为满足不同人群兴趣和需求的各种不同风格的健美操。

（2）器械健美操是利用轻器械，以力量练习为主的一种健美操。器械健美操利用各种可移动的轻器械进行练习，增强了健身的效果，同时也使健美操的练习形式更加多样化。

（3）特殊场地健美操以其特殊的功效目前在国外发展很快，但在国内还开展较少，目前我们了解到的有水中健美操和固定器械健美操。

（二）竞技性健美操

竞技性健美操是在健身性健美操的基础上发展而产生的。目前世界上较为公认的竞技性健美操的定义是：竞技健美操是在音乐伴奏下，完成连续复杂的和高强度动作的能力，该项目起源于传统的有氧健身舞。竞技性健美操以成套动作为形式，在成套动作中必须展示连续的动作组合、柔韧性、力量与7种基本步伐的综合使用并结合难度动作的完美完成。竞技性健美操的主要目的是竞赛，其比赛项目有男单、女单、混双、3人和6人。竞技性健美操在参赛人数、比赛场地和成套动作的时间等方面都必须严格按照规则进行。规则对成套的编排、动作的完成、难度动作的数量等也都有严格的规定。

（三）表演性健美操

表演性健美操的主要练习目的是表演，它是事先编排好的，专为表演而设计的成套健美操，更注重艺术性和观赏性。

二、健美操运动的特点和功能

（一）健美操运动的特点

1. 高度的艺术性

健美操是一项追求人体健与美的运动项目，因此健美操属健美体育的范畴，具有高度的艺术性。健美操的艺术性主要体现在其"健、力、美"的项目特征上。"健康、力量、美丽"，是人类有史以来所追求的身体状况的最高境界，这也正是人们热爱健美操运动的原因之一。健美操动作协调、流畅、有弹性，使练习者不仅锻炼了身体、增强了体质，而且从中得到了"美"的享受，提高了审美意识和艺术修养。而健美操运动员在比赛中所表现出的健美的体魄、高超的技术、流畅的编排和充沛的体力等，充分体现出健美操运动的"健、力、美"的特征和高度的艺术性。

2. 强烈的节奏性

健美操运动之所以深受人们喜爱，除练习本身的功效性、动作的时代感外，很重要的因素之一是现代音乐给健美操带来了活力。健美操动作与音乐的强烈的节奏性使健美操练习更具有感染力，健美操比赛和表演更具有观赏性。

3. 广泛的适应性

健美操练习形式多样，运动量可大可小、容易控制，对场地器材的要求也不高，因此，对各个年龄层次、不同性别、不同身体素质、不同技术水平的人都适宜，具有广泛适应性特点。各种人群都能从健美操练习中找到合适自己的方式，都能从健美操练习中得到乐趣。如中老年人可选择低强度的有氧练习，达到锻炼身体、娱乐身心、保持健康的目的。

（二）健美操运动的功能

健美操练习是一种卓有成效的锻炼身体的方法。健美操作为一项有氧运动，具有所有有氧运动的健身功能，如全面提高身体素质、提高心肺功能和肌肉耐力、促进肌体各组织器官的协调运作，使人体达到最佳机能状态。此外，健美操不同于其他有氧运动项目之处在于它是一项轻松、优美的体育运动。在健身的同时，带给人们艺术享受，使人心情愉快，陶醉于锻炼的乐趣中，减轻心理压力，促进身心健康发展，从而更增强健身的效果。

1. 增进健康美功能

"健康"即生理功能正常、无病理性改变和病态出现。但随着经济的发展和社会的进步，现代健康已不仅仅是生理意义上的"健康"，而兼备健康的心理和行为。"健康美"是一种积极的健康观念和现代意识。有研究表明，"健康美"是机体最有效发挥其机能的状态。一个具有"健康美"的人除了自我感觉良好，可轻松应付日常工作与生活外，还有充沛的精力参加各种社交、娱乐及闲暇活动，亦能自发地处理突发的应急状态。一个具有"健康美"的人应该具备的身体素质是良好的心肺耐力、肌肉力量、平衡性、灵敏性、柔韧性和协调性。心肺耐力的发展使心脏与循环系统有效运作，将机体所需的营养物质、氧气及生物活性物质运送到肌肉和各组织器官，并将所代谢产物运走，在有机体的生命活动中发挥重要作用。肌肉力量的发展不仅塑造强健的体魄，亦具备强大的活动能力，减缓肌肉与附着组织的退化和衰老过程，使身体动作机敏、灵活、富有朝气。健美操作为一项有氧运动，其健身功效已基本达成共识。有研究认为，有氧运动最能发展人体的心肺功能，而健美操不仅具有有氧运动的功效，且兼备发展身体柔韧性和灵敏性的作用。可以说，健美操是目前发展身体全面素质的较为理想的运动。

2. 塑造形体美功能

"形体"分为姿态和体型。姿态即从我们平时的一举一动表现出来的行为习惯，受后天因素的影响较大。而体型则是我们身体的外形，虽然体育锻炼可适当改善体型外貌，但相对来说遗传因素起决定性作用。良好的身体姿态是形成一个人气质风度的重要因素。健美操练习的动作要求和身体姿态要求与我们日常生活中的状态要求基本一致，因此，通过长期的健美操练习可改善不良的身体状态，形成优美的体态，从而在日常生活中表现出一种良好的气质与修养，给人以朝气蓬勃、健康向上的感觉。健美操运动还可塑造健美的体型。通过健美操练习尤其是力量练习，可使骨骼粗壮、肌肉围度增大，从而弥补先天的体型缺陷，使人变得匀称健美。其次，健美操练习还可消除体内和体表多余的脂肪，维持人体吸收与消耗的平衡，降低体重，保持健美的体型。

3. 缓解精神压力、娱乐身心功能

随着时代的发展和社会的进步，人们在享受科学技术所带来的舒适生活和各种便利的同时，也受到了来自方方面面的精神压力。研究证明，长期的精神压力不仅会引起各种心理疾患，而且许多躯体疾病也与精神压力有关，如高血压病、心脏病、癌症等。体育运动可缓解精神压力，预防各种疾病的产生是科学研究已证实的事实。而健美操作为一项体育运动，以其动作优美、协调、锻炼身体全面，同时有节奏强烈的音乐伴奏而著称，是缓解精神压力的一剂良方。在轻松优美的健美操锻炼中，练习者的注意力从烦恼的事情上转移开，忘掉失意与压抑，尽情享受健美操运动所带来的欢乐，得到内心的安宁，从而缓解精神压力，使人具有更强的活力和最佳的心态。另外，健美操锻炼增强了人们的社会交往。目前，无论是国外还是国内，人们参加健美操锻炼的方式是去健身房，在健美操教练的带领和指导下集体练习，而参与健美操锻炼的人来自社会的各阶层。因此，这种形式扩大了人们的社会交往面，把人们从工作和家庭的单一环境中解脱出来，可接触和认识更多的人，开阔眼界，从而为生活开辟了另一个天地。大家一起跳、一起锻炼，共同欢乐、互相鼓励，有些人因此成为朋友。因此，健美操锻炼不仅能强身健体，同时还具有娱乐功能，可使人在锻炼中得到一种精神享受，满足人们的心理需要。

4. 医疗保健功能

健美操作为一项有氧运动，其特点是强度低、密度大，运动量可大可小，容易控制，因此除对健康的人具有良好的健身效果外，对一些病人、残疾人和老年人也是一种医疗保健的理想手段。例如，对下肢瘫痪的病人来说，可做地上健美操和水中健美操，以保持上体的功能，促进下肢功能的恢复。总之，只要控制好运动范围和运动量，健美操练习就能在预防损伤的基础上，达到医疗保健的目的。

第二节　健美操基本动作与练习方法

一、基本站立

正确的站立姿势是形成正确优美的动作和身体姿态的基础，进行健美操的训练首先应具备良好的站立姿势。

二、基本练习

（一）常用的手形

（1）并掌：五指并拢、伸直、大拇指微屈，指关节贴于食指旁。

（2）分掌：五指伸直，指与指之间充分张开。

（3）花掌：五指张开，拇指稍内扣，小指、无名指、中指自掌关节处依次屈。

（4）立掌：五指并拢伸直，手掌用力上翘。

（5）拳：五指弯曲握拳，拇指在外，指关节弯曲贴于食指旁。

（6）形意式：特定情节或动作内容需要，如大拇指、两指、OK 等手型。

（二）常用的基本步伐

（1）踏步：是健美操最基本步伐，踏步时要求膝关节向前抬起，踝关节自然下垂，身体保持正直，两臂前后摆动。

（2）吸腿踢：要求主力腿有弹性、有节奏地跳跃，动力腿大腿向上抬至水平，踝关节自然下垂，身体保持正直。

（3）弹踢腿：要求主力腿有弹性、有节奏地跳跃、摆动腿直膝向上摆起，身体保持正直。

（4）后踢腿跳：要求主动腿有弹性、有节奏地跳跃，后踢腿跳脚面绷直，小腿尽量向大腿折叠，身体保持正直。

（5）弹踢腿跳：要求主动腿有弹性、有节奏地跳跃，摆动腿屈膝向上踢出，脚尖绷直，身体保持正直。

（6）开合跳：要求膝关节、踝关节有弹性、有节奏地跳跃，跳起两脚分开略比肩宽，脚尖外开约 120°，两膝外开对准脚尖方向，身体保持正直。

（7）弓步跳：要求膝关节、踝关节有弹性、有节奏地跳跃，跳起两脚分开成弓步，身体保持正直。

第三节　健美操锻炼标准规定动作

全国健美操大众锻炼标准第三套规定动作，共有 1～6 级测试套路，这里向大家介绍二、三级测试套路。

一、二级测试套路

二级为健美操大众锻炼标准的初级套路。二级的练习目的是进行中低强度的有氧练习、简单的腰腹和身体核心部位稳固性练习。每一个组合均由 4~5 个基本步伐组成，并出现了 45°~90°的方向变化，路线以简单的前后和左右动作为主。大部分的手臂动作均为对称性的，个别动作出现了依次的手臂动作。

（一）有氧操部分

动作一

1 2 3 4 5 6 7 8

1~4 拍：下肢步伐，右脚十字步（box step1）；上肢动作，右臂侧举，2 拍左臂侧举，3 拍双臂上举，4 拍下举。

5~8 拍：下肢步伐，向后走 4 步（4 walk bwd）；上肢动作，屈臂自然摆动，7~8 拍同 5~6 拍。

1~8 拍：动作同第一个 8 拍，但向前走 4 步。

动作二

1~2 3 4~5 6 7~8

1~6 拍：下肢步伐，右脚开始 6 拍漫步（baby mambo）；上肢动作，1~2 拍右手前举，3 拍双手叉腰，4~5 拍左手前举，6 拍双手胸前交叉。

7~8 拍：下肢步伐，右脚向后 1/2 后漫步（1/2 mambo bwd）；上肢动作，双臂侧后下举。

动作三

1 — 2 3 — 4 5~6 7~8

1~2拍：下肢步伐，右脚向右并步跳（cha cha side）；上肢动作，屈左臂自然摆动。

3~8拍：下肢步伐，左脚向右前方做前、侧、后6拍前侧后漫步（baby mambo）；上肢动作，3~4拍前平举弹动2次，5~6拍侧平举，7~8拍后斜下举。

第五至第八个8拍：动作相同，但方向相反。

动作四

| 1~2 | 3~4 | 5 | 6 | 7 | 8 |

1~2拍：下肢步伐，右脚向右侧滑步（slide）；上肢动作，右臂侧上举，左臂侧平举。

3~4拍：下肢步伐，1/2后漫步（1/2mambo bwd）；上肢动作，双臂屈臂后摆。

5~6拍：下肢步伐，左脚开始向左前方做侧并步（step touch）；上肢动作，5~6拍击掌3次。

7~8拍：下肢步伐，右脚开始向右后方做并步；上肢动作，双手叉腰。

动作五

| 1 | 2 | 3 | 4 | 5~6 | 7~8 |

1~2拍：下肢步伐，左脚开始向左后方做侧并步；上肢动作，击掌3次。

3~4拍：下肢步伐，右脚开始向右前方做并步；上肢动作，双手叉腰。

5~6拍：下肢步伐，左脚向左侧滑步（slide）；上肢动作，左臂侧上举，右臂侧平举。

7~8拍：下肢步伐，1/2后漫步（1/2 mambo bwd）；上肢动作，双臂屈臂后摆。

动作六

| 1 | 2 | 3 | 4 | 5 | 6 | 7 | 8 |

1~4拍：下肢步伐，右转90°，右脚上步吸腿2次（step two knee）；上肢动作，双臂向前冲拳、向后下冲拳2次。

5~8拍：下肢步伐，左脚V字步左转90°（V step）；上肢动作，双臂由右向左水平摆动。

动作七

1   2   3   4   5   6   7   8

1~4拍：下肢步伐，左腿吸腿（侧点地）2次，double knee；上肢动作，1拍双臂胸前平屈，2拍左臂上举，3拍同1拍，4拍还原。

5~8拍：下肢步伐，5~8拍同1~4拍，但方向相反。

第五至第八个8拍：动作相同，但方向相反。

动作八

1   2   3   4   5   6   7   8

1~4拍：下肢步伐，右脚侧并步跳（step jump）；上肢动作，双臂上举、下拉

5~8拍：下肢步伐，左脚右转90°侧交叉步（grapevine）；上肢动作，双臂屈臂自然摆动，8拍，双臂侧下举，上体向左扭转90°，朝正前方。

动作九

5   6   7   8

1~4拍：下肢步伐，向右侧并步跳（step jump），4拍时左转90°；上肢动作，双臂上举、下拉。

5~8拍：下肢步伐，左转90°左脚开始侧并步2次（2 step touch）；上肢动作，5~6拍右臂前下举，7~8拍左臂前下举。

动作十

1	2	3	4	5~6	7~8

1~4拍：下肢步伐，左脚向前一字步（easy walk fwd）；上肢动作，1拍双臂肩侧屈，2拍双臂下举，3~4拍双臂胸前屈。

5~8拍：下肢步伐，左、右依次分并腿2次（open close）；上肢动作，5~6拍双臂上举掌心朝前，7~8拍双手放膝上。

动作十一

1	2	3	4	5	6	7	8

1~4拍：下肢步伐，向后一字步（easy walk fwd）；上肢动作，1~2拍手侧下举，3~4拍胸前交叉。

5~8拍：下肢步伐，依次分并腿2次（2 open close）；上肢动作，双臂经胸前交叉1次侧上举，1次侧下举。

第五至第八个8拍：动作相同，但方向相反。

动作十二

1	2	3~4　5~8同1~4

1~8拍：下肢步伐，右脚开始小马跳4次，向侧向前呈梯形（4pony）；上肢动作，1~2拍右臂体侧向内绕环，3~4拍换左臂，5~8拍同1~4拍。

动作十三

| 1 | 2 | 3 | 4 | 5~6 | 7 | 8 |

1~4 拍：下肢步伐，右脚向右后弧形跑 4 步，右转 270°（4jog）；上肢动作，屈臂自然摆动。

5~8 拍：下肢步伐，开合跳 1 次（jump jack）；上肢动作，5~6 拍双手放腿上，7 拍击掌，8 拍放于体侧。

动作十四

| 1 | 2 | 3 | 4 | 5 | 6 | 7 | 8 |

1~4 拍：下肢步伐，右脚向右前上步后屈腿（step knee）；上肢动作，1 拍双臂胸前交叉，2 拍右臂侧举、左臂上举，3 拍同 1 拍，4 拍双手叉腰。

5~8 拍：下肢步伐，右转 90°，左脚向前上步后屈腿（step curl）；上肢动作，动作同 1~4 拍，但方向相反。

动作十五

| 1 | 2 | 3 | 4 | 5 | 6 | 7 | 8 |

1~4 拍：下肢步伐，右、左侧点地各一次（2 tap side）；上肢动作，1 拍右手左前下举，2 拍双手叉腰，3~4 拍动作相同，但方向相反。

5~8 拍：下肢步伐，右脚上步向前转脚跟，转髋，还原（hip twist）；上肢动作，5 拍双臂胸前平屈，6 拍前推，7 拍同 5 拍，8 拍放于体侧。

第五至第八个 8 拍：动作相同，但方向相反。

（二）力量训练部分

开始动作

1~2 拍：右脚向右迈步，左臂前平举，右臂上举。

3~4 拍：左脚右后交叉迈步，双臂胸前交叉过渡动作。

动作一

1~2 拍：右脚向前迈步，同时屈膝内扣，再打开成双腿半蹲，同时 5 拍右手左下冲拳，右手侧下冲拳。

3~4 拍：身体右转 90° 成弓步，双手撑地。

5~8 拍：成俯撑。

动作二

1~8 拍：左、右脚依次点地，保持俯撑。

动作三

1~8 拍：左、右腿依次屈膝着地，成跪撑。

动作四

1~8 拍：屈肘依次撑地，成肘撑。

动作五

1~8 拍：左、右腿依次伸直，保持肘撑。

动作六

1~8 拍：向左转体 180 度成分腿屈膝仰卧，双臂放于体侧。

动作七至动作十

1~4 拍：收腹抬上体：1 拍屈左臂，2 拍屈右臂，3~4 拍双臂伸直交叉。

5~8 拍：还原，双臂经上举至体侧。

动作十一

1~8 拍：依次吸左、右腿，向左转体 180 度成俯卧，双臂屈臂放于肩侧。

动作十二

1~2 拍：抬起上体和手臂。

3~4 拍：伸直右臂，转头向左看。

5~8 拍还原。

动作十三

1~8 拍：动作同上，但方向相反。

动作十四至动作十五

1~8 拍：同第十二至第十三个 8 拍。

动作十六

1~4 拍：撑起成俯卧撑。

5~8 拍：左转 90°，左脚放到右脚后，右手支撑，左手上举，保持身体平衡。

动作十七

1~2 拍：双人撑地，左腿屈膝撑地。

3~8 拍：向右转体 270°，左脚向前迈步站起。

结束动作

1 拍：1 拍右脚支撑站立，左脚屈膝侧点地，同时右臂侧上举，左臂扶右髋。

二、三级测试套路

三级为健美操大众锻炼标准的中级套路，采用中低强度的有氧练习。在二级基础上复合动作更多，一个 32 拍的组合中由 4~6 个动作组成。音乐速度更快、高冲击动作增多，使运动强度增加，但仍是高冲击力动作相间。手臂动作变化增多，增加了 180°转体动作以及图形变化，提高了动作的流动性和成套的难度。涉及胸、肱三头肌和腹部的力量练习。

（一）有氧操部分

动作十六

1　　　2　　　3　　　4　　　5　　　6　　　7　　　8

预备姿势：站立。

1~4 拍：下肢步伐，右脚开始向侧迈步后屈腿 2 次，呈 L 型，2 拍时右转 90°（4 step curl）；上肢动作，1~2 拍右臂摆至侧上举，左臂摆至胸前平屈，3~4 拍同 1~2 拍，但方向相反。

5~8 拍：下肢步伐，向左后迈步后屈腿 2 次，6 拍时转体 180°（2 step curl）；上肢动作，双手叉腰。

动作十七

1　　　　2　　　　3~4　　　　5　　　　6~7　　　　8

1~2 拍：下肢步伐，1/2V 字步（1/2 V step）；上肢动作，1 拍右臂侧上举，2 拍左臂侧上举。

3~8 拍：下肢步伐，向后 6 拍漫步，8 拍左转 90°（baby mambo bwd）；上肢动作，随脚的动作自然前后摆动。

动作十八

1　　　2　　　3　　　4　　　5　　　6　　　7　　　8

1~8 拍：下肢步伐，右脚开始交叉步 2 次，左转 90°呈 L 型（2 grapevine）；上肢动作，1 拍双臂前举，2 拍胸前平屈，3 拍同 1 拍，4 拍击掌，5~8 拍同 1~4 拍。

动作十九

1   2   3~4   5   6   7~8

1~4 拍：下肢步伐，右脚并步跳，1/2 后漫步（cha cha 1/2 mambo bwd）；上肢动作，1/2 双臂侧上举，3~4 拍右臂摆至体后，左臂摆至体前。

5~8 拍：下肢步伐，左转 90°左脚开始小马跳 2 次（2pony）；上肢动作，5~6 拍右臂上举，7~8 拍左臂上举。

第五至第八个 8 拍：动作相同，但方向相反。

动作二十

1   2   3   4   5   6   7   8

1~4 拍：下肢步伐，右脚向右前上步吸腿 2 次（step two knee）；上肢动作，双臂自然摆动。

5~6 拍：下肢步伐，交换步（ball change）；上肢动作，双臂随下肢动作自然摆动。

7~8 拍：下肢步伐，右脚向右前上步吸腿（step knee）；上肢动作，双臂自然摆动。

动作二十一

1   2   3   4   5~6   7~8

1~4 拍：下肢步伐，左脚开始向右侧交叉步（cross step）；上肢动作，双臂随步伐向反方向臂屈伸。

5~8 拍：下肢步伐，右转 45°，同时左脚做漫步 mambo；上肢动作，5 拍双臂肩侧屈外展，6 拍体前交叉，7~8 拍侧下举。

动作二十二

1　2　3　4　5　-　6　-　7　8

1~4 拍：下肢步伐，左脚开始十字步，同时左转 180°（box step turn 180）；上肢动作，双臂自然摆动。

5~8 拍：下肢步伐，左脚开始并步跳 2 次（cha cha）；上肢动作，双臂自然摆动。

动作二十二

1　2　3　4　5　6　7　8

1~4 拍：下肢步伐，左脚漫步右转 90°（easy walk）；上肢动作，1~2 拍双臂摆至前举，3~4 拍后摆。

5~8 拍：下肢步伐，一字步（easy walk），同 1~4 拍动作。

第五至和第八个 8 拍：动作相同，但方向相反。

动作二十四

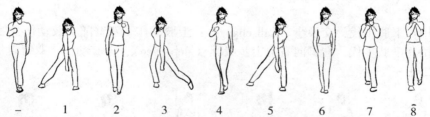

-　1　2　3　4　5　6　7　8

1~6 拍：下肢步伐，右脚开始做侧点地 3 次（3 tap side）；上肢动作，1~2 拍右臂向下屈臂伸，3~4 拍左臂向下屈臂伸，5~6 拍同 1~2 拍动作。

7~8 拍：下肢步伐，左脚开始向前走 2 步（2 walk）；上肢动作，击掌 2 次。

动作二十五

1　2　3　4　5　6　7　8

1~4 拍：下肢步伐，左脚开始吸腿跳 2 次（D. knee up）；上肢动作，1 拍侧上举，2 拍双臂胸前平屈，3 拍同 1 拍，4 拍叉腰。

5~8 拍：下肢步伐，吸右腿跳，向后落地，转体 180 度，吸右腿（knee up twist knee）；上肢动作，双手叉腰。

动作二十六

1　　2　　3　　4　　5　　6　　7　　8

1~4 拍：下肢步伐，左脚开始向前走 3 步吸腿跳，同时左转体 180°（walk fwd knee turn）；上肢动作，1~3 拍叉腰，4 拍击掌。

5~8 拍：下肢步伐，右脚开始向前走 3 步吸腿（walk fwd knee）；上肢动作，5~6 拍双臂同时经前向下摆，7~8 拍经肩侧屈外展至体前击掌。

动作二十七

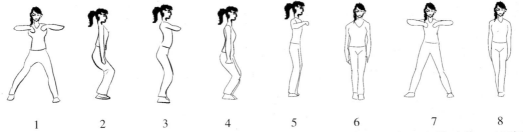

1　　2　　3　　4　　5　　6　　7　　8

1~4 拍：下肢步伐，左脚开始侧并步 4 次，呈 L 型（4steptouch）；上肢动作，双臂做屈臂提拉 4 次。

第五至和第八个 8 拍：动作相同，但方向相反。

动作二十八

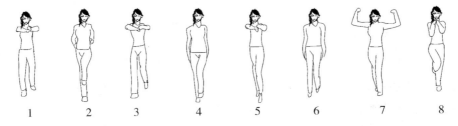

1　　2　　3　　4　　5　　6　　7　　8

1~4 拍：下肢步伐，右腿上步吸腿（step knee）；上肢动作，双臂做向前冲拳、后拉 2 次。

5~8 拍：下肢步伐，左脚向前上步吸腿（walk fwd knee）；上肢动作，手臂同时经前向下摆，8 拍击掌。

动作二十九

1	2~3	4	5~6	7~8

1~4 拍：下肢步伐，1 右脚向侧迈步，2~3 拍右脚向右前 1/2 前漫步，4 拍左脚向侧迈步（step baby mambo step）；上肢动作，1 拍侧上举，2~3 拍随脚的动作自然摆动，4 拍同 1 拍。

5~8 拍：下肢步伐，右脚向左做漫步 mambo；上肢动作，双臂自然摆动。

动作三十

1	2	3	4	5	6	7	8

1~6 拍：下肢步伐，右脚开始上步吸腿 3 次（3step knee）（做侧点地 3 次 3 tap side）；上肢动作，1 拍肩侧屈外展，2 拍击掌，3~6 拍同 1~2 拍（右臂向下屈臂伸，3~4 拍左臂向下屈伸）

7~8 拍：下肢步伐，左脚前 1/2 漫步（half mambo）（开始向前走 2 步 2 walk）；上肢动作，双臂自然摆动（击掌 2 次）。

动作三十一

1	2	3	4	5	6	7	8

1~8 拍：下肢步伐，左转 90°向左做侧交叉步转体 180°接侧交叉步（grapevine turn）；上肢动作，1~4 拍双臂做外展、内收、外展、击掌，5~8 拍同 1~4 拍。

第五至第八个 8 拍：动作相同，但方向相反。

（二）力量训练部分

开始动作

1~2 拍：右脚向右一步成开立，右臂侧下举，左臂侧下举，掌心向前。

3~4 拍：击掌 2 次。

动作一

1~8 拍：1 拍向右转体 90°，右腿后伸成大弓步，右手撑地，左臂侧举向上。2~3 拍左转 180° 成屈膝坐，4 拍双手前上举，后倒成仰卧，5~8 拍双臂经体侧至头后。

动作二至三

腹肌动作：1~4 拍收腹抬起上体，5~8 拍还原。

动作四至五

1~2 拍抬起上体，3 拍双手抱右腿，4 拍同 3 拍相反，5~8 拍还原。

动作六

腹背动作 1~2 拍伸直仰卧，双臂上举。3~4 拍抬起上体，双手抱右腿膝。5~6 拍同 3~4 拍动作，抱左膝。7~8 拍右转 90° 右腿后屈成侧卧，前臂撑地。

动作七

腹背练习：1~4 拍搬左侧腿，5~8 拍左转 90° 成屈腿坐，双手体后撑地，指尖向前。

动作八

腹肌动作：1~2 拍抬起髋部，右腿水平伸直。3~4 拍还原。5~8 拍换另一腿。

动作九

1~4 拍左转 90° 成左腿后屈侧卧，前臂撑地，搬右侧腿。5~8 拍还原成屈腿坐。

动作十

1~8 拍同动作八，但方向相反。

动作十一

1~4 拍：侧卧撑练习。

动作十二至动作十五

1~8 拍：1~2 拍双腿伸直，3~4 拍右转 180° 成俯撑，双手体侧撑地。5~6 拍屈腿，7~8 拍双手伸直撑起成跪撑。俯卧撑练习：1~4 拍屈臂，身体保持平衡，5~8 拍还原。4 拍同 3 拍相反，5~8 拍还原。

动作十六

1~8 拍：左转 180°，左脚向前迈步左手撑膝站起。

动作十七

1~8 拍：右脚向侧迈步成开立，1~2 拍左臂侧平举，3~4 拍右臂侧平举，5~6 拍双臂上举，双手互握，7~8 拍双手握拳至胸前。

结束动作

1 拍：1 拍右脚向左前方迈步，屈膝，上体右转，双臂侧下举。

第四节　健美操的编排与竞赛规则

一、健美操的编排原则

一套健美操要获得成功取决于健美操本身的质量。只有那些具有较强锻炼功效、运动负荷及难度适宜、富有魅力的健美操才能激发起人们的锻炼兴趣，使之全身心地投入练习，并取得良好的效果。因此，健美操的编排是开展好健美操活动的前提。编排中应遵循以下原则：全面性原则、针对性原则、合理性原则、艺术性原则。

（一）全面性原则

全面发展身体是健身健美操的锻炼宗旨。因此，全面性是健身健美操创编的基本原则，坚持全面性的原则主要体现以下方面。

1. 身体各部位活动的全面性

为了达到全面发展的目的，在创编成套健身健美操时，要根据人体解剖学的特征，尽可能充分调动整个机体参与运动，使身体各部位的肌肉、关节、韧带及内脏器官得到全面锻炼。

创编时还应注意：保持人体左右两侧动作的对称性，使人体匀称、和谐、全面地发展。

2. 动作时空变化的丰富性

动作时空的变化丰富与否直接影响健美操对人体锻炼的效果。因此，创编健美操时应当考虑动作的方向有上下、左右、前后、斜向等变化，动作的路线应当有长短、曲直的搭配，动作的幅度、速度、力量方向有大小、快慢、强弱的对比。

（二）针对性原则

健美操的创编主要针对不同的目的任务，锻炼者的年龄、性别以及场地器材等情况和特点，使创编切合实际，有所侧重，有的放矢，以取得实效。坚持针对性的原则主要体现在以下几方面。

1. 根据任务创编

健美操根据不同的锻炼任务，表演或比赛进行创编，在创编时动作的选择和量的分配可视任务有所侧重。

2. 因人而异创编

不同年龄、性别、职业、身体状况、运动水平、文化层次的练习者对健美操的需求、爱好及接受能力都有所不同。因此，在创编时要根据不同对象的生理、心理特点在操的内容、风格、速度、难度以及运动负荷等方面有所区别。

3. 因地制宜创编

健美操的创编除要针对不同的任务和对象外，还要考虑场地器材等实际条件，根据实际情况进行合理的创编

（三）合理性原则

健美操更注重身体锻炼的实效性，而一套健美操的锻炼功效首先取决于该操动作的选编、动作顺序的设计和运动负荷的合理安排。因此，合理性原则是体现健身健美操科学性，从而取得锻炼实效的一项重要原则。坚持合理性原则主要体现在以下方面。

1. 合理选编动作

选择不同的动作，对身体的影响程度则不同。健身健美操动作的选择是有益于健康，尊重人体的自然发展规律，安全可靠而不易造成损伤的动作。

2. 合理设计动作顺序

根据人体运动的生理规律，成套健身健美操的动作设计一般分为准备部分、基本部

分、结束部分 3 个部分。

3. 合理安排运动负荷

健身健美操运动的总时间可根据任务、对象和要求来安排，还应符合人体运动的生理曲线要求。

（四）艺术性原则

健美操是一项结合了体操、舞蹈、音乐等特点的综合性体育锻炼项目，它吸收了新的舞蹈与舞蹈中独特的动作并加以改编形成了风格各异、形式独特的健美操。它之所以很快被人们接受，正是来源于它独有的艺术魅力和健身的实效性，使人从中得到一种极大的乐趣。坚持艺术性原则主要体现在以下几方面。

1. 音乐选配的艺术性

音乐是健美操的灵魂，它影响着操的风格、结构速度、节奏及成套的效果，音乐选配得好，容易激发编操者的创作灵感和练习者的锻炼激情。因此，在选配音乐时应注意音乐要与健美操的风格统一。音乐的旋律要动听、力求新颖、富于变化、节奏鲜明、强劲有力，具有时代感，以利于增强动作的力度和表演效果。有时可选择具有民族风格特点的音乐，使其更好地体现民族文化。

2. 动作设计的艺术性

健美操的动作设计应符合健身美的特点，既要体现健康有力度的动作，又要体现优美的舞姿和造型。在成套动作设计中，要注意选用舞蹈动作的风格尽可能统一，同时还要注意舞蹈动作应与健美操的特点相结合。健美操动作应热情奔放、清晰有力、富有特色，动作与动作的连接自然流畅、巧妙，切忌杂乱无章。

3. 队形变化的艺术性

新颖多变的队形变化使成套动作充满生气、丰富多彩，提高成套动作的表演效果。但是也不能盲目追求队形的多变而忽视整体的动作特点。在编排队形变化时，要根据整体的动作特点，掌握好队形变化的角度、路线、顺序，动作安排的合理程度以及动作之间的衔接，队形之间的衔接都要给人一种自然、流畅、巧妙、新颖的感觉，以争取成套动作的最佳效果。

二、健美操的竞赛规则

（1）健美操比赛在高校中可以班级、系、校为单位进行，也可组织本省市或全国性比赛。不论进行哪一种健美操比赛，都必须由主办单位制定竞赛规程和比赛规则，规程内容一般包括竞赛目的、时间、地点、项目、竞赛办法、报名办法、计分办法、录取名次与奖励办法等。如没有专门比赛规则，则应在规程中较详细地阐明竞赛与评分方法。竞赛规程要提前下发各参赛队，以便作为各参赛队训练和比赛的依据。

（2）中国大学生健身健美操竞赛的主要规则。

竞赛时间：成套动作时间为 2 分 30 秒~3 分钟。

参赛人数：每队为 8~10 人。

比赛场地：赛台高 80~100 厘米，比赛场地为 12 米×12 米的地板或地毯，标记带为 5 米宽的红色或白色带，标记带属场地的一部分，有背景遮挡。

运动员着装与仪容：运动员必须穿适合运动的服装和运动鞋，着装整洁、美观、大方；头发须梳系于后，发不遮脸；不许使用悬垂饰物，如皮带、飘带和花边等；禁止戴首饰、化淡妆。

评分方法：成套动作的评分因素包括艺术分和完成分，各为 10 分，总分为 20 分。各组裁判员评分去掉最高分与最低分，所剩分数或所剩分数的平均数为各裁判组的评分，2 个组的分数相加为总分，从总分中减去裁判长的减分为最后得分。

第十四章 武术运动

第一节 武术运动概述

　　武术，是我国传统的民族体育项目，是我国劳动人民在长期的生活实践中不断积累和丰富起来的一项古老的民族传统体育运动，它是宝贵的民族文化遗产。武术以中国传统文化为理论基础，以徒手和器械的攻防动作为主要锻炼内容，通过攻防、套路、格斗等锻炼形式防身健体、修身养性。武术运动对人们强身健体、丰富生活情趣、塑造人格、培养公平竞争意识等起着积极的作用，并能使人们在活动实践中接受文化启示和熏陶，推动社会积极向前发展。

一、武术运动的特点

（一）具有攻防技击的本质特点

　　武术动作以攻防性能为本质，将技击寓于搏斗运动与套路运动之中。搏斗运动集中体现了武术攻防格斗的特点，在技术上与实用技击基本上是一致的，但是从体育的观念出发，它受到竞赛规则的制约，以不伤害对方为原则。套路运动是中国武术的一个特有表现形式，动作虽在技术规格、运动幅度等方面与技击的原形动作有所变化，但是动作方法仍然保留了技击的特性。这类动作多借助于形体动作艺术和动作编排技巧来体现自身攻防含义，表现出独特的攻防技击艺术。

（二）具有内外合一、形神兼备的民族风格

　　"内"指的是心、神、意等心志活动和气息的运行；"外"即手、眼、身、步法等外在形体活动。内与外、形与神是相互联系统一的整体。"内外合一，形神兼备"的特点主要通过武术功法和技法来体现。用"手眼身法步，精神气力功"八法的变化来锻炼心身，这一特点反映了中国武术作为一种文化形式在长期的历史演进中备受中国古代神学、医学、美学等方面的渗透和影响，形成了具有独特民族风格的练功方法和运动形式。

（三）具有广泛的适应性

　　由于武术内容丰富多彩，不同拳种和器械的动作结构、技术要求、运动风格和套路的运动量都有所不同，因此开展武术运动可以不受年龄、性别、体质、时间、季节、场地和器材的限制。人们可以根据自己的需要和条件，选择适当项目进行锻炼。由此可见，武术有着广泛的适应性和群众性的特点。

二、武术运动的作用

（一）强身健体

武术套路运动其动作包括有屈伸、回环、平衡、跳跃、翻腾、跌扑等，人体各部位几乎都参加了运动，对各个肌肉群的相应运动中枢之间的协调关系要求很高，同时对运动中枢和植物性中枢之间的协调性也要求很高。因此，系统地进行武术训练，可以改善各中枢间的协调关系，增强人的体能，尤其是太极拳因注重意识引导动作，可加强抑制过程，改善神经均衡性，所以对一些慢性病症有良好的防治作用。

（二）自卫防身

武术的套路运动和格斗运动，都是以攻防动作为中心内容。因此，通过武术锻炼不仅能达到增强体质的目的，而且还可以学会攻防格斗技能，提高攻防技术实效，用以防身自卫。

（三）修身养性

武术在发展过程中一向重礼仪、讲武德。"未曾学艺先学礼，未曾习武先习德""缺德者不可与之学，丧理者不可教之"等，把武德列为习武与教武的先决条件，一向是中国武术的优良传统。通过武术的训练，可以培养人们的勇敢、顽强、坚韧不拔的意志品质，更好地陶冶人的情操，达到修身养性的目的。

（四）娱乐欣赏

武术表演和比赛具有很高的观赏价值，不论是以形神表现的功力或技巧的套路演练，还是以两人斗智斗勇的激烈对抗都给人以美的享受，进而丰富人们的文化娱乐生活。

三、武术基本功

（一）身形、手形和步形

1. 身 形

身形的基本要求是头正、顶平、颈直、沉肩、挺胸、背直、塌腰、收腹、敛臀。

2. 手 形（图14-1）

（1）拳：四指并拢卷握，拇指紧扣食指和中指的第二指节，拳面要平，拳握紧。

（2）掌：四指并拢伸直，拇指弯曲紧扣于虎口处。

（3）勾：五指第一指节捏拢在一起，屈腕。

图14-1 手形

3. 步 形

（1）弓步（图14-2）：左脚向前一大步（本人脚长的4~5倍），两脚全掌着地，膝与脚尖垂直，左腿弓为左弓步，右腿弓为右弓步。

要求与要点：前腿弓、后腿绷（脚尖内扣）；挺胸、塌腰、沉髋；前脚尖同后脚跟成一直线。

（2）马步（图14-3）：两脚平行开立（约为本人脚长3倍），两腿屈膝半蹲，大腿接近水平，全脚掌着地，身体重心落于两腿之间。

要求与要点：挺胸、塌腰、展髋、裹膝、脚跟向外蹬。

图14-2　弓步　　　图14-3　马步　　　图14-4　虚步　　　图14-5　仆步

（3）虚步（图14-4）：两脚前后开立，重心落在后腿上，屈膝半蹲，脚尖外展45°，前脚向前伸出，膝关节微屈，脚尖稍内扣，虚点地面。左脚在前为左虚步，右脚在前为右虚步。

要求与要点：挺胸、塌腰、虚实分明。

（4）仆步（图14-5）：一腿屈膝全蹲，脚尖稍外展，另一腿伸直平铺地面、脚尖内扣，两脚全掌着地。仆左腿为左仆步，仆右腿为右仆步。

要求与要点：挺胸、塌腰、沉髋。

（5）歇步（图14-6）：两腿交叉靠拢全蹲，前脚全脚掌着地，脚尖外展，后脚前脚掌着地，膝部贴于前脚外侧，臀部坐于后腿接近脚跟处。左脚在前为左歇步，右脚在前为右歇步。

图14-6　歇步

要求与要点：挺胸、塌腰、两脚靠拢并贴紧。

（二）腿功与腰功

1. 腿　功

（1）正压腿

面对肋木或一定高度物体，并步站立，左腿提起，脚跟放在肋木上，脚尖勾起，踝关节屈紧，两手扶按膝上。两腿伸直、立腰、收髋，上体前屈、并向前，向下做压振动作。练习时两腿交替进行，逐渐加大振幅，逐步提高腿的高度（图14-7）。

（2）侧压腿

侧对肋木，左腿举起，脚跟搁在肋木上，脚尖勾起，踝关节屈紧。右臂屈肘上举，左掌附于右胸前。练习方法同正压腿，只是上体向侧做压振动作（图14-8）。

（3）后压腿

背对肋木，两手叉腰或扶一定高度的物体。一腿支撑，另一腿向后举起，脚背置于肋木上，脚面绷直，上体后屈并做压振动作。练习时左右腿交替进行（图14-9）。

（4）正踢腿

从直立两手立掌侧平举开始，左脚向前上半步，左腿支撑，右脚尖勾起向前额处猛踢，两眼向前平视，左右腿交替练习（图14-10）。

图14-7　正压腿　　　图14-8　侧压腿　　　图14-9　后压腿　　　图14-10　正踢腿

要求与要点：挺胸、直腰、收髋、猛收腹，勾起勾落，踢腿过腰后要加速，要有寸劲。

（5）侧踢腿

预备姿势同正踢腿。右脚向前上半步，脚尖外展，左脚跟稍提起，身体略右转，左臂前伸，右臂后举。随即，左脚脚尖勾紧向左耳侧踢起，同时右臂屈肘上举亮掌，左臂屈肘立掌于右胸前或垂于裆前，两眼向前平视（图14-11）。

要求与要点：挺胸、立腰、开髋、侧身、猛收腹，左右交替练习。

（6）外摆腿

预备姿势与正踢腿相同。右脚向右前方上半步，左脚尖勾紧，向右侧踢起，经面向左侧上方外摆，直腿落在右腿旁（图14-12）。

要求与要点：挺胸、塌腰、松髋、展髋，外摆幅度要大并成扇形。

（7）弹　腿

从直立两手叉腰开始，一腿屈膝提起，大腿与腰平，脚尖绷直提膝接近水平时，迅速猛力挺膝，向前平踢（弹击），力达脚面，大小腿成一直线（图14-13）。

要求与要点：挺胸、立腰、脚面绷直、收髋，弹击要有寸劲。

图14-11　侧踢腿　　　图14-12　外摆腿　　　图14-13　弹腿

（8）侧踹腿

预备姿势同弹腿。两腿左右交叉，右腿在前，稍屈膝，随即右腿伸直支撑，左腿屈膝提起，左脚内扣，脚跟用力向左侧上方踹出，高与肩平，上体向右侧倒，目视左侧方（图14-14）。

要求与要点：挺膝、开髋、猛踹，脚外侧朝上，力达脚跟部，有爆发力。

图14-14　侧踹腿

2. 腰　功

（1）前俯腰

直立两手手指交叉，直臂上举，掌心朝上。上体前俯，两手尽量贴地，然后两手松开，抱住两脚跟腱逐渐使胸部贴近腿部，持续一定时间再起立。练习时注意，向前折体后双腿一定要伸直（图14-15）。

（2）甩　腰

开步站立，两臂上举，以腰、髋关节为轴，上体做前后屈和甩腰动作，两臂也跟着甩动，两腿伸直。练习时注意，前后甩腰要快速，动作紧凑而有弹性（图14-16）。

图 14-15　前俯腰

图 14-16　甩腰

（三）基本动作和小组合动作

1. 腾空飞脚

并步站立，右脚上步，左腿向前上方摆踢，右脚蹬地跃起，身体腾空，两臂由下经体前向头上摆起，右手背迎击左手掌。在空中，右腿向前，向上弹踢，脚面绷直，右手迎击右脚面，同时左腿屈膝，左脚收控于右腿侧，脚面绷直，脚尖向下。左手在击响的同时摆至左侧方，变勾手，勾尖向下，略高于肩。上体微前倾，两眼平视前方（图14-17）。

要求与要点：在空中踢摆时，脚高必须过腰，在腾空的最高点完成击响动作，在击响的一霎间，左腿须收控于右腿侧。拍击动作要连续、准确、响亮。

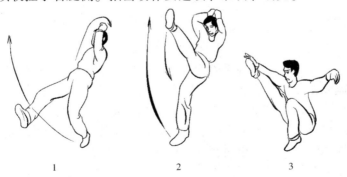

图 14-17　腾空飞脚

2. 5 种步形的组合练习（简称五步拳）

五步拳是结合 5 种步形和 3 种手形组合编成。练习时先做分解动作，并按前面的要点反复练习，然后再进行组合练习。组合练习时，强调眼随手、身随步、步随势换，逐渐做到手、眼、身、步法协调一致。

在手法中，冲拳分平拳和立拳两种：平拳拳心向下；立拳拳眼向上。

预备姿势：并步抱拳（图14-18）。

（1）拗弓步冲拳：迈左脚成左弓步，右拳冲出成平拳（图14-19）。

（2）弹踢冲拳：右腿弹踢，同时左拳冲出成平拳（图14-20）。

（3）马步架打：右脚落地向左转90°，两脚下蹲成马步；同时左拳变掌，屈臂上架，右拳由腰间向右冲出成立拳。头右转，目视右前方（图14-21）。

图14-18　并步抱拳　　　图14-19　拗弓步冲拳　　　图14-20　弹踢冲拳　　图14-21　马步架打

（4）歇步盖打：左脚向右脚后插一步，同时右拳变掌经头上向左下盖，掌外缘向前，身体左转90°，左掌收回腰间抱拳。目视右手，下蹲成歇步；同时左拳向前冲出成平拳，右掌变拳收回腰间，目视左拳（图14-22）。

1　　　　　　　　　　　　　　2

图14-22　歇步盖打

（5）提膝穿掌：手心向上由左手背上穿出，同时左腿提膝，左手顺势收回右腋下，目视右手。左脚落地成仆步，左手掌指朝前贴左腿内侧穿出，目视左掌（图14-23）。

（6）虚步挑掌：左腿屈膝前弓，右脚蹬地向前上步，成右虚步，同时左手向上、向后划弧成正勾手，略高于肩。右手由后向下，向前顺右腿外侧向上挑掌，掌指向上，高与肩平，目视前方。继续练习，动作相同，方向相反（图14-24）。

收势：两腿靠拢，并步抱拳（图14-25）。

1

2

图 14-23 提膝穿掌

图 14-24 虚步挑掌

图 14-25 收势

第四节 简化太极拳（24 式）

太极拳是我国民族文化中的一颗璀璨明珠，是一种较好的增强体质和预防疾病的体育项目，其特点是动作柔和、缓慢和连贯等。

24 式太极拳又称为简化太极拳，是原国家体委（现为国家体育总局）于 1956 年组织太极拳专家吸取杨氏太极拳之精华编串而成的。它共包括 24 个动作。

【动作说明】身体自然直立，两脚并拢，两腿自然伸直。胸腹放松，两臂垂于两腿外侧，手指微屈。头颈正直，下颌微收，口闭齿扣，舌抵上腭。精神集中，表情自然，目平视前方。

一、起 势

【动作说明】左脚向左迈 1 步，两脚平行开立与肩同宽；两臂由身体两侧慢慢向前、向上平举至与肩同高、同宽，手心向下；两腿慢慢屈膝半蹲，重心落于两脚间，成马步。同时两掌轻轻下按至腹前，上体舒展正直。目平视前方（图 14-26）。

图 14-26 起势

二、左右野马分鬃

（一）左野马分鬃

【动作说明】

（1）上体稍右转，重心右移。同时右臂弯曲置于胸前，掌心翻转向下。左手划弧下落，屈肘置于腹前，掌心翻转向上，与右掌相对成抱球状，两臂屈肘。左脚收至右脚内侧，脚尖点地。目视右手。

（2）上体左转，左脚向左前方迈出 1 步，脚跟轻轻着地，重心仍在右腿上。

（3）上体继续左转，重心前移，左脚全脚掌着地，左腿屈膝成左弓步。同时两掌前后分开，左手至体前与眼同高，手心斜向上。右手按至右胯旁，手心向下，指尖向前。两臂微屈，目视左掌（图 14-27）。

图 14-27 左野马分鬃

（二）右野马分鬃

【动作说明】

（1）重心稍后移，屈右膝，左腿伸直，左脚尖翘起外撇 45°~60°。

（2）上体左转，重心移至左腿，左脚全脚掌着地，左腿前弓，右脚收至左脚内侧，脚尖着地同时左臂弯曲置于左胸前，掌心翻转向下。右手划弧下落，屈肘置于腹前，掌心翻转向与左掌相对成抱球状目视左手。

（3）上体稍右转，重心仍在左腿上，右脚向右前方迈出 1 步，脚跟轻轻着地。同时两掌开始前后分开。

（4）上体继续右转，重心前移，右脚全脚掌着地，右腿屈膝成右弓步。右手分至体前与眼同高，手心斜向上。左手按至左胯旁，手心向下，指尖向前。两臂微屈，目视右手（图 14-28）。

图 14-28 右野马分鬃

三、白鹤亮翅

【动作说明】

（1）上体稍左转，右脚向前收拢半步，前脚掌轻轻落地，与左脚相距约一脚长。同时左臂弯曲置于胸前，掌心翻转向下。右手划弧下落，屈肘置于腹前，掌心翻转向上，与左掌相对成抱球状。目视左手。

（2）重心后移，右脚全脚掌着地，并向右转体。两手随转体交错分开，右手上举，左手下落。目视右手。

（3）上体转正，左脚稍向前移动，成左虚步；右手上举，手心向左后方，左手按于左髋旁，指尖向前，目平视前方（图 14-29）。

图 14-29 白鹤亮翅

四、左右搂膝拗步

（一）左搂膝拗步

【动作说明】

（1）上体稍左转，右手向下摆至体前，手心向上。目视右手。

（2）上体右转，左脚收落于右脚内侧，脚尖点地。同时，两臂交叉摆动，右手由体前经右胯侧向右后方上举至与头同高，手心向上。左手由左胸前经头前向右划弧至右肩前，手心向下。目视右手。

（3）上体稍左转，左脚向左前方迈1步，脚跟轻轻着地。同时右臂屈肘，右手摆至右肩上，虎口对耳，掌心斜向前。左手落于腹前，掌心向下。目视前方。

（4）上体继续左转，重心前移，左脚全脚掌着地，左腿屈膝成左弓步。同时，左手经左膝前向左搂过，按于左腿外侧，指尖向前。右手向前推出，指尖与鼻尖相对，掌心向前，指尖向上。右臂自然伸直。目视右手（图14-30）。

图14-30　左右搂膝拗步

（二）右搂膝拗步

【动作说明】

（1）上体左转，重心稍后移，左脚尖翘起外撇。同时两臂外旋，开始向左摆动。目视右手。上体继续左转。重心前移，左脚全脚掌着地，右腿收至左脚内侧，脚尖点地。同时右手经面前划弧摆至左肩前，掌心向下，左手向左上方划弧上举，与头同高，掌心向上，左臂自然伸直，肘微屈。目视左手。

（2）上体稍右转，右脚向右前方迈一步，脚跟轻轻落地。同时左臂屈肘，左手收至左肩上，虎口对耳，掌心斜向前。右手下落至腹前，掌心向下，肘微屈。目视前方。

（3）上体继续右转，重心前移，右脚全脚掌着地，右腿屈膝成右弓步。同时右手经右膝前上方向右搂过，按于右腿外侧，指尖向前。左手向前推出，指尖与鼻尖同高，掌心向前，指尖向上。左臂自然伸直，肘微屈，目视左手（图14-31）。

图14-31　右搂膝拗步

（三）左搂膝拗步

【动作说明】

与右搂膝拗步动作说明相仿，唯左右方向相反（图14-32）。

图14-32　左搂膝拗步

五、手挥琵琶

【动作说明】

（1）右脚向前收拢半步，落于左脚后，与左脚相距约一脚长，脚尖点地。同时右臂稍向前伸，腕关节放松。

（2）上体右转，重心后移，右脚全脚掌着地。同时左手向左、向上划弧摆至体前，手臂自然伸直，掌心斜向下。右臂屈肘向左下方划弧，收至胸前，掌心斜向上。目视左手。

图14-33　手挥琵琶

（3）上体稍向左回转，左脚稍向前移，脚跟着地。同时两臂外旋，屈肘合抱，前后交错。左手与鼻相对，掌心向右。右手与左肘相对，掌心向左。目视左手（图14-33）。

六、左右倒卷肱

（一）右倒卷肱

【动作说明】

（1）上体稍右转。右手随转体向下经腰侧向后上方划弧至掌指与头同高，掌心翻转向上，右臂微屈。左手翻转，掌心向上停于体前。视线先随转体向右看，再转向前方看左手。

（2）上体稍左转，左脚提收经右腿内侧向后退一步，前脚掌轻轻着地。同时右臂屈肘，右手收至肩上耳侧，掌心斜向下方。左手翻转掌心向上。目视左手。

（3）上体继续左转，重心后移，左脚全脚掌着地。右脚以前脚掌为轴扭直，右腿微屈成右虚步。同时右掌推至体前，腕与肩同高，掌心向前。左手向后、向下收至左腰侧，掌心向上，目视右手（图14-34）。

图14-34　右倒卷肱

（二）左倒卷肱

【动作说明】

（1）上体稍左转。左手随转体向左后上方划弧，掌指与头同高，掌心向上，左臂微屈。右手外翻，掌心向上停于体前。视线先随转体向左看，再转向前方看右手。

（2）上体稍右转。右脚提收向后退一步，前脚掌轻轻着地。同时左臂屈肘，左手收至肩上耳侧，掌心斜向前下方。右手翻转掌心向上，目视右手。

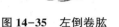

（3）上体继续右转，重心后移，右脚全脚掌着地。左膝微屈成左虚步。同时左掌推至体前，腕与肩同高，掌心向前。右手向后、向下划弧收至右腰侧，掌心向上。目视左手（图14-35）。

图14-35　左倒卷肱

（三）右倒卷肱

与（一）右倒卷肱动作说明相同。

（四）左倒卷肱

与（二）左倒卷肱动作说明相同。

七、左揽雀尾

【动作说明】

（1）上体微右转，同时右手由腰侧向右上方划弧至手与肩同高，掌心斜向上，右臂微屈。左臂自然置于体前，腕与肩同高，手心向下。目视左手。

（2）左脚收至右脚内侧，脚尖点地，同时右手屈臂置于右胸前，掌心翻转向下。左手划弧下落，屈肘置于腹前，掌心翻转向上，与右掌相对成抱球状。目视右手。

（3）上体微左转，左脚向左前方迈出一步，脚跟着地。同时两手开始前后分开。目视前方。

（4）上体继续左转，重心前移，左脚全脚掌着地，左腿屈膝成左弓步。左臂半屈于体前棚架，腕与肩同高，掌心向内。右手向下划弧按于右胯旁，指尖向前。目视左手。

（5）上体稍左转。左手向左前方伸出，掌心转向下，同时右臂外旋，右手经腹前向上、向前划弧至左前臂内侧，掌心向上。目视左手。

（6）上体右转，重心后移，右腿屈膝，左腿自然伸直。同时两手经腹前向下、向右后方划弧后捋。右手举至身体侧后方，与头同高，掌心向外。左臂平屈于胸前，掌心向内。头随体转，目视右手。

（7）上体左转，正对前方。同时右臂屈肘，右手收至胸前，搭于左腕内侧，掌心向前。左前臂仍屈收于胸前，掌心向内，指尖向右。目视前方。

（8）重心前移，左腿屈膝成左弓步。同时右手推送左前臂向体前挤出，与肩同高，两臂撑圆。目视前方。

（9）左手翻转向下，右手经左腕上方向前伸出，掌心向下。随后重心后移，右腿屈膝，左腿自然伸直，左脚尖翘起，同时两手左右分开与肩同宽，两臂屈收，两手后引，经胸前收至腹前，手心斜向下。目向前平视。

（10）重心前移，左脚全脚掌着地，左腿屈膝成左弓步。两手由腹前沿弧线推至体前，两腕与肩同高，两掌心向前，指尖向上。目视前方（图14-36）。

图14-36　左揽雀尾

八、右揽雀尾

【动作说明】

（1）重心后移，上体右转，左脚尖内扣。同时右手经头前划弧右摆，掌心向外，两手平举于身体两侧。目视右手。

（2）～（10）分别与左揽雀尾动作说明（2）～（10）相仿，唯左右方向相反（图14-37）。

图14-37　右揽雀尾

九、单　鞭

【动作说明】

（1）上体左转，重心左移，右脚尖内扣，左脚尖外展。同时左手经头前向左划弧摆至身体左侧，掌心向外。右手经腹前向左划弧摆至左肋前，掌心朝向腹部，视线随左手移动。

（2）上体右转，重心右移，右腿屈膝，左腿伸直。同时右手经头前向上、向右划弧，摆至右肩前，掌心向内。左手向下、向右划弧摆至腹前，掌心转向内，视线随右手移动。

（3）左脚收至右脚内侧，脚尖点地。同时右手伸向身体右前方，五指捏拢成勾手，勾尖向下，肘微屈，腕与肩平。左手向上划弧至右肩前，掌心向内。目视勾手。

（4）上体左转，左脚向左前方迈出1步，脚跟着地。同时左手经面前向左划弧，掌心向内。目视左手。

（5）上体继续左转，重心前移，左脚全脚掌着地，左腿屈膝成左弓步。同时左手经头前翻转向前推出，腕与肩平，左肘与左膝上下相对。右勾手举于右后方，腕与肩平。目视左手（图14-38）。

图14-38　单鞭

十、云　手

【动作说明】

（1）上体右转，重心后移。左脚尖内扣，右腿屈蹲。同时左手经腹前向下、向右划弧，摆至右肩前，掌心向内。右勾手松开变掌，掌心向外，指尖向上。目视右手。

（2）上体左转，重心左移。右脚向左并拢半步，脚尖向前。右脚落地时前脚掌先着地，随后过渡到全脚掌着地，两腿屈膝半蹲。同时左手经头前向上、向左划弧云转，掌心渐渐翻转向外，至身体左侧，与肩同高。右手经腹前向下、向左划弧云转，掌心渐渐翻转向内，至左肩前，视线随左手移动。

（3）上体右转，重心右移。左脚向左横跨一步，脚掌先着地，随后过渡到全脚掌，脚尖向前。同时右手经头前向右划弧云转，掌心逐渐翻转向外至身体右侧，与肩同高。左手经腹前向下、向右划弧云转，掌心逐渐翻转向内，至右肩前，视线随右手移动。

（4）与本动作说明（2）同。

（5）与本动作说明（3）同。

（6）与本动作说明（2）同（图14-39）。

图14-39　云手

十一、单　鞭

【动作说明】

（1）上体右转，重心移至右腿，左脚跟提起。同时右手经头前向右划弧，至右前方时掌心翻转成勾手。左手经腹前向下、向右划弧至右肩前，掌心转向内，目视勾手。

（2）与第九个单鞭动作说明中的完全相同。

（3）与第九个单鞭动作说明中的（5）完全相同（图14-40）。

图 14-40　单鞭

十二、高探马

【动作说明】

（1）右脚向前收拢半步，距左脚约一脚长，前脚掌着地。目视左手。

（2）上体稍右转。重心后移，右脚全脚掌着地，右膝弯曲，左脚脚尖点地。同时右勾手松开，两手翻转手心向上，两臂前后平举，肘关节微屈。目视左前方。

（3）上体左转，左脚向前移动成左虚步。同时右臂屈收经头右侧向前推出，腕与肩平，掌心向前。左臂屈收，左手收至腹前，掌心向上。目视右手（图 14-41）。

图 14-41　高探马

十三、右蹬脚

【动作说明】

（1）左脚提收至右踝内侧。同时右手稍向后收，左手经右手背向右前方穿出，两手交叉，腕关节相交，左掌心斜向上，右掌心斜向下。目视左手。

（2）上体左转。左脚向左前方迈 1 步，脚跟着地，脚尖略外撇。同时左手内旋，两手虎口相合举于头前，两掌心向外。目视前方。

（3）重心前移，左脚全脚掌着地，屈左膝，右腿自然蹬直。同时两手左右分开，掌心向外，两臂外撑。目视前方。

（4）右脚收至左脚内侧，脚尖点地。两手向腹前划弧相交合抱，右手在外，举至胸前。两掌心向内。目视右前方。

（5）左腿支撑，右腿屈膝上提，右脚脚尖上勾，脚跟用力慢慢向右前上方蹬出。左腿微屈，右腿伸直。两臂展于身体两侧，肘微屈，腕与肩平，两手心向外。右腿与右臂上下相对。目视右手（图 14-42）。

图 14-42　右蹬脚

十四、双峰贯耳

【动作说明】

（1）右腿屈膝收回，脚尖自然下垂。同时左手经头侧向体前划弧，与右手平行落于右膝上方，两掌心向上，指尖向前。目视前方。

（2）右脚向右前方上步，脚跟着地，脚尖斜向右前方。同时两手收至两腰侧，两掌心向上。

（3）重心前移，右脚全脚掌着地，右腿屈膝成右弓步。同时两手握拳经两侧向上、向前划弧摆至头前，两臂半屈成弧，两拳平行相对成钳形，与头同宽，两前臂内旋，两拳眼斜向下，目视前方（图14-43）。

图14-43 双峰贯耳

十五、转身左蹬脚

【动作说明】

（1）上体左转，重心后移。左腿屈膝，右腿伸直，脚尖内扣。同时两拳变掌，左手经头前向左划弧，两臂微屈举于身体两侧，两掌心向外。目视左手。重心右移，右腿屈膝，左脚收至右脚内侧，脚尖着地。同时两手向下划弧，于腹前交叉合抱，举至胸前，左手在外，两掌心向内。目视左前方。

（2）右腿支撑，提左膝，左脚脚尖上勾，脚跟用力向左前上方慢慢蹬出。同时两臂内旋，两掌心向外，左手向左前方，右手向右后方划弧分开，两臂微屈举于身体两侧。左腿蹬直，与左臂上下相对。目视左手（图14-44）。

图14-44 转身左蹬脚

十六、左下势独立

【动作说明】

（1）左腿屈膝收回至右踝内侧，脚尖向下。上体右转，右臂稍内合，右手捏成勾手，勾尖向下。同时左手经头前划弧摆至右肩前，掌心向右，指尖向上。目视右勾手。

（2）右腿屈膝半蹲，左脚前脚掌落地，沿地面向左伸出，随即全脚掌着地，左腿伸直。左手落于右肋前。目视勾手。

（3）右腿屈膝全蹲，上体左转成左仆步。同时左手经腹前沿左腿内侧向左穿出，掌心向前，指尖向左。目视左手。

（4）重心移至左腿，以左脚跟为轴，脚尖尽量外撇，左腿屈膝前弓。右脚尖内扣，右腿自然蹬直，上体微向左转并向前起身。同时左手继续前穿并向上举至体前，指尖向上。右勾手内旋，背于身后，勾尖向上。目视左手。

（5）上体左转，重心前移，右腿屈膝上提，左腿微屈支撑站立成左独立步。同时左手下落按于左胯旁，掌心向下。右勾手变掌，经体侧由后下方向前划弧，立掌前挑，掌心向左，与眼同高。右臂半屈成弧，肘关节与右膝上下相对。目视右手（图14-45）。

图14-45 左下势独立

十七、右下势独立

【动作说明】

（1）脚落于左脚右前方，前脚掌着地。上体以左脚前脚掌为轴向左转。同时左手变勾手提举于身体左前方，与肩同高。右手经头前向左划弧摆至左肩前，掌心向左。目视左勾手。

（2）左腿屈膝半蹲，右脚提起至左踝内侧，前脚掌落地，沿地面向右伸出，随即全脚掌着地，右腿伸直。右手落至左肋前，目视左勾手。

（3）（4）（5）分别与左下势独立动作说明（3）（4）（5）相仿，唯左右方向相反而已（图14-46）。

图14-46 右下势独立

十八、左右穿梭

（一）右穿梭

【动作说明】

（1）左脚向左前方落步，脚跟着地，脚尖外撇，上体左转，重心随转体落步前移。同时左手内旋，手心翻转向下。目视左手。

（2）上体继续左转，左脚全脚掌着地，右脚提收于左脚踝内侧。同时两手手心相对于左胸前成抱球状（左手上右手下）。目视左手。

（3）上体右转，右脚向右前方上步，脚跟着地。同时右手向右斜前方弧形摆起，左手下落至左腰间。目视右手。

（4）上体继续右转，重心前移，右脚全脚掌着地，右腿屈膝成右弓步。同时右手翻转上举，架于右额角前上方，掌心斜向上。左手推至体前，腕与肩平。目视左手（图14-47）。

图 14-47　右穿梭

（二）左穿梭

【动作说明】

（1）重心稍后移，右脚脚跟着地，脚尖外撇，上体右转。同时右手下落至头前，左手向左划弧，落至腹前。目视左手。

（2）（3）（4）分别与右穿梭动作说明中（2）（3）（4）相仿，唯左右方向相反（图14-48）。

图 14-48　左穿梭

十九、海底针

【动作说明】

（1）上体稍右转。右脚向前收拢半步，前脚掌落地，与左脚前后相距约一脚长。目视前方。

（2）上体右转，重心移至右腿，右脚全脚掌着地。右腿屈膝，左脚脚跟提起。同时右手下落经体侧屈臂向后、向上抽提至耳旁，掌心向左，指尖向前。左手向右划弧下落至腹前，掌心向下，指尖斜向右。目视前方。

（3）上体左转，稍向前倾。左脚稍前移，落地成左虚步。同时右手经耳侧斜向前下方插掌，掌心向左，指尖斜向下。左手经左膝前划弧搂过，按至右胯旁。目视右掌（图14-49）。

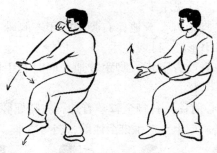

图14-49　海底针

二十、闪通臂

【动作说明】

（1）上体右转，恢复正直。右腿屈膝支撑站立，左脚回收到右脚内侧。同时右手上提至身前，指尖向前，掌心向左。左手屈臂收举，指尖贴于右腕内侧。目视前方。

（2）左脚向前上步，脚跟着地。两手内旋分开，两手心向前。目视前方。

（3）重心前移，左脚全脚掌着地，左腿屈膝成左弓步。同时左手推至体前，指尖与鼻尖对齐。右手撑于头部右上方，掌心斜向上，两手前后分展。目视左手（图14-50）。

图14-50　闪通臂

二十一、转身搬拦锤

【动作说明】

（1）重心后移，右腿屈膝，左脚尖内扣，身体右转。同时两手向右摆动，右手摆至身体右侧，左手摆至头前，两掌心向外。目视右手。

（2）重心左移，左腿屈膝，右脚以前脚掌为轴扭直。同时右手握拳向下、向左划弧收于腹前，拳心向下。左掌举于左额前上方。目向右平视。

（3）右脚提收至左脚踝内侧，随后向右前迈出，脚跟着地，脚尖外撇。同时右拳经胸前向前搬压，拳心向上，与胸同高。左手经右前臂外侧下落，按于左胯旁。目视右拳。

（4）上体右转，重心前移，左脚收于右脚内侧。同时右臂内旋，右拳向右划弧至体侧，拳心向下，右臂半屈。左臂外旋，左手经左侧向体前划弧。目视右拳。

（5）右腿屈膝，左脚向前上步，脚跟着地。同时左掌拦至体前，与肩同高，掌心向右，指尖斜向上。右拳翻转收至腰间，拳心向上。目视左掌。

（6）上体左转，重心前移，左脚全脚掌着地，左腿屈膝成左弓步。同时右拳自腰间向胸前打出，肘微屈，拳心向左，拳眼向上。左手微收，掌指附于右前臂内侧，掌心向右。目视右拳（图14-51）。

图14-51　转身搬拦锤

二十二、如封似闭

【动作说明】

（1）左手翻转，掌心向上，从右前臂下向前穿出。同时右拳变掌，也翻转向上。两手交叉伸举于体前，目视前方。

（2）右腿屈膝，重心后移，左脚尖翘起。同时两臂屈收，边分边内旋后引，两臂分开与肩同宽，两手收至胸前，掌心斜向下，目视前方。

（3）重心前移，左脚全脚掌着地，左腿屈膝成左弓步。同时两掌向下经腹前再向上、向前推出，腕与肩平，掌心向前，掌指向上。目视前方（图14-52）。

图14-52　如封似闭

二十三、十字手

【动作说明】

（1）上体右转，重心右移，右腿屈膝，左腿蹬伸，脚跟着地，脚尖内扣。同时右手向右摆至头前，目视右手。

（2）上体继续右转，右腿屈弓，脚尖外撇，左脚全脚掌着地，左腿自然伸直成右横挡步。同时右手继续向右划弧，摆至身体右侧，两臂平举于身体两侧，两掌心向外，指尖斜向上。目视右手。

（3）上体左转，重心左移，左腿屈弓，右腿自然伸直，脚尖内扣。同时两手下落划弧交搭于腹前，向上划弧抱于胸前，两掌心向上右手在下，左手在上目平视前方。

（4）上体转正，右脚向左收回，与左脚相距一肩宽，两脚平行向前。右脚前脚掌先着地，随后过渡到全脚掌，两腿慢慢直立，重心落于两脚间。同时两手交叉合抱成斜十字与肩同高，掌心向内。目向前平视（图14-53）。

图14-53　十字手

二十四、收势

【动作说明】两臂内旋，两手翻转手心向下，左右分开与肩同宽。随后两臂慢慢下落，垂于体侧。左脚轻轻提起，并拢于右脚内侧，脚掌先着地，随后过渡到全脚掌，成预备姿势，目视前方。

第五节　青年长拳

一、青年长拳的运动特点

青年拳是长拳套路，动作简单、明确、舒展、流畅，快速有力，灵活多变，蹿蹦跳跃，节奏鲜明，具有鲜明的攻防意识。

二、基本动作介绍

（一）基本手形和步形介绍和练习

1. 基本手形

拳：四指卷拢，拇指屈压于食指中节，掌面要平，任何四指不准凸出掌面（图14-54）。

掌：四指伸直并拢向后伸张，拇指一节屈拢于食指一侧（图14-55）。

勾：五指尖捏拢屈腕（图14-56）。

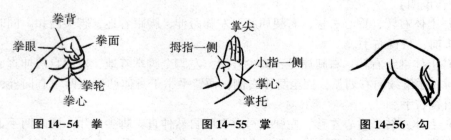

图14-54　拳　　　　　　图14-55　掌　　　　　　图14-56　勾

2. 基本步形

并步：两脚内侧靠近直立。

开立步：两脚左右平行站立和前后平行站立。

弓步：前腿屈膝半蹲，大腿接近水平，膝盖向前与脚尖垂直，后腿挺膝伸直，脚尖内扣两脚全掌着地（图14-57）。

马步：两脚平行开立大于肩宽，两腿屈膝半蹲，大腿屈平（图14-58）。

仆步：一腿全蹲，脚尖稍外展，另一腿伸直平铺地面，脚尖内扣，两脚全掌着地（图14-59）。

图14-57 弓步　　　　　图14-58 马步　　　　　图14-59 仆步

虚步：一腿屈膝半蹲，大腿近似水平，另一腿稍屈膝前伸，脚拇指虚点地面（图14-60）。

歇步：两脚前后交叉站立，屈膝全蹲，后腿膝盖前插与前腿膝窝小腿外侧贴紧，臀部坐于后腿脚跟处。前脚全掌着地，后脚前脚掌着地（图14-61）。

图14-60 虚步　　　　　图14-61 歇步

三、青年长拳动作

起　势

1. 提膝亮掌（图14-62）

（1）直立，两脚并拢，两臂体侧下垂，两手轻贴腿侧，微挺胸收腹，头部正直。目视前方。

（2）右掌由体侧上举，掌心向左；左掌提至腰间，掌心向上。

（3）右掌继续向左、向下、向右上绕环至上举亮掌。同时左掌在右臂内向上穿掌，向左绕环至下后勾手；在两臂依次绕环至亮掌、勾手时，提起左膝，转头目视左方。

图 14-62　提膝亮掌

2. 并步抱拳（图 14-63）

（1）左脚上 1 步，重心前移，右脚跟离地，同时右掌经后下划弧至胸前与左掌（左勾变掌）交叉，右掌在内，两掌心向外。

（2）右脚上 1 步，重心前移，左脚跟离地，两掌向上绕环至斜上举。

（3）左脚向右脚并拢直立。同时两臂经两侧下落，两掌握拳收抱腰间，转头目视左方。

图 14-63　并步抱拳

第一段（1~8 式）

1. 搂手弓步右冲拳

（1）向左转身 90°，左脚上步，同时左拳变掌向左搂手，目视左手。

（2）右腿蹬直成左弓步，左手握拳收抱腰间，拳心朝上；同时右拳从腰间向前冲出，拳与肩平，拳心向下（图 14-64）。

图 14-64　搂手弓步右冲拳

2. 搂手弓步左冲拳（图14-65）

（1）以左脚脚跟为轴脚尖向外转约45°，右脚前进1步，右拳变掌向右搂手。

（2）左腿蹬直成右弓步，右手握拳收抱腰间，同时左拳从腰间向前冲出，拳与肩平，拳心向下。目视前方。

图14-65　搂手弓步左冲拳

3. 弹腿右冲拳

右腿直立，左腿屈膝提起，当左脚过右腿后，脚面绷直，猛力向前弹踢。同时右拳从腰间向前冲出；拳与肩平，拳心向下；左拳收抱腰间。目视前方。

4. 弹腿左冲拳（图14-66）

左脚前落微屈站稳，弹踢右腿，脚与胯平；同时左拳从腰间向前冲出，拳与肩平，拳心向下；右拳收抱腰间，拳心向上。目视前方（图14-66）。

图14-66　弹腿左冲拳

5. 马步左架打

右脚落地，向左转身90°（图14-67），脚尖内扣成马步，同时左拳变掌架于头上方；右拳从腰间向右侧冲拳，拳与肩平，拳心向下。目视右前方。

图14-67　马步左架打

6. 马步右架打（图 14-68）

（1）以右脚跟为轴向右转身90°，两腿成叉步，同时右拳变掌架在额右前上方，左掌握拳收抱腰间，拳心向上。

（2）身体继续向右转身90°，左脚上升成马步，左掌向左侧冲出，拳与肩平，拳心向下。目视左方。

图 14-68

7. 勾手侧踹（图 14-69）

（1）向左转身90°，以左脚跟为轴脚尖外撇约45°，右手弧形向下落至左腕下，勾手向右后拉开，同时左拳变掌向左拉开架在左额前上方。目视右方。

（2）左腿微屈站稳，同时右脚向右侧踹，脚略高于胯，脚掌横平，上体略向左侧斜倾。目视右方，成侧踹亮掌姿势。

图 14-69　勾手侧踹

8. 弓步架打（图 14-70）

右脚落地成弓步，右勾手变掌向右前上方横架；同时，左掌握拳经腰间猛力向前冲出，拳与肩平，拳心向下。目视前方。

图 14-70　弓步架打

第二段（9~16 式）

9. 提膝穿掌（图 14-71）

（1）右掌向前下横盖，掌与肩平，掌心向下，同时左拳收抱腰间，拳心向上。

（2）左拳变掌由左经上向前下横盖掌。掌与肩平，掌心向下，同时右掌握拳收抱腰间，拳心向上。

（3）右脚尖内扣向左转身 90°。同时，右拳变掌经左腕上穿出，掌指与头平，掌心向上；左掌收至右腋下，掌心向下；左膝提起，小腿扣紧，脚面绷直，右腿直立站稳。目视右掌。

图 14-71　提膝穿掌

10. 仆步穿掌，提膝挑掌（图 14-72）

（1）右腿全蹲，左腿向左伸直成仆步，同时左掌经左腿前向下穿出脚面，右臂保持不动，掌心略转向前；上体随左穿掌略向左前倾。目视左掌。

（2）屈左腿成左弓步，右掌握拳收抱腰间，左腿蹬地提膝，小腿内扣，脚面绷直，右腿挺膝直立，同时左掌从左下向上挑掌，掌与肩平。目视左掌。

图 14-72　仆步穿掌，提膝挑掌

11. 虚步右格拳（图 14-73）

（1）左脚落地脚尖外撇，左掌搂手。

（2）上动不停，向左转身 90°，左掌握拳收抱腰间，拳心向上。同时右脚向前半步脚尖点地成右虚步，右臂屈肘向左格挡，拳与鼻齐，拳心向内。目视右拳。

图 14-73　虚步右格拳

12. 弓马步连环冲拳 （图 14-74）

（1）右脚向前半步成弓步，右拳收抱腰间，拳心向上，同时左拳向前冲离，拳与肩平，拳心向下，成右弓步左冲拳姿势。

（2）右脚内扣，左脚掌碾地向左转身 90°成马步，迅即向右冲右拳，拳与肩平，拳心向下。同时，左拳收抱腰间，拳心向上。目视右拳。

图 14-74　弓马步连环冲拳

13. 虚步左格拳 （图 14-75）

以右脚脚跟为轴脚尖外撇向右转身 90°；右拳收抱腰间，拳心向上。右脚向前半步，脚尖点地成左虚步，同时左臂屈肘向右格挡，拳与鼻齐，拳心向内。目视左拳。

图 14-75　虚步左格拳

14. 弓马步连环冲拳 （图 14-76）

（1）左脚向前半步成左弓步，同时向前冲右拳，拳与肩平，拳心向下；左拳同时收抱腰间，拳心向上。目视右拳。

（2）左脚跟、右脚掌碾地，向右转身 90 度成马步，迅即向左侧冲左掌，拳与肩平，拳心向下。同时，右拳收抱腰间，拳心向上。目视左拳。

图 14-76　弓马步连环冲拳

15. 勾手勾踢 （图 14-77）

向左转身 180°（以左脚跟、右脚掌为轴），同时，右拳变掌由后经上向前，向后拉成勾手；左拳变掌同时向下、向左至左额上方；亮掌左腿微屈站立，然后脚跟虚点地面。右脚跟擦地向左前勾踢（脚高不过膝）。目视右方。

图 14-77　勾手勾踢

16. 小缠震脚，马步冲拳（图 14-78）

（1）左手搭扣右手腕，右勾手变掌，两臂微屈肘于胸前，右脚收回至左脚前。

（2）上动不停，向右转体 90°，右手做小缠动作（右手立掌向外旋，至掌心翻转向上，握拳），迅即收抱腰间（左手仍扣紧右手腕），拳心向上。右脚全掌落地震踏（左脚提起，脚背贴附右小腿后）。

（3）左脚侧出一步成马步，同时向左侧冲左拳，拳心向下。目视左拳。

1　　　　　　　2　　　　　　　3

图 14-78　小缠震脚，马步冲拳

第三段（17-24 式）

17. 弓步右击掌（图 14-79）

左脚后撤一步向左转身 90° 成右弓步，左拳收抱腰间，同时右拳变掌在左臂下向前击掌，掌与肩平。目视右掌。

图 14-79　弓步右击掌

18. 弓步左击掌（图 14-80）

右脚后退一步向右转身 90° 成左弓步，右掌握拳收抱腰间，拳心向上，同时左拳变掌在右臂下向前击掌，立掌与肩平。目视左掌。

图 14-80　弓步左击掌

19. 马步右格勾 （图 14-81）

（1）左脚后退一步，向左转身 180° 成半马步，同时右拳变掌向左格档，臂微屈，掌心向上；左拳收抱腰间，拳心向上。

（2）上动不停，右脚内扣，两腿屈膝成马步；右掌迅速向右下勾搂成勾手，勾与胯平。同时左拳变掌由侧向上亮掌。目视右勾手。

图 14-81　马步右格勾

20. 马步左格勾 （图 14-82）

（1）右脚后退一步，向右转身 180° 成半马步；同时，左掌向右格挡，掌与肩平，掌心向上；右拳收抱腰间，拳心向上。

（2）上动不停，左脚内扣，两腿半蹲成马步，左掌迅即向左下勾搂；右拳变掌由侧向上亮掌。目视左勾手。

图 14-82　马步左格勾

21. 弓步右冲拳 （图 14-83）

左勾手握拳收抱腰间，同时向左转身 90° 右腿蹬直成左弓步；右掌握拳经腰侧向前冲出，拳与肩平，拳心向下。目视右拳。

图 14-83　弓步右冲拳

22. 勾手退步砍掌（图 14-84）

（1）右拳变勾屈臂向内勾楼。

（2）上动不停，左脚后撤一步成右弓步，同时左变掌由后划弧向前砍掌，掌与肩平，掌心向上，右勾手握拳收抱腰间。目视左掌。

图 14-84　勾手退步砍掌

23. 勾手提膝亮掌（图 14-85）

（1）左手屈臂向内勾搂，同时左脚后撤一步。

（2）上动不停，左手再以肩为轴向内绕环一周，向左后拉开成勾手。同时左腿提膝，右腿直立；右拳变掌由侧向上，于右额上方抖腕亮掌成提膝亮掌姿势。目视右方。

图 14-85　勾手提膝亮掌

24. 弓步冲拳虚步挑掌（图 14-86）

（1）左脚向左侧落步成左弓步，同时右手握拳经腰间内前冲出，拳与肩平，拳心向下，左勾手握拳收抱腰间。

（2）重心后移、右腿屈膝半蹲，左脚趁势后移半步，脚尖点地成左虚步。同时，右拳收抱腰间，左拳变掌经右臂下向前格挑，立掌与肩平。目视前方。

图 14-86　弓步冲拳虚步挑掌

第四段（25-36 式）

25. 托掌震脚，弓步双推掌（图 14-87）

（1）重心前移，右拳变掌前伸与左掌并齐，向上托掌，掌与下颌相平，掌心向上。

（2）上动稍顿，右脚前抬至左脚旁，迅即全脚掌猛力震脚下踏，同时左脚跟离地贴于右脚旁，成丁步；两掌下压至两腿侧，掌心向上。

（3）左脚上一步成左弓步，两掌由腰间向前推出，立掌与肩平。目视两掌。

图 14-87　托掌震脚，弓步双推掌

26. 双勾弹踢（图 14-88）

两臂向下，向后摆成双勾手，左腿微屈站稳。同时，右脚向前弹踢，脚与胯平。目视前方。

图 14-88　双勾弹踢

27. 跃步箭弹（图 14-89）

（1）右脚向前落地，同时左脚随即向前摆起，右脚继续猛力蹬地向前上跳起腾空，同时两勾变掌由后向前、向上至两侧平举成勾手，两勾与头顶相平，勾尖向下。

（2）上动不停，身体腾空刹那间，右脚用力向前箭弹，脚略高于胯。

图 14-89 跃步箭弹

28. 歇步亮掌（图 14-90）

（1）左、右脚先后落地向左转身 90°成右弓。同时，右勾变掌，向前上挥摆，掌心向上，左勾变掌收抱腰间，掌心向上。

（2）上动不停，左脚随即向右脚后插步下蹲成歇步，同时，右掌由右向左，向下绕环至身后成勾手，左掌由身侧划弧至左额上方抖腕亮掌。目视右方。

图 14-90 歇步亮掌

29. 转身正踢腿（图 14-91）

（1）两臂不动，随身体逐渐起转 270°，成左脚在前的两腿前后站立姿势。

（2）随即，以肩为轴，两臂依次向前绕环一周，右勾在臂前绕中先变掌，绕至下方再变勾手，左手绕至头上方亮掌。同时，右腿伸直勾脚尖向前额摆踢。目视前方。

图 14-91 转身正踢腿

30. 左、右斜拍脚（图 14-92）

（1）右脚向前落地，重心前移。左掌握拳收抱腰间，右勾变掌由后向前摆至右肩上方，臂微屈。

（2）左腿伸直向上摆踢，脚面绷平。同时，右掌击拍左脚面。目视右手。

（3）左脚向前落地，重心前移，右掌变拳收抱腰间。左拳变掌由腰间向后、向上摆至左肩上方，臂微屈。

（4）右腿伸直向上摆踢，脚面绷平，同时左掌击拍右脚面。目视左手。

图 14-92　左、右斜拍脚

31. 腾空飞脚（图 14-93）

（1）上动不停，右脚向前落步。

（2）上动不停，左腿向前，向上屈膝摆动，右脚蹬地向上跃起，使身体腾空，同时右拳变掌由腰间向上摆起，以手背迎击左手掌。

（3）上动不停，在空中右腿向前上方弹踢，脚尖绷直，右手迅速向下击拍右脚面作响。同时左腿屈膝脚尖朝下。左手在右手拍脚的同时摆至左侧方，掌与头平，掌心朝下。目视前方。

图 14-93　：腾空飞脚

32. 弓步击掌（图 14-94）

左右脚依次落地成右弓步。左掌握拳收抱腰间，右掌经腰间向前击掌。目视右掌。

图 14-94　弓步击掌

收　势

1. 前点步格拳（图 14-95）

右腿直立支撑，向左转身90°，左脚向右脚前移半步，腿伸直，脚尖虚点地成前点步姿势。同时右掌握拳，屈臂向胸前内格，拳心向内，拳与眉齐。同时，转头目视左前方。

图 14-95　前点步格拳

2. 并步格拳（图 14-96）

（1）左脚后退一步，两拳变掌并齐向前穿掌，掌心向上与肩平。目视两掌。

（2）右脚后退一步，两掌向下向后绕环弹腿至斜上举。

（3）左脚收回与右脚并拢，两掌不停由上向下按掌于体侧。同时，转头目视左方看。

（4）还原，直立。

图 14-96　并步格拳

2. 展体浮体练习

　　原地站立深吸气后，身体前倒入水，闭气，抱膝，团身低头。等背部浮出水面后，伸直臂和腿，成俯卧姿势漂浮于水中（图15-3）。站立时，收腹、收腿，两臂向下压水，然后抬头，同时两腿伸直脚触池底站立。

图 15-3　展体浮体练习

3. 滑行练习

　　滑行训练是熟悉水性阶段的重点内容，可使初学者掌握在漂浮状态下维持身体平衡的能力，体会游泳的基本身体滑行姿势。滑行练习的方法主要有蹬池壁练习滑行和蹬池底练习滑行。

　　滑行和简单的游泳动作的练习方法如下。

　　（1）蹬池底滑行与站立：两脚前后并立，两臂前伸，两手并拢，深吸一口气后身体前倾，两脚微蹬。当头和肩浸入水中时，前脚掌用力蹬池底，随后两腿并拢，使身体成流线型向前滑行。站立时，收腹，收腿，抬头，同时两臂下压，两腿下沉伸直，脚触底后站立（图15-4）。

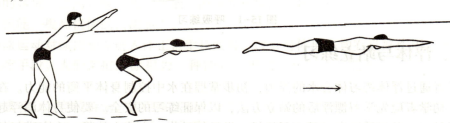

图 15-4　蹬池底滑行

　　（2）蹬壁滑行与站立：一手拉住池槽，一臂前伸，然后收腹屈腿，两腿蹬池壁，使上体前倾，平浮于水。做好准备姿势后，吸一口气低头，随即放下拉槽的手，两臂并向前伸，头夹于两臂之间，同时两脚用力蹬壁，使身体成流线型向前滑行，站立时方法同上（图15-5）。

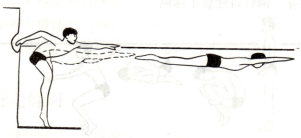

图 15-5　蹬壁滑行

（3）蹬壁或蹬底的仰卧滑行：两手拉住水槽于体前，两脚蹬池壁或蹬底，然后放手，同时两脚用力蹬壁，使身体后仰卧。滑行站立时，双手从后向前泼水，然后收腹、收腿，上体向前倾，两脚触底后站立。

（4）滑行打水：俯卧或仰卧滑行（动作与前面相同）。滑行后，两脚做上下自然的打水动作，使身体向前游进。

第二节　游泳基本技术

竞技游泳的姿势可分为自由泳、仰泳、蛙泳和蝶泳 4 种。下面主要介绍蛙泳和自由泳的技术。

一、蛙　泳

（一）蛙泳动作要领

游蛙泳时，身体水平俯卧于水中，两臂向前伸直并拢，两腿自然向后伸直并拢，同时上体稍挺起，头略抬，使身体和前进方向成 5°～10°角。这种流线形的姿势，既能减少前进的阻力，又可以充分发挥手、臂、腿的作用，加快游速（图 15-6）。

图 15-6　蛙泳动作

（二）腿部动作

腿部蹬水动作是蛙泳推动身体前进和加强游速的主要动力。蛙泳腿部动作可分为滑行、收腿、翻脚和蹬水 4 个动作阶段。

（1）收腿：收腿是翻脚、蹬腿的准备动作。腿部肌肉略为放松，开始收腿的同时屈膝屈髋，两腿一边向前收，一边慢慢地分开膝和踝，小腿和脚应跟在大腿的后面。收腿时两腿的动作放松、自然，力量要小；收腿结束后，大腿与躯干之间成 130°～140°角，膝关节折紧，脚后跟靠近臀部，小腿基本上与水面垂直，两膝与肩同宽（图 15-7）。

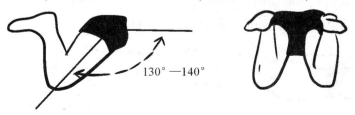

图 15-7　腿部动作

（2）翻脚：翻脚动作的目的在于使腿在蹬夹时有一个良好的对水面，是收腿的结束动作和蹬腿的开始动作。翻脚时膝关节稍内扣、勾脚尖，膝关节和踝关节向外转动，使脚内侧和小腿内侧向后对准蹬水方向；翻脚动作结束后，两脚之间的距离略大于两膝之间的距离，脚底向上。整个翻脚的动作是由内收腿、压膝、翻脚 3 个连贯动作组成。

（3）蹬夹水：蹬腿动作是推动身体前进的重要动力来源，包括了蹬水和夹水，即在向后蹬水的同时向内夹水，使脚的运动路线呈弧线。蹬腿时正确的伸展顺序是先伸髋关节，后伸膝关节，最后伸踝关节，直至两腿伸直并拢。动作应由慢到快地加速进行，形成鞭状蹬水动作。蹬腿结束后，两腿应伸直并拢。

（4）滑行：是蛙泳的开始姿势，当身体借助惯性力高速向前滑行时，两腿并拢向后伸直，身体成水平姿势，下肢放松，只靠腿部肌肉的适当收缩，把脚跟稍稍提向水面，为收腿做好准备。

（三）臂部动作

蛙泳手臂的动作是推动身体前进的重要因素，现代蛙泳尤其重视发挥手臂划水的作用。蛙泳的划水路线从水下看，像一个"倒心"形（图 15-8）。

图 15-8　臂部动作

划水可根据划水过程中用力方向的变化，分为外划、下划、内划和伸臂 4 个阶段。为了形象地描述划水技术，我们沿用传统的划分方法，分为滑行、抓水、划水、收手和伸臂 5 个连续的动作。

（1）滑行：伸臂结束后，身体向前滑行，这时两臂向前伸直，手指并拢，掌心向下，两手尽量接近水面，整个身体成流线型（图 15-9）。

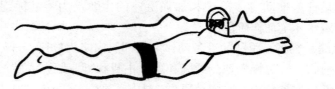

图 15-9　滑行

（2）抓水：两肩和手臂前伸，手腕向前、向外、向下方勾手，应感觉到水对前臂和手掌的压力。抓水结束时，两臂分开约成 45°角（图 15-10）。

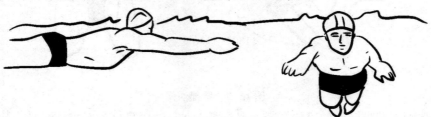

图 15-10　抓水

（3）划水：抓水划水是产生推进力的主要部分。划水开始时，两手继续外分，手臂向外旋转部分，两臂同时向外，同时屈肘、屈腕，保持高肘划水。划水向前向下和向后运动，而后两臂同时向内、向下、向后运动。应加速并始终保持高肘姿势完成划水的整个过程，肘关节弯曲的角度随划水的进行不断减小，到划水即将结束时，肘关节弯曲约90°，手位于肩的前下（图15-11）。

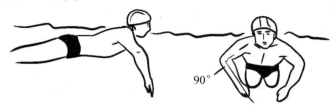

图 15-11　划水

（4）收手：也有人认为收手是划水的后半段，因为它能产生一定的力量。划水结束后，手臂向外旋转，手同时向内、向上和向前快速运动，开始收手过程。收手时，两掌心相对。收手结束时，肘的位置低于手，肘关节弯曲成较小的锐角。

（5）伸臂：收手后继续推肘伸臂。推肘不是先伸肘关节，而是伸肩关节的同时伸肘关节。两手先向上，再向前伸。两臂伸直后即恢复成滑行姿势，伸臂时不能有停顿的动作。

（四）呼吸和与手臂的配合

练习者一般采用划臂一次，呼吸一次的配合。蛙泳的呼吸是用口吸气，用口或口和鼻呼气，呼吸与手臂的配合技术有早吸气和晚吸气两种方式。

早吸气时间相对较长。开始划水时抬头吸气，这种配合易于掌握，可以利用划水时的下划力产生向上的力，有助于上身浮起。早吸气技术适合初学蛙泳的人。

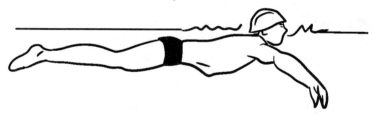

图 15-12　呼吸

晚吸气是指在手臂开始划水结束收腿时吸气，吸气时间较短，移臂时低头呼气，伸臂时头入水中。这种技术要求有强有力的手臂划水动作，它是通过手臂动作使头和肩升至最高点时吸气，没有明显的抬头和前伸下沉的动作（图15-12）。游泳运动员都采用晚吸气技术。

（五）臂与腿的配合

练习者一般采用1：1的配合，即打腿一次、划臂一次。

蛙泳中臂和腿的配合是一种交替进行，稍有重叠的技术。两臂外划和下划时，两腿保持稍紧张的伸直姿势；两臂内划时，两腿放松，两膝下沉，开始收腿；两臂开始前伸时，迅速完成收腿并做好翻脚动作；两臂接近伸直时，开始向后快速蹬腿；蹬腿结束后，全身伸直成良好的流线型向前滑行。

（六）腿、臂、呼吸完整配合动作

蛙泳臂、腿、呼吸的配合多采用1：1：1的配合方式，即在一个完整的动作周期中，手臂划水一次、蹬腿一次、呼吸一次。

二、蛙泳的练习方法

（一）腿部动作的要求

两腿并拢伸直，大腿带动小腿向前收，边收边分。当大腿与躯干成 130°~140° 角时，两膝与肩同宽。两脚紧靠臀部时，两脚勾脚外翻，脚和小腿内侧对准后方，大腿发力，小腿和脚向后做弧形蹬夹水。蹬夹动作同时结束，两脚并拢伸直成流线型向前滑行。

（二）腿部动作的练习方法

（1）坐在凳上或池边上，上体稍后仰，两手撑在体后，两腿伸直并拢，髋关节展开，做蛙泳腿的收腿、翻腿、蹬夹水和停止动作。练习时，先分解做，再连贯做。要求：收腿时大腿带动小腿，边收边分；翻脚时脚翻向蹬水方向，膝稍内压。重点体会蹬夹水的路线及动作的节奏（图 15-13）。

（2）俯卧在凳子上做收、翻、蹬夹、停的动作。先做分解动作，再做连贯的完整动作。要边想边做，开始可以由同伴帮助体会和纠正动作。重点体会翻脚和蹬夹水的路线及动作的节奏。

（3）两人一组，同伴两手托住练习者腹部使其身体浮起平卧于水中，髋关节展开，两腿放体后伸并拢，然后做收、翻、蹬夹和停的蛙泳腿动作。先分解做，然后连贯做。要求：腰腹部肌肉稍紧张，臀部靠近水面，防止塌腰、挺腹、臀下沉。收腿时要放松慢收，小腿和脚在大腿投影之内；脚心朝天；几次后做弧形蹬夹水时要连贯，两脚上浮后再做一个收腿动作。

（4）扶池槽俯卧做蹬夹水动作练习。

（5）由同伴拉着前伸的手，牵引着做腿部蹬夹水练习。

（6）自己蹬池壁滑行后，做腿部蹬夹水练习。

图 15-13　水中原地站立划水

（三）手臂动作的练习方法

（1）原地站立，上体前屈，两臂前伸，掌心向下，做蛙泳划水动作。

（2）在水中原地站立，上体前屈成水平姿势。然后两掌心向下前伸于水中，做划水、收手、前伸的动作（图 15-13）。

（3）在水中上体前倾，走动中做两臂划水、收手和前伸的连贯动作。

（4）由同伴托扶腰腹，使身体成水平姿势，在水中做手臂的划、收伸动作。

（5）自己蹬池壁，在滑行中做双臂的划水连贯动作。

（四）蛙泳的呼吸练习方法

（1）在水中原地站立，上体前倾，头没入水中，两臂在水中伸直；当两臂向左右分开时，即抬头呼吸，随之划水低头（图 15-14）。

图 15-14　站立呼吸　　　　　　　图 15-15　起动呼吸

（2）在水中练习走动的呼吸动作。练习者由保护人帮助夹抱着双腿，使身体俯卧于水面，然后听保护人的口令做吐气、吸气的呼吸练习（图 15-15）。

三、自由泳

（一）自由泳动作要领

1. 身体姿势

游自由游时，身体平直地俯卧在水中，身体的纵轴与水平面保持 3°～5° 角，微微抬起。这种平直的姿势能缩小前进时的截面，有助于减少阻力，颈部自然后屈与水平面成 20°～30° 角，两眼注视前下方。两臂轮换前伸向后划水，两腿上下交替打水。身体保持平直，既不要收腹提臀，也不要挺胸塌腰，但在游进中身体可以绕身体纵轴节奏转动，这种转动一般在 35°～45° 角（图 15-16）。

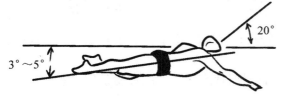

图 15-16　爬泳

2. 腿部动作

自由游打腿的目的主要是使身体保持平衡，有利于划水。自由游泳的打腿是两腿不停地上下交替摆动。向下时，腿自然伸直，由髋关节发力，大腿带动小腿；打水的幅度要求两腿间差距一般 30～45 厘米。向下打水时动作要快而有力，向上提腿时应放轻松些。在向下打水时由于惯性的作用，小腿和大腿仍继续向上移动，而使膝关节有些弯曲，弯曲程度一般在 140°～160° 角。在打水时脚尖自然伸直，在向下打水时两腿应自然向里转一些（图 15-17）。

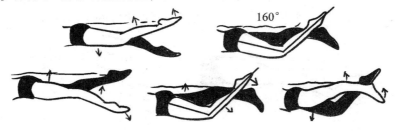

图 15-17　爬泳打腿

3. 臂部动作

自由游的手臂动作是产生推进力的主要动力。整个手臂动作可分为入水、抱水、划水、出水和空中移臂 5 个不可分割的部分。但是它们之间并没有明显的界限，而是一个完整的动作。

（1）入水：在完成空中移臂后，手应向前，自然放松地入水。入水点一般在身体纵轴和肩关节的前方延长线之间。入水时，手指自然伸直并拢，通过臂内旋使肘关节抬高弯成 130°～150°角，使肘关节处于最高点，掌心斜向外下方。这种姿势阻力较小（图 15-18）。

（2）抱水：手臂入水后，手掌从外斜方转向斜内后方，并开始屈腕、屈肘，并保持高抬肘姿态势。抱水时，上臂和水平面约为 30°，前臂与水平面约为 60°，手掌接近垂直对水，肘关节屈成约 150°，整个手臂如同抱个球。

图 15-18　入水

（3）划水：划水是整个臂部动作产生推动力的主要环节。在抱水的基础上，划水时臂与水平面成 35°～45°角。开始划水时，屈肘为 90°～120°角。前臂迅速向后推水至侧腿旁，结束划水。在划水过程中手掌微凹（图 15-19）。

（4）出水：划水结束后，手臂借助推水后的速度惯性，利用肩三角肌、肩带肌的收缩及身体沿纵轴的转动，将肘部向上方提起，并迅速将臂部提出水面，这时臂部和手腕应柔和放松。

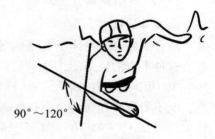

90°～120°

图 15-19　划水

（5）空中移臂：是臂部在划水周期中的休息放松阶段。移臂时，肘稍屈，保持其比肩和手部都要高的位置。

两臂配合：爬泳时两臂是否协调配合，是前进时速度均匀性的重要条件。通常有 3 种方法可使两臂配合。

①前交叉：是指一臂入水时，另一臂处在滑下阶段（图 15-20）。

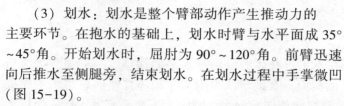

图 15-20　前交叉

②中交叉：是指一臂入水时，另一臂已经进入划水阶段的中间部分（图 15-21）。

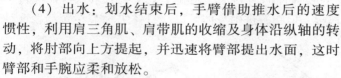

图 15-21　中交叉

③后交叉：是指一臂入水时，另一臂已经进入划水阶段的后半部分（图15-22）。

4. 呼吸与臂部动作的配合

自由游的呼吸是利用头向左侧或右侧的转动，用嘴进行的呼吸。以向右呼吸为例：右手入水以后，嘴和鼻开始慢慢地呼吸，划臂划至肩下，向右侧转头，呼气量开始增加；当右臂推水时，呼气

图15-22　后交叉

量进一步加大。右臂出水时，马上张嘴吸气。移臂到一半时，呼气结束，并开始转头复原。此时，再闭气，继续转头和移臂，脸部转向前下方。头部姿势稳定时，右臂再入水，开始下一次呼吸。如此反复循环进行呼吸。

5. 呼吸和完整动作的配合

自由游腿、臂、呼吸的配合动作，一般采用两臂各划水一次，呼吸一次和两腿打水6次的配合方法。为了充分发挥手臂作用，提高游进速度，也可采用两臂各划一次水，呼吸一次和打腿4次的配合方法。

（二）自由泳练习方法

1. 腿部动作练习方法

（1）坐在池边，两脚放入水中打水，两手后撑，两腿伸直，脚尖相对，脚跟分开成八字形。以髋关节为轴，大腿带动小腿，腿上下交替做打水动作（图15-23）。

图15-23　腿部动作练习

（2）俯卧在池边，两腿自然并拢伸直，做上下打腿动作。

（3）扶池槽打水：俯卧水面，抓住水槽，可采用快速打水或慢速打水的方法。打水时，脚不要出水面。

（4）手扶浮板或救生圈做腿部打水练习。

（5）脚蹬池壁滑行做腿部打水练习。

2. 臂部动作练习方法

（1）站立在水中，上体前倾，做手臂的划水练习（图15-24）。

（2）上体前倾入水，在水中走动，做臂部划水动作练习。

（3）由同伴扶住双脚，身体俯卧在水中，练习手臂划水动作。

（4）自己蹬池壁滑行后，做手臂划水的练习。

3. 呼吸动作练习方法

（1）站立在水中，身体前屈，脸部入水，

图15-24　臂部动作练习

在水中做呼气动作。转头时，用力吐气；吸气时，下颌靠近肩。闭气还原。

（2）站立在水中，上体前屈成水平姿势，头部放在水里。开始时，可以练习一臂划水与呼吸的配合；再练习两臂同时划水与呼吸的配合；也可以模仿向前游泳的姿势，两脚向前走动进行练习。

（3）练习者双脚由同伴扶住身体俯卧在水中，做呼吸与两臂配合的动作。

4. 自由泳完整技术配合

（1）滑行打腿，一臂前伸，一臂划水。划时不要太快，但划水路线要长，以推水为主。

（2）滑行打腿，两臂分解配合。

（3）滑行打腿，两臂轮流划水，做前交叉配合。

（4）臂与呼吸配合，滑行腿，单臂划水，向同侧转头呼吸。掌握后再做两侧呼吸。

（5）完整配合。距离可以逐渐加长，在长游中改进和提高技术水平（图15-25）。

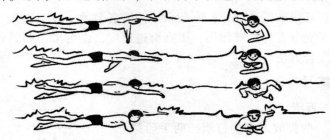

图15-25　滑行打腿

第三节　游泳安全与救护

一、游泳安全知识

游泳是一项深受人们喜爱的体育活动，也是高等院校学生的一门重要技术技能课程。到游泳池游泳或上课都必须十分注意安全，自觉遵守游泳安全和卫生守则，防止发生意外事故和传染疾病发生。

（一）加强安全意识

游泳教师在每次上课时都要强调安全问题，并且在备课时要充分准备安全教育内容和安全措施，学生必须切实遵守安全规定。游泳场（馆）必须加强安全管理，按规定配备合格的救生员和救生器材，认真制定安全制度并严格执行。

游泳活动最好有组织地进行，或三五结伴前往，不要独自行动，尤其是在天然水域更不能独自游泳。在游泳时要互相关心、互相照顾，同去同回，中间离开时应有所交代。上游泳课时，教师需严密组织和观察，经常检查人数，措施要落实。

（二）选择安全的游泳场所

尽量选择人工游泳场馆，人工游泳场馆的管理比较规范，池水经常消毒、排污和过滤，清晰度较高，深水和浅水有明显标志。

（三）游泳前严格体检

游泳前进行身体检查，主要是防止患病者游泳时发生事故，同时也避免疾病相互传染。凡患有心脏病、高血压病、癫痫病、活动性肺结核病、传染性肝炎、皮肤病、红眼病、精神病、中耳炎、发烧、开放性创伤，都不宜游泳。女生月经期游泳要采取卫生措施，未采取措施不宜下水。

（四）饮酒、饱食后或饥饿、过度疲劳时不能游泳

酒后游泳容易发生溺水事故。饱食后游泳会减少消化器官的血液供应，使消化器官功能降低，影响食物的消化和吸收。另外，由于水的温度和压力会使胃肠的蠕动功能受到影响，容易引起胃痉挛，出现胃痛或呕吐。因此，饭后一般需相隔半小时到1小时后再下水。饥饿时游泳也不好，因为空腹时人体血糖含量下降，游泳时容易发生头晕或四肢无力现象，甚至有昏厥的可能。在剧烈运动或大强度体力劳动后，身体已经感觉疲劳，肌肉的收缩及反应减弱，动作不易协调，如果马上游泳就会造成疲劳的积累，容易引起抽筋，发生溺水事故。

（五）游泳前要做好准备活动

准备活动可提高神经系统的兴奋性，增强心血管系统和呼吸系统的功能，加快血液循环和新陈代谢，可使肌肉的力量和弹性增强，身体各关节的活动范围相应加大，灵活性也有所提高。这些变化，有利于身体更好、更快地适应游泳运动的需要，同时，对防止抽筋、拉伤也有积极的作用。

准备活动一般以做操、陆地模仿、跑步及拉长肌肉和韧带的练习为好。特别要活动颈、腰、髋、膝、踝、腕各部位关节。

（六）量力而行不逞能

游泳时，初学者应在浅水区域活动。已会游泳者也要量力而行，不要好胜逞能，应合理安排运动量。当自感身体有异常反应，如头晕、胃痛、恶心或呕吐时应立即上岸休息，恢复后再下水。

游泳时要避免一切危险动作，如在浅水区跳水、相互打闹、过长时间地憋气潜泳、在湿滑的池边奔跑追逐等，均应避免。

（七）自救和呼救

游泳时，如遇抽筋，应保持冷静，不要慌张，应立即上岸或在水中自我解救抽筋部位。与此同时，也要呼救，以求周围的人及时来帮助、救护。如发现他人抽筋或溺水，应迅速呼喊，有能力者马上对其进行救护。

（八）遵守公共卫生，文明游泳

游泳时应讲文明，不要穿内衣下水，不宜穿白色、浅黄色等浅色泳装游泳。自觉遵守公共卫生，不向水中吐痰、便溺和抛弃杂物，以免污染水质，损害自身和他人的健康。

二、水上救护

（一）观察与判断

水上救护中的两个主要环节——"看水"和"现场急救"。所谓看水，即观察水面情

况，分析事故性质，判断营救措施。

1. 溺水事故的成因

游泳时，游泳者因以下原因，往往导致溺水事故。

（1）技术因素：指不会游泳或刚学会但技术掌握尚不熟练，以致在体力不支、水情变化或受人冲撞等情况下，导致溺水。

（2）生理、病理因素：指患有不宜游泳的疾病（心脏病等）和在饥饿、过饱、过冷、过度疲劳等情况下游泳，从而引起病理性并发症和生理性低血糖、中暑、抽搐症等导致溺水。

（3）环境因素：指对游泳场所的情况不清楚（如水深、水底和天然游泳场的水流、水草、旋涡等），盲目游泳而导致溺水。

（4）伤害因素：指违反游泳场所对游泳者的规定（如浅水区不准跳水、深水区定向游）以及江河中撞鱼、船、物致伤而导致溺水。

（5）缺乏知识因素：指对安全和救生知识不了解（如抽筋、呛水等常规知识）而导致溺水。

（6）心理因素：指怕水、心情紧张，若稍有意外，就惊慌失措而导致溺水。

（7）组织管理因素：指游泳场所的组织管理不当（如体检、救生力量配备、场地管理中的防范措施等不合规定）而导致溺水。

2. 观察方法（在游泳池）

观察的任务是贯彻"立足于防"，要有"不怕一万，就怕万一"的责任感。观察的一般方法如下。

（1）救生人员必须思想高度集中，认真负责地、不间断地扫视（或环视）水域。必须定人、定点划分观察区域，做到突出重点（主责区）、照顾全面（交叉观察，互相补漏）。

（2）观察方法上（在扫视水域时）必须掌握"池面与池底、池面与岸边、点与面"3个结合。

（3）观察时，既要看清池面上有无游泳技术勉强的溺水"苗子"，同时又必须看清水面下和池底有无溺水者。

（4）在扫视池边水域时，既要看清池边水域有无溺水"苗子"，又要观察池岸上有无脸色苍白、呆坐及卧在岸边的游泳者。

（5）观察区划分（责任区）一般有"直线切割法"，即将游泳池用直线大致平均地划割成几个长方形水域；"弧形切割法"即以救生台为圆心，以 10～15 米为半径切割水域，以弧形水域为主责区。

3. 判断方法（游泳池常规判断）

（1）开场时的意外事故：由于游泳者怀着急于下水为快的心情，开场铃一响就争先恐后，一拥而进，多数人进池后乱蹦乱跳，容易造成互相挤倒、压倒，发生意外事故。

（2）深浅交界处的意外事故：深浅交界处，一些似会不会者一般集中在这里，是救生中的"危险段"。

（3）深水区下水口的意外事故：这一地区汇集的是能游一点的、在对角线中束缚"胆量"的，但基本上属于不会游的人，他们一遇他人干扰，容易发生意外事故。

（4）跳水中的意外事故：不具备跳水条件的游泳池中，游泳者做跑跳、反跳及翻腾动作导致身体触池壁，发生击伤、昏迷等意外事故。

（5）游泳违纪发生的意外事故：如在池内打闹、乱抓乱摸、"没顶"后久沉不起、潜泳后俯在水底，或在水中静止不动者，均可作为意外事故的警号。

（二）间接救护技术

间接救护是救护者利用救生器材，对较清醒的溺者施救的一种技术。游泳场所一般都应备有救生圈、竹竿、木板、泡沫块、轮胎、绳子及输氧设备等。下面介绍几种常用的救护器材和使用方法。

（1）救生圈：最好在救生圈上系好一条绳子，当发现溺水者时，可将救生圈掷给溺者。如在江河里，就向溺者的上游掷去，溺者得到救生圈后，将他拖至岸边。

（2）竹竿：溺者离岸、船较近时，可将竹竿伸给溺者，切勿捅戳。待溺者抓住后将其拖至岸边或船边。

（3）绳子：在绳索的一头系一漂浮物，将绳子盘成圆形，救护者握住绳子的一端，然后将盘起来的绳子掷在溺者的前方，使溺者握住绳子上岸。

（4）木板（包括一切可浮物）：在没有其他救护器材的情况下，木板也可作为救护器材。将木板掷给溺者，亦可扶木板游向溺者，然后将溺者拖带上岸。

（三）直接救护技术

直接救护技术是救护者不借助任何救生器材，徒手对溺者施救的一种技术。直接救护技术大致可分为入水前的观察、入水、游近溺者、水中解脱、拖运、上岸、岸上急救等过程。

（1）入水前的观察：当发现溺水者，立刻迅速扫视水域，判辨溺者与自己的距离方位。在江河湖海中还要注意水流方向、水面宽窄、水底性质等因素。救护者要遵循入水后尽快游近溺者进行施救的原则，迅速选择入水地点。

（2）入水：指救护者在发现溺水情况后，由岸（船）边跳入水中准备赴救的过程。入水方法大致分两种。

①在熟悉的水域或游泳池，可用鱼跃式（头先入水）的出发动作。其优点是速度快。

②在不熟悉的水域，可用"八一"式（脚先入水）的动作。动作要领是起跳后两臂前举，一腿前伸微屈，一腿稍向后屈。当身体接近水面时，两腿夹水，手臂迅速压。这种入水方法的优点是不会使身体下沉过多，并能防止碰到石头或暗桩，而且本使头部不入水，以便看清目标。

（3）游近溺者：指救护者在入水后迅速靠近和控制溺水者做好拖带准备的过程。一般采用速度较快的抬头爬泳，亦可采用头不入水的蛙泳，以便观察溺者。当游到离溺者2~3米处，深吸一口气采用潜深技术接近溺者，以保证自身体力。如溺者面向自己，则潜入水中，游到溺者身旁，两手扶住他的髋部，将他转至背向自己，然后进行拖运。另一种方法是正面游近溺者后，用左（右）手握住他的左（右）手，力向左（右）边一拉，借助惯性使溺者身体转180°背向自己，然后进行拖运。如溺者背向自己，可直接游近溺者急停后，一手托其腋下，使其口鼻露出水面，一手夹其胸做好拖带准备，并有效控制对方。

在水质混浊的游泳场所，则应有意识地由正面转向溺者的一侧，看清并及时抓溺者在水面上挣扎的近侧手，边拉边做夹胸动作控制对方。

（4）水中解脱：指救护者在接近或寻找溺者时被溺者抱住后施行解脱，并进行有控制溺者的一项专门技术。由于水中挣扎的溺者，只要抓住任何东西就不会轻易手，所以救护人员需要掌握一定的解脱方法，以防万一。解脱时一般应利用反关节和杠杆的原理，动作要迅速、熟练、突然。下面介绍几种常见的水中解脱方法。

①虎口解脱法：虎口是指溺者拇指与食指之间的部位。当救护者的臂部（臂或双臂）任何部位被抓住时，都可用这种方法进行解脱。当溺者两手从上抓住救护者的两手腕时，救护者可握紧双拳向溺者的拇指方向外旋、肘内收来解脱。如果溺者从下抓住救护者的两手腕，则紧握拳向溺者虎口方向内旋、肘关节向外展，即能解脱。

单手臂被溺者双手抓住的解脱方法是：当溺者两手从下抓住救护者的一只手腕时，救护者一手可握紧拳头，另一手从溺者的两臂中间穿出，握住自己拳头突然从虎口下拉，即可解脱。

②托肘解脱法：救护者向上推托溺水者肘关节而施行的一种解脱方法。当救护者从后面被溺者抱住颈部，救护者首先握住溺者靠近自己胸前的一只手腕，另一手从下向上托溺者同侧臂的肘关节使之转体，然后低头，并向上推溺者的肘关节，使救护者头部从溺者腋下钻出来。离开溺者肘关节后，乘势将溺者的手腕拉至背后，另一手扶住溺者的前胸，进行拖运。

当救护者被溺者从前面抱住颈部，救护者用左（右）手推溺者的左（右）肘关节，（左）手握住溺者的同一手腕并向下拉，然后，头从溺者的两臂中间钻出来。这时握住溺者的手腕从他腋下向后扭转拉到背后，同时另一手放开推溺者肘关节的手，并托住溺者的下颌进行拖运。

③推扭解脱法：即救护者推扭溺者头部所施行的一种解脱方法。当救护者被溺者从前方拦腰抱住，救护者一手按住溺者的后脑勺，另一手托住溺者的下颌，向外扭转他的头，并顺势把溺者转至背向自己，然后进行拖运。

④扳指解脱法：即救护者扳动溺者大拇指所施行的一种解脱方法。当救护者被溺者从后方拦腰抱住，救护者用右手抓住溺者右手的一指，用左手抓住溺者左手的一指，分别向右左用力拉开，然后放开溺者的一只手，乘势转至溺者背后进行拖运。

⑤外撑解脱法：救护者利用两手掌相对屈肘外撑所施行的一种解脱方法。当救护者被溺者从背后连同两臂拦腰抱住，救护者两腿用力向下蹬夹水，连同溺者一起在水中升高身体位置。当头出水后深吸口气，然后突然下沉，同时用两臂向外撑的方法进行解脱。随后转到溺者背后进行拖运。

（5）拖运：拖运是指救护者采用侧泳或反蛙泳近伏水上运送溺者的一项专门技术。拖运时为防止溺者因不明被救而强行挣扎，一般均采用夹胸拖带法。但应注意救护者及被拖运者的嘴、鼻必须露出水面。夹胸臂不可贴近溺者的喉部。拖运分侧泳和反蛙泳两种技术。

①侧泳拖运法：是指救护者侧卧水中，一手扶住溺者，一手在体侧划水，两腿做侧泳蹬剪水的动作前进。拖运时，一种是一臂伸直托住溺者的后脑，一手在体侧划水，两腿做侧泳蹬剪水的动作。另一种是一手抄腋下，同侧髋部紧贴溺者的背部，另一手在体侧划水，两腿做侧泳蹬剪水动作。

②反蛙泳拖运法：是指一手或两手扶住溺者，以反蛙泳腿的动作使身体前进拖运时，一种是仰卧水面，两臂伸直，两手扶住溺者的两颊，腿做反蛙泳动作使身体前进。另一种是仰卧水面、双臂伸直以两手的四指挟着溺者的两腋窝下，大拇指放在肩胛骨上，腿做反蛙泳动作使身体前进。

（6）上岸：看到处于昏迷状态的溺者，可先将他拖运到岸边，然后再将他弄上岸以便抢救。这在浅滩或斜坡的河岸比较方便，如果在游泳池或陡坡，上岸就比较困难。下面介绍两种在游泳池上岸的方法：

①池边上岸方法：救护者先用右手握住溺者的右臂，将其右手先放到岸边，用右手和两腿的力量支撑上岸。然后迅速用右手拉住溺者的右手腕（溺者背靠池壁），再用左手拉住其左手腕，将溺者沉入水（头不要没入水中），借溺者身体向上的浮力，把他提拉上来，并立即进行抢救。

②扶梯上岸方法：将溺者拖运至梯前，背在自己的右肩上，两手握住扶梯，稳步上岸。当溺者的臀部移到池边时，慢慢放下，随后将右脚踏在池边上，右手托住溺者的颈部，左手抓住扶梯，弯腰向前，慢慢将溺者放倒，立即进行抢救。

（7）岸上急救：将溺者救上岸以后，首先是观察溺者的病状，然后再决定做人工呼吸或做心脏按摩，同时找救护车。

①观察病状。

A. 确认意识：握握手或大声喊叫，溺者若有意识的话，就会反握握手者的手，或有回应，也有时眼皮眨动。此法大致可确认有无意识，如果仍无反应时，可用手拧一拧看，看其有无"痛"的反应。

B. 确认呼吸情况：把脸贴在溺者的鼻、口，感觉其呼吸的交流。同时观察胸腹部，若有呼吸，腹部的皮肤就有上下起伏。

C. 确认脉搏：一般可切手腕的动脉，切不到此脉时，就切颈动脉。通常脉率成年人为60~80次/分。当脉搏只有30次/分左右时（无脉或微跳时），应立刻做心脏按摩。

②人工呼吸（口对口的呼吸）：当溺者救上岸后，心脏还在跳动，应立刻进行人工呼吸。在进行人工呼吸前，先要清除溺者口鼻中的异物，保持呼吸道的通畅。有活动的假牙应取出，以免坠入气管内。如溺者牙关紧闭，救护者从他后面，用两手大拇指由后向前顶住溺者的下颌关节，并用力向前推，同时用两手的食指与中指向下搬颌骨就可搬开溺者的牙关。

在迅速做完上述处理后，接着进行控水，将溺者呼吸道中的水排出，以便进行人工呼吸。控水的方法是：救护者一腿跪着，另一腿屈膝，将溺者腹部放在屈膝的大腿上，一手扶着溺者的头，使溺者嘴向下，另一手压背部，把水排出。排出水后，要立即进行人工呼吸。实践证明，口对口吹气的效果比较好，而且简便易行。操作方法：使溺者仰卧，救护者在他身旁，用一手捏住溺者的鼻子，另一手托着他的下颏，深吸一口气，然后用嘴对紧溺者的嘴将气吹入。吹完一口气后，离开溺者的嘴，同时松开捏鼻子的手，并用手压一下溺者的胸部，帮助他呼气。如此有规律地反复进行，每分钟做14~20次。开始时可稍慢，以后可适当加快。

③心脏按摩：当溺者失去知觉时，将心脏按摩和人工呼吸同时进行很重要。心脏按摩法包括俯卧压背法、仰卧举臂压胸法、侧卧压胸法和胸外心脏按压法。这里介绍常用的仰

卧举臂压胸法和胸外压放心脏法两种。

A. 仰卧举臂压胸法：此法特点是既可做人工呼吸又能起到压放心脏的作用，因此遇溺者呼吸、心脏均停止时可采取此法。具体方法：溺者仰卧，肩下垫毛巾或衣服，头稍后仰，救护者跪于溺者头部上方，握其两手腕。操作呼气动作时，救护者上体前倾，增加压力，将溺者的双臂屈曲，用其两前臂压迫双肋处，通畅肺部空气，操作吸气动作时，将溺者双手提起，向左右两侧做伸展动作，此时胸腔扩展，空气便会进入肺里。这样再继续将溺者的两臂经头上，回复到呼气的手势。

B. 胸外心脏按压法：此法使用于溺者无心跳或心跳极微弱时。具体方法：溺者仰卧，救护者跪在溺者身旁，将一手掌置于溺者的胸骨下端，另一手掌覆在上，两手掌重叠在一起，两臂伸直，借助身体的重力，稳健有力地向下垂直加压，压力集中在手掌根部，使溺者胸骨下陷 3~4 厘米，压缩心脏，然后抬起手腕，使胸廓扩张，心脏舒张。这样有节奏地进行，成人每分钟 60~80 次，直至心脏再跳动或确已死亡为止。

做人工呼吸和心脏按摩，应先在 3~4 秒内做 2 次人工呼吸，然后做 15 次连续的心脏按摩，这样反复进行。另外，做心脏按摩的同时，应注意两点：切颈动脉查脉搏，观察瞳孔。当呼吸停止和心脏停止跳动，瞳孔就会扩大，反之，瞳孔缩小。

（四）自我救护

在游泳中，当发生抽筋时必须保持镇静，不要慌张，可呼救也可自救。在水中自我解救抽筋部位的方法，主要是拉长抽筋的肌肉，使收缩的肌肉松弛和伸展。自救的方法如下。

（1）手指抽筋：将手握拳，然后用力张开，这样迅速反复做几次，直到抽筋消除为止。

（2）小腿或脚趾抽筋：先吸一口气仰浮水面，用抽筋肢体对侧的手握住抽筋肢体的脚趾，并用力向身体方向拉。同时用同侧手掌压在抽筋肢体的膝盖上，帮助抽筋腿伸直。

（3）大腿抽筋：可同样采用拉长抽筋肌肉的办法解救。

第四节　游泳竞赛规则简介

游泳竞赛规则是举行游泳比赛的规范和原则，它决定着一场游泳比赛的质量和成功与否。因而，无论何种比赛均需要在熟悉游泳竞赛规则的前提下进行。从整体上来看，一般组织一次基层游泳比赛都需要设总裁判长、技术检查员、发令员、转身检查员、计时员、司线员、终点裁判员、编排记录员、检录员、报告员等人，其数量可视具体条件安排，但最低限度除要保证以上每组 12 人外，计时组还必须保证每道 1~2 人。

比赛中，运动员必须遵守以下规则才能视为正式成绩。

（1）运动员必须在自己的泳道内完成比赛，否则即算犯规。

（2）游出本泳道或用其他反方式干扰、阻碍其他运动员者应取消其录取资格。

（3）由于某运动员犯规而影响了其他运动员获得优良成绩时，应准许被干扰、被阻碍的运动员补测成绩或直接参加决赛。如在决赛发生上述情况，应令该组重新决赛。

（4）比赛中，运动员转身时，必须使身体一部分触及池壁，转身必须从池壁完成；不得从池底跨越或行走，否则即算犯规。

（5）在自由泳比赛中，可在池底站立，但不得跨越或行走，否则算犯规。

（6）比赛中，运动员不得使用或穿戴任何有利于增加其速度、浮力的器具如手蹼、脚蹼等，但可戴泳镜，否则即算犯规。比赛中不允许陪泳、带游，不允许使用速度诱导或采取任何能起速度诱导作用的方法，否则算犯规。

（7）每一个接力队应有4名队员，比赛中任一名队员犯规即算该队犯规。任何接力队员在一次接力比赛中只能参加一样比赛。

（8）接力比赛中，如本队的前一名运动员尚未触及池壁，而任一名运动员即离台出发，应算犯规。如该运动员重新返回并以身体任何部分触及池壁再行游出时，不作犯规论。

（9）运动员到达终点后或接力比赛中每一棒运动员游完后，在不影响其他运动员比赛的情况下应尽快离池，否则即判犯规。

（10）在一项比赛的进行中，当所有比赛运动员还未游完全程前，未参加比赛的运动员如果入水，应取消其原定的下一次比赛资格。在接力比赛过程中，当各队的所有运动员还未游完之前，除了应游该棒的运动员之外，任何其他接力队员如果进入水中，该接力队应被取消录取资格。

预赛结束之后，有2名以上运动员成绩相等而超过了原定的参加决赛人数时，确定参加决赛人选的办法如下。

（1）如采用自动计时装置，预赛后，同组或不同组的运动员成绩相同者，都必须重赛，按重赛后的名次确定参加决赛人选。

（2）采用人工计时，预赛后，同组运动员成绩相同时，不重赛，按预赛的名次确定参加决赛人选。

自由泳比赛中可采用任何泳式。转身和到达终点时，可用身体任何部分触池壁。

仰泳运动员出发时应面对出发端，齐排于水中，两手抓住握手器，两脚（包括脚趾）应处于水面下，禁止站在水槽内或水槽上或用脚趾钩住水槽边。仰泳中，在整个游进过程中，运动员身体某个部分必须露出水面。在转身过程中，允许运动员完全潜入水中；在出发和每次转身后，运动员潜泳不得超过招回线；在招回线前，运动员的头必须露出水面。

蛙泳出发和每次转身后，从第一次手臂动作开始，身体应保持俯卧姿势，两肩应与水面平行。蛙泳中，两臂和两腿的所有动作都应同时在同一水面上进行，不得交替动作。蛙泳时，两手应一起在水面、水下或水上由胸前伸出，并在水面或水下向后划水。除出发和每次转身后第一次划水动作外，两手向后划水不得超过臀线。蛙泳中，在蹬腿过程中，两腿必须做外翻动作，不允许有剪夹、震颤式或向下的海豚式打水动作。运动员只要不做向下的海豚式打腿动作，则允许其两腿露出水面。在每个以一次划臂和一次蹬腿顺序完成的完整动作周期内，运动员头的某一部分应露出水面。只有在出发和每次转身后，运动员可在全身没入水中时，做一次手臂充分的后划至腿部的动作和一次蹬腿动作，但在第二次划臂至最宽点并在两手向内划水前，头必须露出水面。

蝶泳时，除在做转身动作时，身体必须始终俯卧。从出发和每次转身后的第一次手臂动作开始，至下一个转身或到达终点止；两肩应与水面平行。任何时候都不允许转或仰卧姿势。蝶泳中两臂必须在水面上同时向前摆动，并同时向后划水。蝶泳时，在每次转身和到达终点时，两手应在水面、水下或水上同时触壁。

个人混合泳必须按照蝶泳、仰泳、蛙泳、自由泳的顺序进行。

混合泳接力必须按照仰泳、蛙泳、蝶泳、自由泳的顺序进行。

在个人混合泳和混合泳接力项目的比赛中，每一泳式都必须符合竞赛规则的有关规定。在仰泳转蛙泳过程中，运动员必须成仰泳姿势触及池壁。

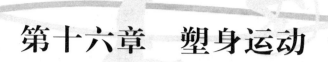

第十六章　塑身运动

第一节　健美运动概述

一、国际健美运动发展概述

健美运动，是以哑铃、杠铃、专用健身器械等为工具，进行力量练习，进而达到发展肌肉、使体型匀称的运动项目。公元前 8 世纪左右，古希腊的近百个城邦国家，为了在战争中战胜敌人、获得财物，需要大量的体格健壮、身手矫健的士兵。因此，在古希腊人眼里，具有呼吸宽畅的胸部、灵活而健壮的脖子、虎背熊腰的躯干和块块隆起的肌肉的人才是健美的人。这一点我们从代表西欧古典文化的雕塑中可以看出来，这个时期的人们喜欢欣赏裸体人的力量和健康活泼的姿势形态。

19 世纪以前，欧洲的一些国家，就有人用杠铃、壶铃等器械及其他重物来锻炼身体，但是，当时人们锻炼的目的主要是为了追求力量的增长，对于体型方面却无过多追求，因而这些大力士在人们的眼里大多肩膀宽厚、腰围粗大、虎背熊腰。到了 19 世纪初期，大力士们的体型逐渐有了改变，他们在各种场合表演时，除了展示自己的力量，还经常运用肌肉控制来表演自己肌肉的丰满和明显的线条。19 世纪晚期，德国人山道首创了通过各种姿态来展示人体美，而且为现代健美运动的发展奠定了基础，所以他被公认为"国际健美运动的创始人"和"世界上第一位健美运动员"。山道，1867 年 4 月 2 日出生在德国的康尼斯堡，10 岁随父亲去意大利的罗马旅游时，被美术馆中古希腊的雕塑深深吸引，联想到自己由于体弱多病，常常被身体强壮的同学欺负，于是下决心把自己的身体也"雕塑"得像古代的角斗士一样。为了强壮，他练习杠铃、哑铃还参加角力运动，他还常常和马戏团的演员一起练功，10 岁时他拜欧洲有名的大力士——路易斯布马捷门下，勤奋苦练了十几年，在他 22 岁时，肌肉已经十分完美，而且力大无比，他可以将几副摞在一起的扑克牌一掰为二，还可以同时和几个欧洲有名的角斗家搏斗，并能取胜。当时，山道不但成为世界上最强壮的人，而且也成为"体格发达最完美男子"的称号。

山道之所以受到世人崇敬和后世的敬仰，不仅是因为他有着健美的身躯和超人的力量，更重要的是他有一般大力士所不能比拟的文化素质和道德修养。通过研究人体解剖学，并且经过实践，他摸索出了一整套发达肌肉的训练方法。为了让更多的热爱健身的人了解和掌握发达肌肉的正确方法，他在 30 岁后开始写健身著作《力量以及如何去得到》《体力养成法》《实验祛病法》等书，受到各国健美爱好者的欢迎。1898 年山道创办了《体育文化》期刊，同时在伦敦设立体育学校，并在新西兰、澳大利亚，印度、南非及美洲等也设立分校，教授健美、举重、角力等体育项目，另外他还设立函授对世界各地男女青年进行指导。鉴于他对创建和发展现代健美运动所作出的卓越贡献，故被后人尊称为"健美之父"。

20 世纪初期，健美运动在英美等国得到了广泛开展，美国医学专家列戴民积极从事健美运动的研究和写作，著有《肌肉发达法》《力的秘诀》等著作。

当然，推广提倡健美运动最有影响力的人物当属美国的麦克法登，他曾任《体育》杂志的主编，一人就著有健身健美著作 50 余种。1903 年，他在美国纽约举办了"体格发达、最完美的男子比赛"，他亲自给优胜者颁发奖品，并将优胜者照片和比赛的情况刊登在杂志上，推动了健美运动的开展。

20 世纪中期，加拿大健美运动的创始人本·韦德和乔·韦德兄弟创办了《你的体格》《肌肉与健康》《形体》《柔韧》等杂志，在世界范围内推广和宣传健美运动，并于 1946 年创建了国际健美协会（简称 IFBB），由本·韦德出任主席，总部在加拿大的蒙特利尔，制定了健美比赛的国际规则，开始举办正式的国际业余健美锦标赛。现在国际健美协会已拥有 200 多个会员国，成为世界上最大的单项体育协会之一。由于本·韦德为发展健美运动所作出的巨大努力和卓越贡献，被推举为该组织的终身主席。

世界女子健美运动起步较晚，直到在 20 世纪 50 年代末，女子进行健美运动，肌肉训练才被大多数人认可，60 年代，美国的一些大学开始开设女子健身健美体育选修课；直到 70 年代，才有正式的女子健美比赛。至今，女子健美已经风靡全球。

二、中国健美运动发展概述

健美运动在 20 世纪 30 年代初传入我国，我国健美运动的发起人是赵竹光。1924 年，在上海沪江大学读书的赵竹光先生为了能胜任繁重的学业，积极寻求健身之道，参加了美国人举办的健身函授班，用杠铃和哑铃来锻炼身体和改善身体形态，因效果显著，吸引了很多人和他一起锻炼。从 1934 年开始，他先后翻译出版了《肌肉发达法》《力之秘诀》和《肌肉控制法》等健身著作，并主编了《健力美》杂志，积极介绍和推广健美运动。1940 年，赵竹光创办了"上海健身院"。1944 年，赵竹光和梁兆安、曾维琪一起举办了我国男子的第一次健美比赛，培养出了中国历史上的第一名健美冠军柳颙庵。

此外，归国华侨谭文彪创办了"谭氏健身院"，吸引了很多人参加。北京的林仲英先生在北京青年会的地下室里开办了健美举重班，后来，他成为了新中国历史上的第一名举重运动健将。同时，李钧祥在苏州的也积极开展健美运动，戴毅在南京创立了"首都健身院"等。

1949 年，中华人民共和国成立后，健美运动更为广大人民群众所喜爱，上海先后建立了"健美体育馆""强华体育社""沪东体育馆和联华体育馆"等近 10 个健美的场所，广州健身院也发展到 10 多所，北京、南京、苏州等地也相继开展健美运动，吸引了很多青年参加健美锻炼。

到了 20 世纪 80 年代末，随着人们物质生活水平的提高以及精神生活的需求，我国的健美运动在上海、广州、北京等地乃至全国迅速发展起来。全国部分专业体育院校、北方交通大学、深圳大学等高校率先开设了健美选修课。20 世纪 90 年代末，国家规定把深受学生欢迎的健美教学内容增加到体育课中，使健美在大中院校得到广泛开展。

1985 年，我国正式加入国际健美联合会，成为其第 128 个会员国。

　　1986 年，第 4 届"力士杯"全国健美邀请赛在深圳举行，按照国际惯例，女子运动员必须穿上"比基尼"参加比赛，这在当时仍未完全开放的社会道德观念中，无疑投下了一颗重磅炸弹，引起了国内外的广泛关注，以致采访当届赛事的国内外记者达到了空前的 800 多人，竟比运动人数多出几倍，成为迄今为止最具影响力的具有里程碑式的一届赛事。何玉珊、陈静分别荣获了男子组和女子组的全场冠军。

　　1987 年 8 月，中国香港的区启棠先生在广州引进现代健身设备，开办了中国第一家商业运作的大型健美中心——悦威健身中心，开始了中国一个新的健美训练年代。

　　1988 年 10 月，中国首次派队参加在澳大利亚举行的第 42 届世界健美锦标赛，正式走向国际。

　　1989 年 9 月，中国加入亚洲健美联合会。

　　1992 年，"中国健美协会"（CBBA）正式成立。

　　1992 年 11 月，中国第 1 届"健美先生、健美小姐"大赛在海南举行。

　　1994 年，我国在上海成功举办了第 48 届世界男子业余健美锦标赛，这是我国首次举办国际健美大赛。

　　1995 年，山东运动员秦承勇在重庆举办的第 31 届亚洲男子健美锦标赛上夺得了 75 千克级的金牌。

　　1996 年，我国首次举办了以形体健美为竞赛内容的"健身小姐"比赛，北京体育大学的刘令姝获得了冠军，同时她也是我国第一位健身小姐冠军。

　　2001 年，我国首次举办了全国健身先生比赛，这也是世界范围内的第一次健身先生比赛。

　　目前，随着全民健身计划的推广和实施，已经有越来越多的人加入到健身健美的行列当中，"花钱买健康"观念早已深入人心，以健身健美为主体内容的经营和消费正逐渐形成市场。

第二节　形体训练

　　形体训练是以形态练习、姿态练习、气质练习为主要内容和手段，对练习者进行美育教育、塑造优美形体、培养高雅气质的身心培育过程。要通过形体锻炼更好地增强人的内脏功能，使身材匀称、健美，内分泌正常、肤色润泽，并培养练习者良好的气质、优美的体型，就需要进行长期和科学的训练，合理调整运动负荷，选择恰当的方法，持之以恒，同时合理安排膳食营养和作息时间。

一、形体训练内容与分类

（一）形体训练的内容

　　形体训练形式多样，训练内容丰富，包括芭蕾舞、现代舞以及其他体育项目中的有关身体练习内容。例如，古典芭蕾中的把杆系列类动作、中间舞姿舞态的训练、体育项目中的健身操、健美操、竞技体操及杂技中的一些小技巧动作练习等，均为形体训练提供了丰富的素材。

形体训练的内容包括把杆系列动作，如下肢外开、外展练习，发展腿部肌肉的柔韧及力量练习，胸、腰部柔韧性及灵活性的练习，头部动作的练习。通过把杆训练能有效地培养练习者良好的用力习惯，能有效地控制身体。而姿态练习则是有目的地进行专门的姿态动作的培养与训练，通过专门的动作使练习者在各种练习中逐步学习并体会动作要求，进而达到练习的目的。步伐练习则是培养练习者灵活及敏捷的动作，培养他们在行进间对自身的姿态控制。基本动作的练习则是一些专门性的有针对性的动作练习，如针对某一部位力量性单一的练习或提高身体机能性的练习等。通过这些专门性的动作训练，能提高练习者身体的机能能力，达到健身、健美的目的。

（二）形体训练的分类

根据形体训练的目的，我们把形体训练分为形态训练、姿态训练和气质训练3大类。形态训练主要是针对身体各部位的专门练习，促进骨骼的生长发育，改进身体各部位围度的比例，使身体的外部线条更趋优美、圆润。而姿态的训练则是针对人的站、坐、行、卧等各种基本动作姿态的培养。它包括各类的徒手动作的练习，其中以把杆系列动作及中间姿态动作的训练为主，通过操化性的动作练习来培养练习者正确的动作姿态，形成良好的姿态习惯。气质练习则是一个内化的培训过程，它的建立依赖于练习者文化素养的积累与培养。通过气质训练能使练习者内在的素养与外在的身体形态相吻合，使人内外统一，全面发展。

二、形态训练

（一）颈部动作练习

1. 生理基础

颈部包括颈椎和颈部诸肌群。喉部与颈部两侧的肌肉群在脖颈中间构成了一个突起，再往下有一个凹陷，男子比女子更为明显。颈背就是由颈椎上的肌肉组成，一直上伸到头的下部。

2. 颈部练习的作用

通过颈部运动，能促进头部的血液循环和颈椎的正常发育，保证头部的营养摄取，消除脑部疲劳，增强颈部肌肉力量，使颈部正直。防止肌肉松弛和脂肪堆积，减少脸部和颈部的皮肤皱纹（如双下巴、粗脖颈、脂肪重叠、皮皱等）。还可以预防和控制颈椎炎、骨质增生等症状。

3. 练习内容

（1）颈部前、后屈（图16-1）

【动作做法】颈部前屈，即低头，还原；接着颈部后屈，即后仰头，还原。双手交叉握于头后，用力将头慢慢拉向前屈，直到头部前屈至最大程度。然后头后仰，同时用手用力前拉，头部对抗性后仰。

（2）颈部左、右屈（图16-2）

【动作做法】头向一侧屈，耳部对准肩，还

图16-1　颈部前、后屈

原。可分为左右两侧屈。左手中指按压右太阳穴，将头往左侧扳，颈部肌肉用力收缩克服左扳力，使头慢慢屈向右侧，控制 3~5 秒后还原。然后换右手向右侧扳。

图 16-2　颈部左、右屈

（2）颈部转（图 16-3）

【动作做法】头向左转 90°，还原。接着头向右转 90°，还原。头向左转，慢慢抬头，控制 5 秒后还原。然后换方向练习。

图 16-3　颈部转

（三）肩部动作练习

1. 生理基础

肩关节是躯干和手臂进行动作的枢纽，一块圆形肌肉（三角肌）环抱着肩关节，从而形成了肩膀的柔和曲线。这块肌肉包括使手臂向前、向侧、向后运动的三组肌纤维，它的均衡发展协调着肩部运动

2. 肩部练习的作用

肩部练习，可促进胸部肌肉和骨骼的活动，增强胸部的柔韧性，对保持和发展胸部肌肉，促进血液循环，加强呼吸都很有益处。掌握肩的空间位置，训练肩关节的灵活性，是端正仪表、着装和表现优美动作的关键，同时还是预防和医治肩周炎的良方。

3. 练习内容

（1）提肩、沉肩（图 16-4）

【动作做法】左肩向上提，右肩向下沉。然后右肩向上提，左肩向下沉。双肩同时上提，然后同时下沉。

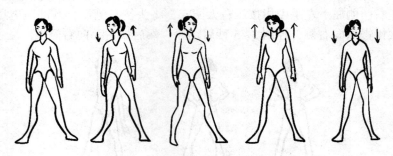

图 16-4　提肩、沉肩

（2）收肩、展肩（图 16-5）

【动作做法】两肩同时向内收，稍含胸，然后两肩同时向外展，挺胸。大分腿半蹲，膝关节向外侧，足尖外转，两手支撑大腿。左肩向前收，右肩向后展。然后右肩向前收左肩向后展。

图 16-5　收肩、展肩

（3）绕及绕环（图 16-6）

【动作做法】

绕：单肩或双肩以肩关节为轴，向前或向后做 360° 以内圆周动作。

绕环：单肩或双肩做以肩关节为轴向前或向后 360° 以上的圆周动作。

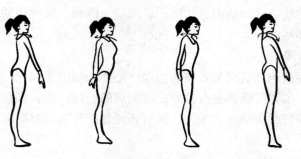

图 16-6　绕及绕环

（4）振（图 16-7）

【动作做法】两臂依次上举后振。

图 16-7　振

（三）上肢动作练习

1. 生理基础

上肢指人的臂，包括上臂、前臂和手。上臂由一根肱骨与其附着的两组肌肉（肱二头肌，肱三头肌）构成；前臂由尺骨、桡骨与其附着的前臂肌肉群构成；手由很多小骨和小块肌肉群构成。它们通过肘关节、腕关节连接在一起，共同构成人的臂，通过肩关节与躯体连接，构成身体的一部分。

2. 上肢练习的作用

在日常生活中，人们通过上肢来完成工作和表达情感，而丰富多彩的上肢动作和造型又是通过手型的变化以及肘关节的屈伸来实现的。经常锻炼上肢，可减少臂部多余脂肪，增强上肢肌肉的力量，使体态更轻盈、敏捷。

3. 练习内容

（1）臂中绕环（图 16-8）

【动作做法】上臂始终保持与地面平行，绕环幅度充分，速度均匀。可变换节奏练习（如一拍向下绕环，接着一拍向上绕环）。重复 4×8 拍。经常练习可减少上臂多余脂肪，使上臂肌肉结实、有力。

图 16-8　臂中绕环

（2）臂大绕环（图 16-9）

【动作做法】

两臂向内大绕环：两臂侧平举，以肩为轴，经头上体前交叉向内绕环至侧平举。

两臂向外大绕环：两臂侧平举，以肩为轴，经体前头上交叉外绕环至侧平举。

两臂同时向后大绕环：以肩为轴，手臂由体前经上向后左大绕环。

两臂左右大绕环：两臂向左或右侧平举，以肩为轴，经体前下向左侧同时大绕环。

图 16-9　臂大绕环

（3）跪撑推移（图 16-10）

【动作做法】跪撑，两腿并拢，重心后移，两臂前撑，然后上体向前推移，胸、腹、胯依次贴近地面，成俯撑。再按原动作路线还原成预备姿势。

图 16-10　跪撑推移

（四）胸部动作练习

1. 生理基础

胸部主要由胸廓及其附着的肌肉构成。胸廓主要由肋骨、胸骨和锁骨构成，它是胸部的支架。紧靠肋骨的是胸小肌，它位于胸大肌的深层，使胸部凸起。胸大肌是从乳房下向上和向四周扩展的厚厚的一层肌肉，它与三角肌汇合在一起，形成了漂亮的肌肉线条。女子在胸大肌的外层有丰实的乳腺组织，是女子丰满乳房的基础。显示男子阳刚之气的宽厚结实的胸脯，显示女子优美线条的丰满而结实的乳房，与胸腔宽阔、胸部肌肉发达密切相关。

2. 胸部练习的作用

经常进行胸部锻炼，可使胸廓更好地发育，增大肺活量，对乳房发育十分有益。胸部肌肉发达，不仅能改变含胸、驼背等不良体姿，使扁平的乳房丰满而坚挺，造就优美的胸部曲线，而且更能使人挺拔向上，显示出自信、高雅的气质与风度。

3. 练习内容

（1）俯卧撑（图 16-11）

【动作做法】屈臂，身体下落，然后伸直，将身子撑起。

图 16-11　俯卧撑

（2）屈膝俯卧撑（图16-12）

【动作做法】屈臂，上体前倾至胸部触地，同时抬头，屈膝，小腿抬起，然后还原。

图16-12　屈膝俯卧撑

（五）背部动作练习

1. 生理基础

背部主要由大块的肌肉群组成，包括斜方肌和背阔肌等。斜方肌位于背的上部浅层，被脊柱一分为二，一侧成三角形。丰满的斜方肌向上构成了后颈，向下加宽了双肩，形成宽肩、平背，使背部形成美丽的线条，显示出腰部的苗条。背阔肌为人体最大的一块阔肌，位于腰背下部，它加宽和加长了背部。还有一些体积不大的肌肉，对固定肩胛骨起着十分重要的作用，它们位于斜方肌和背阔肌之间。因此，发达的背部肌肉，能使人挺拔向上，最大限度地保证姿态的端正和动作的稳定。

2. 背部练习的作用

经常进行背部锻炼，可以预防和矫正含胸、驼背姿势，减少背部多余脂肪，强健背部肌肉，使形体挺拔健美。

3. 练习内容

（1）俯卧抬上体（图16-13）

【动作做法】上体尽量向上抬起，还原。

图16-13　俯卧抬上体

（2）俯卧两头起（图16-14）

【动作做法】腰背尽量用力，以腹部为支点，抬起上体和腿，完成两头翘动作，还原。

图16-14　俯卧两头起

（3）俯卧体后屈（图16-15）

【动作做法】动作过程中用力仰头，向后下腰。重复4~8次。

图 16-15　俯卧体后屈

（六）腰、腹部动作练习

1. 生理基础

腰、腹位于胸廓和盆骨之间，是人体极易存储脂肪的部位。男子的脂肪多储存在肚脐以上部位，而女子则储存在肚脐四周或下腹部。腹腔前外壁由腹直肌、腹横肌、腹外斜肌、腹内斜肌四组肌肉组成、腹腔后壁主要由腰方肌组成。腹直肌、腹内斜肌、腹外斜肌可完成收腹动作，腹横肌能维持和增加腹压，保持人体内脏器官各就各位。

2. 腰、腹部练习的作用

经常进行腰、腹部锻炼，可以防止腰、腹部肌肉松弛、萎缩，消耗多余的皮下脂肪，同时对腹腔和盆腔内的组织器官起到良好的按摩作用，而且强健的腰腹肌肉对人体的内脏器官起着很好的支托作用。加强腰部锻炼，能有效地防治慢性腰肌劳损。腰、腹部肌肉的结实，是塑造和保持高胸、平腹、细腰的关键。

3. 练习内容

（1）跪姿下腰（图 16-16）

【动作做法】上体向后下腰，控制 3~5 秒，还原。

图 16-16　跪姿下腰

（2）收腹抱膝（图 16-17）

【动作做法】弯曲两腿，将两膝提至胸部，同时抬起上体，两手抱紧时保持抬头、挺胸、腰背挺直的姿态，动作速度不要太快。重复练习 16~20 次。经常练习可减少肚脐四周多余脂肪。

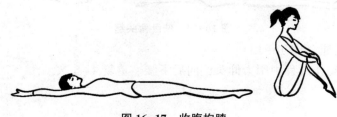

图 16-17　收腹抱膝

（3）仰卧倾体（图16-18）

【动作做法】练习者用力收腹抬起上体成倾斜约45°，控制3~5秒后，慢慢后倒还原。

图16-18　仰卧倾体

（4）仰卧举腿（图16-19）

【动作做法】练习者两腿上举触及协助者的手掌，接着协助者用手掌轻推练习者的两脚，练习者控制两腿轻轻落下。重复8~10次。

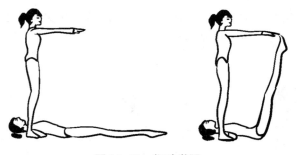

图16-19　仰卧举腿

三、姿态训练

（一）地面练习

1. 地面练习的作用

通过地面练习，体会人体正确的跪、坐、卧的基本姿势，增强踝关节、膝关节、髋关节的柔韧性和灵活性。增强腿部的肌肉感觉，培养腿部开、绷直的能力。

2. 地面练习的内容

（1）勾绷脚（图16-20）

【动作做法】双脚用力向上勾脚面，还原。重复10~16次后，双脚依次做勾、绷脚面练习，重复16~20次。

图16-20　勾绷脚

（2）举腿绷脚背（图16-21）

【动作做法】左腿伸直上举，还原成预备姿势。重复练习10次，然后换右腿练习。正吸左腿，脚尖前点地，接着伸直上举，再屈膝成脚尖前点地，还原。重复练习 10 次后，换右腿练习。

图 16-21　举腿绷脚背

（3）直角坐压脚尖（图 16-22）

【动作做法】协助者有节奏地下压练习者的脚趾关节，一拍一压，重复 20~30 次后，当压至最大限度时控制 20~30 秒，然后双方互换练习。

（4）体后屈压腿（图 16-23）

【动作做法】上体后屈向后振，一拍一动，重复 16~20 次后。当上体后屈至最大限度时，头向后仰，同时小腿后屈，控制 10 秒。然后换腿练习。

图 16-22　直角坐压脚尖　　　　　　　　**图 16-23　体后屈压腿**

（5）仰卧踢腿（图 16-24）

【动作做法】左腿伸直向上踢，还原。然后换右腿踢。

图 16-24　仰卧踢腿

（6）侧卧踢腿（图 16-25）

【动作做法】左腿伸直向侧上方踢，然后还原。练习 16~20 次后换方向练习。

图 16-25　侧卧踢腿

（7）跪撑后踢腿（图 16-26）

【动作做法】左腿向后上方踢，然后还原。练习 16~20 次后，换右腿练习。

图 16-26　跪撑后踢腿

（二）把杆基础练习

1. 把杆基础练习的作用

把杆练习是练习者借助扶持把杆进行的徒手练习，它是形体训练的重要手段之一。通过训练，可增强练习者对身体重心的控制，提高平衡能力；同时发展练习者的下肢及躯干的力量、柔韧、灵敏、协调等素质，为中间姿态练习打下良好的基础。

2. 把杆基础练习的内容

（1）下肢练习

通过下肢练习，可增强练习者下肢的柔韧性、灵巧性和力量性。培养身体重心的控制能力和腿部开、绷、直的能力，使腿部肌肉富有弹性，肌肉线条更加优美。

①芭蕾的 5 个脚位（图 16-27）

一位　　　　二位　　　　　三位　　　四位　　　五位

图 16-27　芭蕾的 5 个脚位

【动作方法】

一位：两脚外开，脚跟靠拢，两脚成"一"字，重心在两脚上。

二位：两脚外开，两脚跟相距一横脚，重心在两脚上，两脚成一直线。

三位：两脚外开，一脚脚跟紧靠于另一脚脚弓处，重心在两脚上。

四位：两脚外开，前后平行分立，相距一脚，重心在中间。

五位：两脚外开，前后平行靠拢，重心在两脚上。

②蹲：分半蹲和全蹲（图 16-28）

半蹲　　　　　全蹲

图 16-28　半蹲和全蹲

【动作做法】

半蹲：脚站二位（或一、四、五位），上体保持正直，膝对准脚尖方向，缓缓下蹲至最大限度，蹲时脚跟不离地。然后慢慢站起到腿部完全伸直。

全蹲：脚站一位（或二、四、五位），在半蹲的基础上继续下蹲时，逐渐起踵（二、四位全蹲，脚跟不离地），下蹲至臀部接近脚跟为止。然后脚跟往下压，再慢慢起立至腿部完全伸直。

③擦地：分为向前擦地、向侧擦地、向后擦地（图16-29）

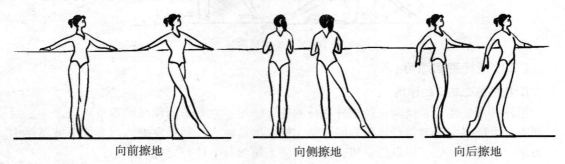

| 向前擦地 | 向侧擦地 | 向后擦地 |

图16-29　擦地

【动作做法】

向前擦地：脚站一位，一腿支撑，另一腿以脚跟带动向前擦地至脚完全绷直，脚尖外侧点地为止。收回时以脚尖带动，直膝用力收回成一位。

向侧擦地：脚站一位，一腿支撑，另一腿脚尖带动向侧擦出至最远点，与支撑脚在一直线上，脚背向上，脚尖点地为止，收回时脚跟带动，直膝用力收成一位站立。

向后擦地：脚站一位，前腿支撑，后腿脚尖带动向后擦出，至脚背完全绷直，脚尖内侧点地，脚背向侧为止；收回时，脚跟带动收成一位站立。

④小踢腿：分向前、向侧、向后小踢腿（图16-30）

【动作做法】脚站五位（或一位），一脚支撑，另一脚向前（或侧、后）经擦地后用力踢起25°，然后突然停住，收回时脚尖先着地，经擦地收成五位（或一位）。

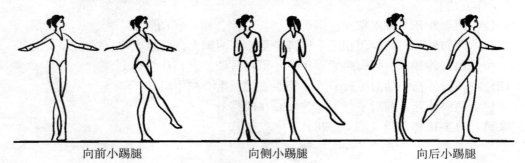

| 向前小踢腿 | 向侧小踢腿 | 向后小踢腿 |

图16-30　小踢腿

⑤吸腿：分前、侧、后吸腿（图16-31）

【动作做法】

前吸腿：脚站五位，一腿支撑，另一腿屈膝提起，膝正对前方，绷脚尖，脚内侧靠在支撑腿膝关节的内侧。

侧吸腿：脚站五位，一腿支撑，另一腿屈膝提起，膝、髋外开，绷脚尖，脚尖触膝关节的内侧。

后吸腿：脚站五位，前腿支撑，后腿向后屈膝提起，小腿后抬，绷脚尖，脚底向上，被吸腿的膝关节靠拢支撑腿的腘部。

⑥小弹腿：分向前、向侧、向后小弹腿（图16-32）。

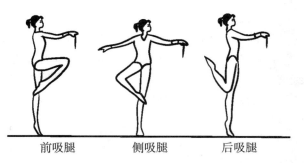

图 16-31　吸腿

小弹腿是在吸腿的基础上，膝关节抬起的高度不变，以膝为轴，小腿动作快速向前（或向侧、向后）伸直的动作。

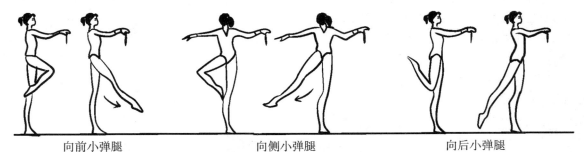

向前小弹腿　　　向侧小弹腿　　　向后小弹腿

图 16-32　小弹腿

⑦压腿：分为正、侧、后压腿（图16-33）

【动作做法】

正压腿：面向把杆，左手扶把，右臂三位，左腿支撑，脚尖正对把杆，右腿伸直斜约45°角置于把杆上，上体正对右腿。压腿时，尽量用胸去触右腿。

侧压腿：面向把杆，右手扶把，左臂三位，左腿支撑，脚尖侧对把杆，右腿伸直斜约45°角置于把杆上，右肩对准右腿。压腿时，尽量用右肩去触右腿。

后压腿：侧对把杆站立，左手扶把，右臂三位，左腿支撑，脚尖外开，右腿伸直后置于把杆上，上体正对前面。压腿时，左腿屈，上体尽量向后屈，用头去贴近腿部。

正压腿　　　　　侧压腿　　　　　后压腿

图 16-33　压腿

（2）躯干练习

通过躯干练习，可增强练习者肩部、胸部和腰部肌肉的柔韧性和脊柱各关节的伸展性、灵活性，从而大大增加躯干动作的幅度和美感，培养正确的躯干姿态，使身体富有曲线美。

①压肩：分正压肩、拉反肩（图 16-34）

【动作做法】

正压肩：面向把杆，两腿开立与肩同宽，两手相握，两臂伸直，将前臂置于把杆上，上体尽量前屈，使肩部和胸部有弹性、按节奏地上下震动。

拉反肩：背向把杆站立，脚并拢，两手向后反握把杆，两手尽量靠近，尽量向前挺胸拉肩。

②体侧屈（以右侧为例）（图 16-35）

【动作做法】侧对把杆站立，左手扶把，右臂三位，上体向左侧屈，同时左臂伸直，右手靠近左手，使右侧腰韧带充分伸展。

正压肩　　　　　　　　拉反肩

图 16-34　压肩

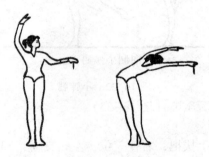

图 16-35　体侧屈

（三）中间姿态练习

1. 中间姿态练习作用

中间姿态练习是在脱离把杆后进行的徒手的基本技术和动作练习，它对培养良好的身体姿态有着重要的意义。通过练习，可提高协调、力量等身体素质；进一步使练习者动作准确、姿态优美；同时培养练习者的韵律感、表现力以及对美的鉴赏能力。

2. 中间姿态的练习内容

（1）人体的基本方位与点（图 16-36）

为了便于确定运动方向和路线，将人体在空间的方位分成了 8 个点，即 8 个方向，以练习者身体为基点（或正立时目视前方）定为"1"点，按顺时针方向，每隔 45°角为一点，把场地划分为 8 个点。

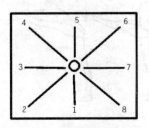

图 16-36　人体的基本方位与点

1 点——正前方　　　2 点——右前方

3 点——右侧方　　　4 点——右后方

5 点——正后方　　　6 点——左后方

7 点——左侧方　　8 点——左前方

（2）站立的几种基本姿势（图 16-37）

【动作做法】

正步：两脚并拢，脚尖向前，身体及头向正前方，重心在两脚上。

八字步：两脚跟靠拢，脚尖向斜前方成"八"字形，重心在两脚上。

大八字步：与八字步动作相同，只是两脚跟相距为一横脚。

丁字步：一脚跟置于另一脚的脚弓处，成"丁"字形，重心在两脚上。

正步　　　　　八字步　　　　大八字步　　　　丁字步

图 16-37　站立的几种基本姿势

（3）手臂姿态练习

手臂是人体各部位中活动幅度最大的一个部位，它对维持身体平衡、稳定重心、美化动作起着重要的作用。通过练习，可使手臂刚柔适度、协调自然、舒展柔和，使身体姿态更加优美。

①芭蕾舞手形：分为直形、弧形两种（图 16-38）

【动作做法】

直形手：手掌挺直，中指稍向下，拇指向中间靠，食指微上翘。

弧形手：五指自然弯曲，除拇指外，其余四指自然靠拢，食指微向上，拇指与中指靠近，从腕到指尖呈一圆滑的弧形。

直形手　　　　　　　　　　　　弧形手

图 16-38　芭蕾舞手形

②芭蕾舞手臂部位（图 16-39）

【动作做法】

一位：两臂弧形下垂于体前，微抬肘，手心向上，两手间距离约 10 厘米。

二位：两臂保持弧形至前平举，稍低于肩，掌心向内，手指相对。

三位：两臂保持弧形上举，稍偏前，掌心相对，指尖斜向上相对。

四位：一臂三位，另一臂二位。

五位：一臂三位，另一臂七位。

六位：一臂二位，另一臂七位。

七位：两手臂弧形侧平举，稍低于肩，掌心向前。

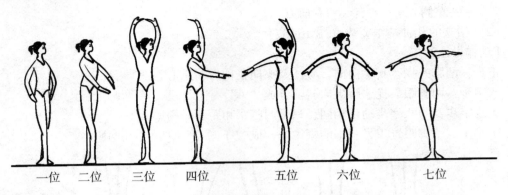

一位　二位　三位　四位　五位　六位　七位

图 16-39　芭蕾舞手臂部位

（4）控制练习

控制练习主要是通过平衡和舞姿动作，锻炼肌肉力量及控制重心稳定的能力。平衡和舞姿是身体在瞬间内表现出某种动作姿态，控制其身体重心的造型动作。通过练习，可提高动作的稳定性，为转体等动作打下基础，从而使姿态更加优美。

（四）行进间步伐练习

行进间步伐练习是在移动中进行的，一般作为动作间的连接。通过步伐练习，能培养练习者的协调性、灵活性和节奏感，使各种进、退、动、止等动作更加流畅自如。步伐练习，配以手臂动作和身体舞姿，可在运动中体现姿态的美，使动作更富韵味。

1. 柔软步（图 16-40）

【动作做法】从站立开始，右腿支撑，左腿外开，绷脚直膝向前下方伸出，由脚尖外侧先触地，再柔和地过渡到全脚掌着地，重心随之前移。

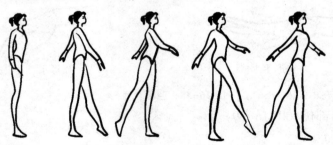

图 16-40　柔软步

2. 足尖步（图 16-41）

【动作做法】从双脚起踵立开始，右脚支撑，左腿外开绷脚向前下方伸出，脚尖外侧先触地再过渡到前脚掌，重心随即前移。

图 16-41　足尖步

3. 跑跳步（图 16-42）

【动作做法】起踵立，右脚向上轻跳一次，同时左腿前吸，脚面绷直，脚尖向下。然后，左脚向前落地，两腿微屈。接着，左脚向上轻跳 1 次，同时右腿前吸。

4. 滚动步（图 16-43）

【动作做法】从两脚起踵立，两手叉腰开始，右腿直膝下压落踵，左腿屈膝，膝向前，足尖绷直点地，右腿起踵，两脚尖立。

图 16-42　跑跳步　　　　　　　　　　图 16-43　滚动步

5. 弹簧步和弹簧跳步（图 16-44）

【动作做法】从起踵站立、两手叉腰开始，右腿向前一次柔软步，稍屈膝，左腿在后，离地，膝自然弯曲。然后，后退膝、踝依次伸直，右脚柔和起踵。同时，左腿向前下方伸直，脚面绷直。

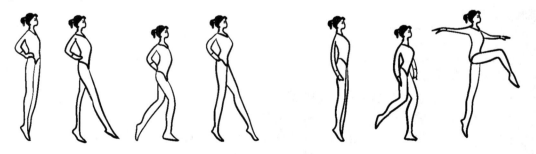

图 16-44　弹簧步和弹簧跳步

第三节　瑜伽运动

一、瑜伽概述

　　现代瑜伽（Yoga），是指锻炼身体的健身方法，用来增进人们的身体、心理和精神的健康。健身瑜伽是一种老少皆宜、安全有效的运动，不仅能调节全身，而且能增进心理与生理的健康。瑜伽运动能起到一定的减压及健身作用。

　　瑜伽的渊源十分古老久远，在有文字记载的历史开始以前，它就已经存在了。瑜伽是东方最古老的健身术之一，是人类智慧的结晶，练习秘要是理论和实践互相参证。瑜伽起源于印度，是古代印度哲学弥漫差等六大派中的一派，已有五千多年的历史。瑜伽是梵文词，意思是自我（Atma）和原始动因（The original cause）的结合（Theunion）或一致（Onenees）。从广义上讲，瑜伽是哲学；从狭义上讲，瑜伽是一种精神和身体结合的运动。

二、练习瑜伽的注意事项

（一）注意事项

　　（1）防止生拉硬拽，造成不必要的损伤。不要过于勉强，每个人都有自己的极限，每个动作达到自己努力所能承受的限度，便能达到最佳效果，这就是最好的练习。

　　（2）注意呼吸。将正确、完整的瑜伽式呼吸贯穿整个练习的始终。必须在正确掌握一呼一吸后，再进行悬息的练习。

　　（3）意念集中。意念归于一点，效果会更显著。

　　（4）每个动作缓慢柔和、步骤明晰。包括每一个简单的起势和收势。

　　（5）机体骨骼有时发出"咯咯"的声响，这是正常的声响，说明骨骼关节趋向灵活、柔韧。感受到任何突然的剧痛，都要立刻停止活动，按摩放松。

　　（6）瑜伽姿势左右对称着做，使机体得到平衡发展。

　　（7）每个动作结束后，及时地进行调息，彻底地放松，帮助达到最好的效果。

　　（8）非初学者可根据自己练习的程度、机体的状况及需要，适当调节每项动作练习的时间、长度和力度。

　　（9）在任何一个姿势的练习前，必须认真阅读"重点"部分及所有的文字、图片指导。

（二）训练要求

　　（1）热身很重要，不要一开始就做高难度动作。

　　（2）练习瑜伽前后至少1小时内不要用餐。

　　（3）练习时要尽量放松心情，可容许身体有点儿疼痛，但不要太勉强。

　　（4）要专注呼吸，练习时不要大笑或说话，以保持规律、深沉的呼吸节奏。

　　（5）完成瑜伽动作后，休息也很重要，避免练习完后仍逛街、用神。

　　（6）在进行瑜伽的课程训练前，应摘除首饰、眼镜、隐形眼镜、钥匙等物。

　　（7）在进行瑜伽的课程训练时，应穿一些舒适有弹力的衣服，最好赤脚或只穿袜子。

　　（8）女性在经期和怀孕后，不宜做瑜伽练习。在这种情况下，许多瑜伽方法应该停止，有选择地从事锻炼。非经期时女性练习瑜伽，对治疗各种妇科疾病极有效，对增进健康、延缓衰老也有帮助。

（三）了解体能

在进行瑜伽操练之前，了解自己的体能有多大是很重要的。千万不要勉强自己做一些身体能力所不适的姿势或过度的运动量，因为瑜伽并不是竞技运动。

瑜伽操练过程可能会较慢，如果有充足时间，身体便会变得柔软。做每一个姿势时，让自己轻松起来。检查身体看有没有什么地方在姿势形成时感到紧张。如果有，借呼吸消除该部分的紧张。

（四）平衡身体

我们的日常动作，很多都会集中用身体的一部分或一侧。要获得健康并和谐的平衡，必须保持身体的所有部分具有同等的劲力和柔软程度。瑜伽的练习会让身体的每一组肌肉左右匀称地动作，以取得平衡。

（五）瑜伽音乐

瑜伽音乐系列基于源远流长的、古老的瑜伽颂，抒发自然界中舒松怡人的心弦，融合一种宁静祥和的音韵，带领人进入来自入静冥想的深度感受和天地宇宙间的自然万物，深深融入瑜伽千年的宁静之中。这些特有的音乐节奏与旋律，不仅可以引导瑜伽的锻炼气氛，更是忙碌人群心灵生活、健康情绪最高效率的修身手册。

三、瑜伽课程

（一）瑜伽课程分类

（1）女子瑜伽。在动静结合中，塑造形体美，缓解压力，放松全身肌肉，提高身体的协调性和控制能力。

（2）男子瑜伽。帮助男性消除压力与疲倦，恢复精力。调节颈椎与脊椎的问题，调节血脂，并增强肾脏功能，提升精力。

（3）少年儿童瑜伽。促使少儿的骨骼生长发育，帮助调整坐与站的正确姿势，培养集中注意力的能力，使其身体舒展，促进内脏机能，提高少儿的学习能力。

（4）中老年瑜伽。可帮助中老年人的骨骼与肌肉恢复弹性与活力，促进内脏与各腺体的机能，以达到抗衰老、抗疾病的目的。

（5）东西方瑜伽。东方的瑜伽主张顺其自然，锻炼的时候不能操之过急，提倡在自己觉得舒服的情况下练习，然后循序渐进地进阶。东方瑜伽独特的魅力在于：通过洗心涤虑，消除人们心中的杂念，从而进入宁静、祥和的境界。

西方的瑜伽被称为"Power Yoga"，因为它注重通过加强肌力训练，发掘自身潜力。西方瑜伽认为："人所拥有的潜力无限，必须不断去激发它，才能使其被发掘出来。"所以，其锻炼强度较东方瑜伽要大得多。

（二）练习瑜伽的作用

（1）保持和促进系统发挥正常的功能。

（2）加强内分泌系统的功能。

（3）按摩和强化各部位器官，使其机能平衡。

（4）促进血液循环、新陈代谢。

（5）瑜伽呼吸法，调整心灵，延长生命力。

（6）调整脊椎，增强柔韧性。

（7）减肥和保养皮肤。

（8）提升心理、精神能量，使心灵平和、宁静。

（9）排除体内毒素。

（10）减缓和消除慢性疾病。

四、瑜伽动作技术

（一）呼吸技术

我们知道，呼吸是维持生命的手段。要是没有氧气，我们便活不了几分钟。很多人呼吸时都只使用他们的呼吸能力（即肺活量的一个成数），只吸入肺部可容气量的 1/3 左右，这会使他们疲倦和紧张。瑜伽式的呼吸规则会教你用鼻来呼吸，集中精神在呼气而不在吸气，以便清洁肺部，排除毒质。正规呼吸的重要性是：这一技术会增进身体上和精神上的健康。

（1）腹式呼吸。首先要学会有效地呼吸。平坦地仰卧，把双手放在腹部上，开始深深吸气，感觉腹部在上升，然后呼气，感觉腹部在下降。徐徐而深入地吸气以让空气到达肺的底部，并让横膈膜得到练习。

（2）全瑜伽呼吸。把一手放在下肋骨处，另一手放在肚子上。吸气，尝试把气灌进肺的最底部，然后到中部，再到顶部，感觉一下胸部的扩张和腹部的扩张。

（二）动作练习

（1）太阳敬礼。太阳敬礼可以促进各系统的和谐、健康，是一组 12 个动作的预备操练。这套动作唤醒躯体和精神，为接下来的瑜伽操练做准备。12 个动作每一个导致不同的脊椎运动，并和呼吸动作构成全拍，从而逐步注入平衡与和谐的感觉。各姿势环环相扣，使得这个敬礼做起来轻松愉快。在每一节功课的开始，至少要做 6 个连续组套（图 16-45）。

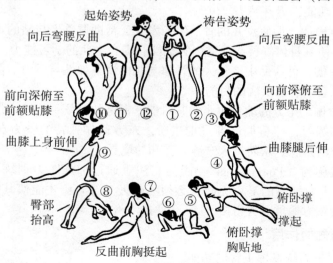

图 16-45　太阳敬礼示意图

（2）"阳光"姿势。"阳光"姿势可以改善人际关系。心胸开阔，积极而明朗，以声音发出阳光般灿烂的愉悦气息（图16-46）。做法：两脚开立，稍宽于肩，向前微推髋，充分挺胸，展开胸廓，手臂展开，向上高举于头上方，迎接阳光状。同时深吸满气之后呼气，呼时应缓缓呼出并带出开心的中心音（"哇""呜""啊""依"等），呼尽气后，缓缓放下手臂。深吸气同时可配合提踵练习，保证平衡和内心稳定。

（3）"提拉"姿势。"提拉"姿势可以消除膝关节的僵硬（图16-47）。做法：①伸直双腿，绷脚尖，双手十指交叉于左膝下，左膝上提靠近胸部。②慢慢伸直腿，用力收腿靠近头部；③伸直手臂，挺直胸吸气，用脚尖划圆，正、反方向各做10次左右；④屈肘拉单脚，（另一腿伸直）靠近身体，背部保持正直。

图 16-46　"阳光"姿势示意图　　　图 16-47　"提拉"姿势示意图

（4）每天必做的 8 个基本动作（图16-48）：①蛇式；②蚂蚱式；③扭转式；④开腿式；⑤肩倒立式；⑥鸟王式；⑦半莲花单足伸展式；⑧仰卧式完全放松。

图 16-48　8 个基本动作示意图

第十七章　舞龙运动

第一节　舞龙运动概术

中华民族繁衍生息的广袤土地，被称为"龙的故乡"。中华儿女被称为"龙的传人"。龙是中华民族的图腾，是中华民族勤劳、勇敢、拼搏、智慧的象征。中国是舞龙运动的发源地，在中国的传统文化中，龙具有重要的地位和影响。"舞龙"，又称"龙舞""龙灯"，是中华（汉）民族传统的娱乐活动，是中华民族民间传统文化的重要组成部分。其历史悠久，源远流长，内容丰富多彩。随着千百年来的传承，象征着吉祥喜庆、欢乐幸福的舞龙运动已经成为我国广大城乡喜庆佳节最具代表性的民俗活动，同时也是我国推行全民健身计划、增强人民群众身心健康的重要大众体育项目。

舞龙运动是指舞龙者在龙珠的指引下，手持龙具，随鼓乐伴奏，通过人体运动和姿势的变化完成龙的盘、游、翻、滚、穿、腾、缠、戏组图和造型等动作或套式以展现龙的精、气、神、韵等内容的一项民族传统体育项目。它反映了中华民族团结向上、不屈不挠、喜庆祥和的精神面貌。

中华民族是一个富有创造力的民族，各地舞龙表演可谓种类繁多，各具特色。民间舞龙的主要种类有灯龙、人龙、草龙、百叶龙、板凳龙、段龙、三人龙、竞技等。

第二节　舞龙场地与器材的规定

一、场地的规定

舞龙比赛的正规场地为边长为 20 米的正方形平正场地（特殊情况，最小面积不得小于边长为 18 米的正方形场地），要求地面平整、清洁。场地边线宽 0.05 米，边线内为比赛场地。边线周围设 1 米的无障碍区。在实际的教学中可根据实际需要调整。

二、器材的规定（以九节龙为例）

舞龙表演所需要的器材主要有龙珠和龙（包括龙头、龙身、龙尾）。

龙珠：球体直径不小于 0.33 米，杆高（含珠）不低于 1.7 米。

龙头：龙头重量不得低于 2.5 千克。龙头外形尺寸，宽不少于 0.36 米，高不少于 0.6

米，长不少于 0.8 米，杆高不低于 1.25 米，杆高（含龙头）不低于 1.85 米。

龙身：龙身为封闭式圆筒形，直径不少于 0.33 米，全长不少于 18 米，龙身杆高（含龙身直径）不低于 1.6 米，两杆距离大致相等，不低于 2 米。

龙体、龙尾、龙珠的重量不限制。

第三节　舞龙基本方法

一、舞龙珠的基本方法

龙珠技术是舞龙技术必不可少的技术之一，它在舞龙技术中占有十分重要的作用，可以说是舞龙队的灵魂。持龙珠者即为龙队指挥者，在鼓乐伴奏下完成龙的盘、游、翻、滚、穿、腾、缠、戏组图和造型等动作或套式动作，整个过程动作要生动、顺畅、协调。

【目的】（1）引导出场，认清出场方向；（2）了解比赛场地的大小，熟悉表演动作的方位，避免出现方位不正或场地利用不充分；（3）必须熟悉本队比赛的套式中的各种队形的变化，具备场上的应变能力。

【要求】（1）双眼随时注视龙珠，并环视整队及周边环境的变化情况，具备较强的场上应变能力；（2）与龙头保持大约 1 米的距离；（3）与龙头保持协调配合；（4）龙珠应保持不停地旋转。

二、持龙头的基本方法

持龙头者一般选用身材比较高大魁梧、有力，舞动时龙头动作紧随龙珠移动，龙嘴与龙珠相距 1 米左右，似吞吐之势。注意协调配合，时时注意龙头应不停地摆动，展现出龙的生气有力、威武环视之势。

【目的】（1）在龙珠的引导下，紧随其后移动，从而带动龙身的摆动；（2）龙头摆动时以嘴领先，显出追珠之势。

【要求】（1）龙头替换时，不能影响动作；（2）因龙头体积较大，在左右摆动时不得碰擦龙身或舞龙者；（3）与龙珠保持 1 米的距离。

三、舞龙身的基本方法

舞龙身者，必须随时与前后保持一定的距离，眼观四方紧跟前者，走定位，空中换手时尽量将龙身撑高，甚至可跳起；舞低时尽量放低，但不能将龙体触地，在高低左右舞动中表现出龙的翻腾之势，随时保持龙身的"游弋"，展现出生龙活虎之势。在做腾与穿的动作时特别注意杆的握法，杆下端不可多出，以免挂伤他人。

【目的】舞龙身者将龙身舞动起来，展现龙的翻腾之势，保持龙的游弋之势，造成生龙活虎之势。

【要求】（1）左右舞动时，龙身轨迹要圆滑、顺畅；（2）龙身不可触地、脱节；（3）防止龙体出现不合理打结。

四、持龙尾的基本方法

持龙尾者，身材需轻巧、速度快，龙尾也是主要部位，经常做翻身动作。龙尾舞动时要表现出轻巧生动，不拖泥带水，防止龙尾打地造成器材的损坏。龙尾在舞动时切忌呆板，要做出与龙头的首尾呼应，舞龙尾者要有明确精练的头脑，控制好整条龙的舞动弧度，并随时保持龙尾的摆动。在做龙的穿腾动作时，注意尾部，勿被碰撞或碰撞他人。

【目的】随着龙身的摆动，龙尾时刻摆动着，体现出龙的轻巧生动。

【要求】（1）龙尾摆动时不可触地；（2）龙尾在舞动时随时保持左右的摆动展示生动之势；（3）控制好左右舞动弧度的大小。

第四节　舞龙基本技术

舞龙基本技术主要是有基本握法、基本步形、基本步法组成。

一、基本握法

（一）举　把

【动作过程】双手持把上举，左（或右）臂轴微弯曲，手握于把位末端与胸同高，右（或左臂）伸直，手握于把的上端使龙杆竖直立于体侧。目视前方。

【动作要点】收腹挺胸，两手上举龙杆紧贴身体。

（二）滑　把

【动作过程】双手握把，一手握把端不动，另一手握把上下滑动。

【动作要点】收腹挺胸，两手动作流畅。

（三）换　把

【动作过程】结合滑把动作，在滑动手接近固定手位，双手转换，滑动手握把成固定手位，固定手位变成滑动手位。

【动作要点】在换把手位时，要保持平稳，并随龙体轨迹运行。

（四）端　把

【动作过程】两手持龙杆，手臂微屈，使龙杆端平与胸同高，目视龙体。

【动作要点】挺胸塌腰，握把平稳，两肩松沉。

二、基本步形

（一）正　步

两脚并拢，脚尖向前方，重心在双脚之间。

（二）小“八”字步

两脚跟并拢，脚尖分开，斜向前45°左右

（三）大"八"字步

两脚跟间距一脚半，其他同小"八"字步。

（四）丁字步

右（左）脚跟靠拢左（右）教足弓处，脚尖方向同小"八"字步。

（五）虚丁步

（前点步）站丁字步，右（或左）教顺脚尖方向伸出，绷脚点地，大腿外旋。

（六）虚　步

站虚丁字步，左（或右）腿半蹲。

（七）弓　步

右脚（或左）向前迈出，屈膝，小腿伸直，脚尖向前，左腿（或右腿）挺直，脚尖稍内扣。重心在两腿之间，上身与右（或左）脚尖同一方向。

（八）横弓步

当弓步的上身左（或右）转与左（或右）脚尖同一方向，也称半马步。

三、基本步法

步法是指舞龙者完成各种双脚移动式的各种方法。舞龙者步法有很多，归纳起来主要有以下几种：圆场步、矮步、弧形步和碾步。

（一）圆场步

【动作过程】两手持龙杆，两脚沿圆形路线连续向前行步，脚跟先着地，然后逐步过渡到脚前掌。两脚依次交替，连续行进间完成。

【动作要点】两脚依次过渡要连贯，身体重心平稳。

（二）矮　步

【动作过程】两手持龙杆，两腿屈膝半蹲，两脚向前行步，脚跟先着地，然后逐步过渡到脚掌。两脚依次交替，连续行进间完成。

【动作要点】挺胸、塌腰、身形正直，两腿微屈，两脚依次过渡要连贯，身体重心平稳。

（三）弧形步

【动作过程】两手持龙杆，两脚向前行步，沿弧形路线行进，眼睛注视龙体。

【动作要点】挺胸、塌腰身体重心平稳，并随龙体上下运动起伏行进。两脚依次过渡，注意方向的转换、转腰。

（四）碾　步

【动作过程】以向右移动为例，两手持龙杆，以左脚脚掌和右脚脚跟为轴碾转，使左脚跟和右脚尖向右移动，然后再以右脚脚跟和左脚脚尖为轴碾转，使左脚掌和右脚跟向右移动连续行进间完成。

【动作要点】两脚移动的轴心要清楚，动作要连贯，身体重心要平稳。

第五节　舞龙技术动作内容的分类与难度

一、舞龙技术动作的分类与难度

舞龙动作按动作形态特征可分为以下几种。

（1）"8"字舞龙动作。

（2）游龙动作。

（3）穿腾动作。

（4）翻滚动作。

（5）组图造型动作。

舞龙动作按动作的难易分为基本动作和难度动作。

（1）基本动作：是指舞龙的基础动作和技术较为简单的舞龙技巧动作。

（2）难度动作：是指必须具备较高的身体专项素质和专项技能才能完成的高难度舞龙技巧动作，高难度的舞龙组合动作，并有较高的锻炼价值和审美价值。

一、"8"字舞龙动作

运动员将龙体在人体左右两侧交替做"8"字环绕的地舞龙动作，可快可慢，可原地，可行进，也可利用人体做出各种姿态，多种方法做"8"字形状舞动。

【要求】龙体轨迹要圆顺，人体造型姿态要优美，快舞龙要突出速度、力量；每个8字舞龙动作不少于4次；单侧舞龙每个动作上下不少于6次。

【基本动作】

（1）原地快速"8"字舞龙。

（2）行进快速"8"字舞龙。

（3）单跪舞龙。

（4）套头舞龙。

（5）搁脚舞龙。

（6）扯旗舞龙。

（7）靠背舞龙。

（8）横移步（跑）舞龙。

（9）双杆舞龙（不少于4次）。

（10）靠背蹬腿舞龙。

（11）坐背舞龙。

（12）站背舞龙。

（13）跪步行进快舞龙。

（14）抱腰舞龙。

（15）绕身舞龙。

（16）双人换位舞龙。

（17）快舞龙磨转。

（18）连续抛接龙头横移（跑）步舞龙。

（19）跳龙接一蹲一躺快舞龙。

（20）屈膝躺腿舞龙。

【难度动作】

（1）跳龙接摇船快舞龙。

（2）跳龙接直躺快舞龙。

（3）依次滚翻接单跪快舞龙。

（4）挂腰舞龙（2人、3人、4人）。

（5）站肩舞龙。

（6）直体躺肩（躺腿）舞龙。

（7）滚地行进舞龙。

（8）单手撑地快舞龙。

（9）K式舞龙（3人1组）。

（10）站腿舞龙。

（11）靠背蹬腿舞龙。

二、游龙动作

运动员较大幅度的奔跑游走，通过龙体快慢有致、高低的起伏进行。展现婉转回旋，左右盘翻，屈伸绵延等龙的动作特征。

【要求】龙体循着圆、屈、弧线的规律运动，运动员协调地随着龙体的起伏行进。

【基本动作】

（1）快速曲线起伏行进。

（2）快速顺逆连续跑圆场。

（3）起伏行进。

（4）单侧起伏小圆场。

（5）直线（曲线、圆场）行进越障碍。

（6）快速矮步圆场越障碍（矮步2周以上）。

（7）快速跑斜圆场。

（8）骑肩双杆起伏行进。

【难度动作】

站肩双杆行进（6次以上）。

三、穿腾动作

龙体运动路线呈纵横交叉形式，龙珠、龙头、龙节依次在龙身下穿过，称"穿越"；龙珠、龙头、龙节依次在龙身上越过，称"腾越"。

【要求】穿越和腾越时，保持龙形饱满，速度匀速，运动轨迹流畅，穿腾动作轻松利索，不碰踩龙体、不拖地、不停顿。

【基本动作】

（1）穿龙尾。

（2）越龙尾。

（3）首尾穿肚。

（4）龙穿身。

（5）龙脱衣。

（6）龙戏尾。

（7）连续腾越行进。

（8）腾身穿尾。

（9）穿尾越龙身。

（10）卧龙飞腾。

（11）穿八五节。

（12）首（尾）穿花缠身行进。

【难度动作】

（1）快速连续穿越行进（3次以上）。

（2）连续穿越腾越行进（各2次以上）。

四、连续翻滚动作

龙体成立圆或斜圆状运动，展现龙的飞腾跳越的动势。龙体做立圆或斜圆状连续动作，当龙身运动至舞龙者脚下时，运动员利用跨越、跳跃迅速依次跳过龙身，称"跳龙动作"龙体同时或依次做360°翻转，运动员利用翻滚、手翻等方式越过龙身，称"翻滚动作"。

【要求】跳滚动作必须在不影响龙体速度、幅度、美感的前提下完成跳滚动作，难度较大，技术要求也高，龙体运动轨迹要流畅，龙形要圆顺，运用翻滚动作要准确规范。

【基本动作】

（1）龙翻身。

（2）快速逆（顺）向跳龙行进（2次以上）。

（3）连续游龙跳龙（2次以上）。

（4）大立圆螺旋行进（3次以上）。

（5）双杆斜盘跳龙（3次以上）。

【难度动作】

（1）快速连续斜盘跳龙（3次以上）。

（2）快速连续螺旋跳龙（4次以上）。

（3）快速连续螺旋跳龙磨转（6次以上）。

（4）快速左右连续跳龙（左右各3次以上）。

（5）快速连续磨转跳龙（3次以上）。

（6）快速连续首尾跳龙（4次以上）。

（7）连续跳龙起伏行进（3次以上）。

（五）组图造型动作

（1）龙门造型。

（2）塔盘造型。

（3）尾盘造型。

（4）曲线造型。

（5）龙出宫造型。

（6）蝴蝶盘花造型。

（7）组字造型。

（8）龙舟造型。

（9）螺丝结顶造型。

（10）卧（垛）龙造型。

（11）龙尾高翘寻珠、追珠造型。

（12）单臂侧手翻接滚翻造型。

【难度动作】

（1）大横"8"字花慢行进（成型4次以上）。

（2）坐肩后仰成平盘起伏旋转（2周以上）。

（3）站肩高塔造型自转1周。

（4）首尾站肩盘珠造型。

（5）龙头站肩立柱平盘起伏圆场2周以上。

第六节　舞龙运动竞赛规定套路介绍（第二套）

一、舞龙规定套路介绍

规定套路是国家体育总局中国龙狮运动协会根据舞龙技术发展的方向，组织舞龙技术专家从近期历次比赛众多的舞龙动作中，挑选各种最具代表性的舞龙基础动作和舞龙技巧动作，经过精心编排的套路，它具有一定的训练价值和观赏价值，有益于舞龙运动的推广和发展。

规定套路的比赛主要看舞龙动作技术的规格、队员之间的配合。规定套路的动作顺序不能改变，方向、路线已不能改变，且不能遗漏动作，或随意添加动作。规定套路的比赛，是各舞龙队在相等条件下展开公平竞争，最能检验舞龙技术基本功，因而要在表现力上狠下功夫，力争每个动作做到规范准确，形神兼备。

二、舞龙运动竞赛规定套路（第二套）动作名称

1. 龙珠出场
2. 快速逆向跳龙行进
3. 快速跑斜圆场
4. 龙出宫造型
5. 龙穿身
6. 单侧起伏小圆场
7. 起伏行进
8. 纵向曲线慢腾进
9. "8"字舞龙磨转
10. 龙脱衣
11. 卧龙飞腾
12. 大横"8"字花慢行进
13. 原地快舞龙
14. 跳龙接摇船舞龙
15. 大立圆螺旋行进
16. 快速矮步跑圆场越障碍
17. 穿八、五节
18. 龙尾高翘造型
19. 高塔盘造型
20. 纵向曲线快腾进
21. 360°连续螺旋跳龙
22. 直躺舞龙
23. 快速曲线起伏行进
24. 出场

三、舞龙规定套路动作详解

（一）龙珠出场

【动作说明】预备，龙珠、龙体位于左后方场地。"龙珠"手持龙珠走弧线到场内，左丁步"右举珠亮相"，左扣腿"端珠亮相"返回出场口，右弓步端珠，并步举珠亮相。

【要求与要点】

（1）举珠亮相时，龙珠在头上方，并不停转动龙珠。

（2）挺胸、收腹、立腰；眼随珠行。

（二）快速逆向跳龙行进

【动作说明】龙头带领龙节在龙珠的引导下，举龙把快速行进，逆时针方向连续舞两次立圆；各龙节依次快速跳越龙身，随龙头行进，

【要求与要点】

（1）腾跳动作要轻巧、干净利索，龙体运动轨迹顺畅。

（2）龙体不可触地。

（三）快速跑斜圆场

【动作说明】龙珠引导龙体沿逆时针方向快速跑圆场，同时龙体成前低后高的斜圆盘状旋转2周以上。

【要求与要点】

（1）舞龙者在快速跑圆场时，随龙体的升降不断改变自身姿态和持杆变化的动作，做到快而不乱。

（2）跑斜圆场时，龙体运行轨迹要圆顺，中间不可出现塌肚现象。

（3）队员与队员之间保持好距离，不可互相碰撞。

（4）呈斜圆时，龙珠、龙头、龙尾要衔接好。

（四）龙出宫造型

【动作说明】龙体基本保持呈斜圆场时，龙头高昂于中央，龙尾微翘；龙珠在第4、第5几节龙身上方做滚珠动作，龙头横卧于龙珠之后，并随龙珠做戏珠状；龙尾从后划一弧线至龙嘴边，龙头转头做戏尾动作，同时，龙珠做右弓步举龙珠造型；龙尾返回原来位置，接着龙珠方向做滚球状，龙头紧随龙珠之后做戏珠动作。

【要求与要点】

（1）龙头与龙珠、龙头与龙尾互戏时，要保持一定距离，不可互碰。

（2）静止造型形象要逼真，戏珠、戏尾配合默契，协调一致。

（3）戏珠、戏尾时，其他把位要做轻微抖动龙身，人体藏在龙身之后。

（五）龙穿身

【动作说明】龙出宫造型后，龙头腾越第5节龙身与龙珠呼应，第6、7、8、9号队员迅速依次从第1节龙身下连贯穿越；当龙尾穿过时，龙珠引龙头做"8"字舞龙2次，然后带领龙头和第2、3、4、5号队员逆时针穿越第5节龙身，紧接着6号队员引第7、8、9号队员顺时针穿过第5节龙身，并随龙头行进。

【要求与要点】

（1）穿越动作时龙形要饱满，轨迹要圆顺、流畅。

（2）穿越时，队员之间不可相撞。

（3）动作连贯、娴熟、不脱节。

（六）单侧起伏小圆场

【动作说明】龙珠引龙体逆时针方向走小圆场，同时龙体在舞龙者右侧快速大幅度上下起伏。

【要求与要点】

（1）小圆场一周，龙体上下起伏6次左右。

（2）走小圆场时，龙体不可相撞。

（七）起伏行进

【动作说明】龙珠引龙体逆时针方向沿场地周边走大圆场。行进中，通过舞龙者"直立高擎龙""矮步端龙"的不断变化，龙体做上下流线状起伏行进。

【要求与要点】

（1）龙体上下起伏幅度要大，人体动作要与龙体起伏协调一致。

（2）龙体运行轨迹顺畅，上下起伏明显，不可塌肚。

（3）各把位队员在走圆场时，保持好相互之间的距离，不可相撞。

（八）纵向曲线慢腾进

【动作说明】龙珠引龙体矮步右端龙行进，接着左转弯，举珠顺时针方向腾跃第4节龙身；龙头腾跃第5节龙身随珠而行，第2、3、4号队员分别交叉腾跃第6、7、8节龙身。随后，龙珠右转弯，引龙体顺时针方向重复以上腾跃动作。

【要求与要点】

（1）穿越动作时龙形要饱满，轨迹要圆顺，环环相扣。

（2）腾越速度要均匀。

（3）腾越时队员之间不可相撞。

（4）腾越行进时，龙体不可触地。

（九）"8"字舞龙磨转

【动作说明】全体队员成一直排，龙头面对龙体做"8"字舞龙6次以上；同时以5号队员为轴心，龙体逆时针方向磨盘状边"8"字舞龙边转1周。

【要求与要点】

（1）"8"字舞龙要求龙形圆顺，幅度大。

（2）磨转流畅连贯，龙体不相碰，人不相撞。

（3）龙体不可触地。

（十）龙脱衣

【动作说明】快速"8"字舞龙中快速静止，组成曲线造型。然后，双数队员向左，单数队员向右，面向龙头成两排，在龙珠的带领下，从两排龙身下依次穿越结成疙瘩，到边线处原路折回再穿龙身，自然解开龙身疙瘩。

【要求与要点】

（1）静止造型要突然，静止快。

（2）穿越动作要利索，组、结疙瘩要连贯自然。

（3）队员转换手位握把要协调连贯。

（十一）卧龙飞腾

【动作说明】举龙行进时，龙头在龙珠引导下，划一弧线成右端卧龙状，矮步后退；龙节依次跳越龙身，随龙头后退行进。龙头退至与龙尾相遇位置左右，开始手举球向前腾越各龙杆，龙头及龙节随龙珠依次举龙腾越身后各龙杆。

【要求与要点】

（1）腾越动作要连接紧凑，不可碰踩龙杆。

（2）卧龙后退时，龙体不可触地。

（3）腾越时，队员之间应保持相应距离，龙体饱满，不可塌肚。

（十二）大横"8"字花慢行进

【动作说明】龙珠引龙体左右上下起伏缓慢行进，整个龙体组成明显的大横"8"字花图案。

【要求与要点】

（1）"8"字花图案清晰、逼真。

（2）"8"字花运行轨迹圆顺，做到慢而不断，柔中有刚。

（3）"8"字花图案成型4次以上。

（十三）原地快舞龙

【动作说明】全体"大八字步"成一排站立，龙体在舞龙者两侧快速"8"字舞龙6次以上。

【要求与要点】

（1）龙形轨迹要圆顺、流畅，速度要快，充分体现龙的力量与气势。

（2）"8"字舞龙幅度要大、不可触地。

（3）队员之间应保持好相应距离，龙体之间不可相碰。

（十四）跳龙接摇船舞龙

【动作说明】快舞龙中，龙头顺时针方向划一立圆，各龙节依次跳越龙身；落地后，双数队员左转 1/4 周，单数队员右转 1/4 周，再迅速交叉横卧于地。两脚踝关节相交叉；身体圆背似船一样前后摇摆；同时双手持杆随摇摆方向做"8"字舞龙 6 次以上。

【要求与要点】

（1）龙体摆动幅度大，龙体不可触地，人体姿态优美。

（2）队员之间保持好相应距离。

（3）摇摆船时，龙体运动不可出现停顿现象。

（十五）大立圆螺旋行进

【动作说明】龙头的龙珠的引导下顺时针方向做大立圆 3 次，使龙体成连续螺旋状反转行进。当龙身翻到队员脚下时，依次从龙身上穿过，2、3、4、5……号队员分别越过第 2、3、4、5……节龙身。

【要求与要点】

（1）龙形螺旋立圆大小一致。

（2）队员腾越龙身要轻松、轻巧、利索，不碰踩龙身，龙体不拖地。

（3）龙体运行轨迹要圆顺、流畅。

（十六）快速矮步跑圆场越障碍

【动作说明】龙珠引龙体做快速矮步跑圆场两周，同时龙体做小幅度起伏；龙珠右侧平端，珠杆做顺时针方向转动，龙头带领各节跳越龙珠障碍。

【要求与要点】

（1）龙体起伏流畅、圆顺。

（2）队员做矮步时，姿态优美，高度尽量保持一致，跳越障碍轻松协调。

（十七）穿八、五节

【动作说明】龙珠引龙体逆时针方向跑圆场成圆后，接着带领龙体穿越第 8 节龙身反向行进，紧接着依次穿越第 8、5 节龙身，当龙头穿过第 5 节龙身，3 号队员穿过的 8 节龙身，6、7、8 号队员分别跳越第 1、2、3 节龙身，随龙头行进。

【要求与要点】

（1）穿越时龙体要饱满、顺畅，龙形要美，动作连接紧凑，无停顿、脱节现象。

（2）穿越时队员之间不可相撞。

（十八）龙尾高翘造型

【动作说明】龙体组成龙尾高翘造型，龙珠藏于龙体背面，龙头顺时针方向圆场寻找龙珠，同时，持龙珠者从 5 号队员背上做滚背动作翻下，急速到龙尾处摆珠戏龙头，龙头飞速腾越由 7、8 号队员组成的二人梯，追逐龙珠。

【要求与要点】

（1）龙尾高翘造型形象逼真。

（2）龙珠、龙头表演配合默契、协调。

（3）龙珠滚翻动作要轻巧、迅速。

（十九）高塔盘造型

【动作说明】龙体在龙珠的引导下走圆、紧缩，龙头迅速站于队员肩上，组成螺旋高塔盘造型，接着顺时针方向自转一周。

【要求与要点】

（1）静止造型形象逼真，层次分明。

（2）组图与解锁要紧凑利索，无明显塌肚、停顿感。

（二十）纵向曲线快腾进

【动作说明】龙珠引龙体举龙行进，逆时针方向穿越第4节龙身，龙头穿越第5节龙身，紧随龙珠行进，2、3、4号队员分别穿越6、7、8节龙身，并随头行进，6、7、8、9号队员分别依次腾越1、2、3、4节，龙身连续反复3次。

【要求与要点】

（1）龙体在做快腾进时，要一环扣一环，保持一个半环。

（2）腾越龙体时队员不能相撞或碰踩龙体。

（3）腾越时，动作要轻巧、敏捷，判断准确。

（二十一）360°连续螺旋跳龙

【动作说明】龙头面对龙身顺时针方向舞立圆，当龙身舞到脚下时，各节队员迅速从龙身上一次越过。如此反复4次以上，使龙体连续螺旋翻转。

【要求与要点】

（1）连续跳龙龙形要饱满，运动轨迹要圆顺、流畅，速度要均匀，幅度要统一。

（2）连续跳龙时，不可碰踩龙体，龙体不可触地。

（3）跳龙时，动作要轻巧、敏捷，队员之间配合默契。

（二十二）直躺舞龙

【动作说明】龙体成一横排。龙头面对龙节，舞动中各节队员快速依次仰卧在地，而前一节队员正好躺在后节队员的腹部，随龙头躺地做"8"字舞龙6次以上。

【要求与要点】

（1）龙形要饱满，运行轨迹要圆顺、流畅。

（2）躺地、起立要迅速、干净利索。

（3）躺地"8"字舞龙时，龙体不可触地。

（二十三）快速曲线起伏行进

【动作说明】龙珠引龙体快速左右曲线起伏行进，改变3个以上不同方向。

【要求与要点】

（1）龙形要饱满，运行轨迹要呈圆弧形曲线行进，画面优美。

（2）速度要快，队员配合协调统一。

（二十四）出　场

【动作说明】龙珠引龙体跑出场地边线，站成一横排，左手持龙把，右手上举，鞠躬向观众致意。

第七节　舞龙套路的教学原则与教学方法

一、舞龙套路教学原则

舞龙套路教学原则是舞龙套路教学客观规律的反映，它指导着舞龙套路教学的过程，并对舞龙套路教学过程起着调节、控制的作用，是舞龙套路教学必须遵循的原则。根据舞龙教学的一般规律，舞龙套路教学主要有以下几点。

（一）教师主导作用与学生的自觉积极性相结合

教师在教学中起主导作用。教师是教学方案的实施者，对教学过程进行调节和控制。学生是教学的主体，学生的自觉积极性在教师的主导作用下，充分发挥出来，明确学习目的，端正学习态度，主动认真地学习和锻炼，高质量地完成学习任务。

（二）直观、思维与实践相结合原则

学生通过视觉接受直观表现，通过思维分析、综合而认识其本质，再通过参加反复的参加身体练习掌握技术，形成技能。直观、思维、与实践，三者是相互联系的整体，是统一在一个教学过程中的 3 个环节，缺一不可。直观是前提，思维是核心，实施是关键。三者应根据具体的不同情况科学地结合，以提高教学质量。

（三）系统性与突出重点相结合的原则

教学过程中要遵守系统性的原则。教学内容由易到难，组织形式由简到繁，运动负荷由小到大，有序地进行发展，这是必须遵循的客观规律。在一个教学过程中，既要遵循系统性的原则，又要突出重点。

（四）统一要求与区别对待相结合的原则

套路教学要面向全体学生，在教学中根据全体学生的平均水平，制定教学任务和目标，选择教学方法、手段和安排运动负荷，执行统一的标准、统一的要求。但学生间存在个体性差异，要充分考虑到学生的年龄、性别、原有基础和身体素质等客观条件，在统一要求的同时，做到有针对性的区别对待。

（五）认识与实践相结合的原则

舞龙教学的特点是实践性较强，所以在教学过程中切忌长篇大论，教师在课堂上要抓住时机进行讲解，好的教师善于将个人的知识渗透于教学实践中，即寓知识于教学中，使学生在实践中获取知识提高对舞龙技术的认识。

二、舞龙套路教学方法

在舞龙教学过程中，其教学的目的和任务是通过掌握舞龙教材的特定内容来实现的，

而要掌握舞龙教材的特定内容，就必须要采用相应的措施和方法。所以，舞龙教学方法是实现舞龙教学目标的重要手段和基本途径，是教师有意识地引导学生掌握舞龙知识、技术和技能的方法。

舞龙教学的方法主要有讲授法、直观法、完整与分解法、诱导模式法、防错与纠错法。

（一）讲授法

讲授法是教师运用口头语言与学生相互作用以实现教学任务、达到教学目的的方法。在进行教学时，一般需要讲解的内容有基本技法、动作规格、关键环节、易犯错误。

（二）直观法

直观法是指在套路教学中，通过一定的直观方式，作用于学生的视觉感官，引起感知的一种教学方法。因为人对事物的认识首先是通过视觉器官感知，因此教学中的直观法对学生掌握教学内容、达到教学要求和完成教学任务有着重要意义。

（三）完整与分解法

完整教学法是指在学习技术、难度动作时，对一个新的教材内容从开始到结束不划分部分和段落，完整地进行教学的方法。优点是：便于完整地掌握技术、技能，不破坏动作结构，主要用于简单动作教学。

分解教学法在学习技术、难度动作时，把完整的内容合理地分成几个部分，依次进行教学，先分后和，最后达到完整掌握的目的。优点是：可以简化教学进程，缩短教学时间，增强学生学习的信心，利于较快地掌握技术的难点。

（四）诱导模式法

诱导模式法是指在模式原理指导下，把分解法和完整法有机地结合运用，由慢节奏到快节奏，逐步接近教学目标的一种教学方法。其特点是把比较复杂的技术简单化，易于学生较快地熟悉完整的动作要求，提高学习兴趣。

（五）防错与纠错法

防错与纠错法湿教师为了防止和纠正学生在练习过程中出现的动作错误所采用的方法。防错法是指在学习新的教材内容过程中，所采用的各种手段和措施，预防错误动作形成的方法。

纠错法是指针对学生个人存在的主要错误和全队队员的共同性的错误以及战术配合中形成的错误，采取有效的措施和手段进行纠正的方法。常用的纠错方法有矫正纠错法、附加条件限制法、降低难度法、正误对比法。

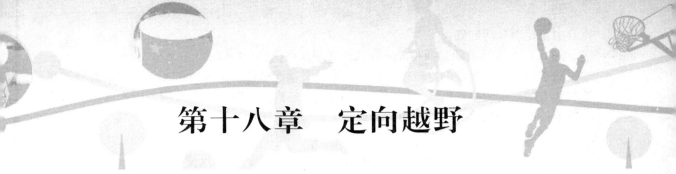

第十八章　定向越野

第一节　定向越野概术

　　定向越野是借助标有若干检查点和方向线的地图和指北针，须在陌生野外选择行进路线，并依此寻找各个检查点，用最短时间完成全程。其是一项既有利于身心健康又具实用价值的综合体育项目。定向越野运动既考验参加者的奔跑能力，锻炼体魄和意志，又检验其思维判断能力，充满着体育项目竞争的刺激性和享受走进大自然的乐趣，成为深受广大学生喜爱的绿色运动。定向越野属定向运动范畴。定向一词起源于1886年的瑞典。瑞典的森林湖泊广布，复杂地势使地图和指南针显得得尤为重要。久而久之，一套自娱自乐的游戏规则便约定俗成，这就是定向运动。定向越野由军事行动演变而来。在军队，尤其是特种兵，定向是一项必修课，被称为军事地形学。它要求首先在判定自己站立点的情况下，按地图或指北针行进到目的地。1962年举行了第1届世界定向越野锦标赛，并于1977年被批准成为奥林匹克运动会项目。特别是在欧洲，目前定向运动已发展成为包括一般定向越野、夜间定向越野、积分定向越野、接力定向越野、5日定向越野、校园定向越野等多种形式的综合性定向运动。定向运动近年来才成为娱乐休闲的新项目，被冠以"探险寻宝""奇宝奇兵"等诱惑标语，发展为热门的野外生存运动。

第二节　定向越野简介

一、定向越野的场地、器材

（一）场　地

1. 比赛区域的地形

　　地形是地物和地貌的总称。地物是指地面上的固定性物体，如建筑物、道路居民地、河流、树木等。地貌是指地面的高低起伏状态，如山地、丘陵、平地、洼地等。对比赛区域地形的要求如下。

　　（1）要有与比赛的等级相适应的难度，并保证它能够使参加者充分发挥自己的定向越野技能。

　　（2）比赛区域必须是所有选手都不熟悉或不太熟悉的，至少应防止赛区当地的选手在比赛中获得明显的好处。

（3）比赛区域的的选择与确定在赛前必须严格保密。

通常情况下，合格的定向越野比赛应选择有适度植被，中等地形变化多样的有限通视地域和人烟稀少的生疏地区。在组织一般的定向越野活动时，城市公园、近郊区以及未耕种的未长成的田地也是可供选择的地点。

2. 比赛路线

（1）定向越野比赛路线通常按环形设计（图18-1），距离只是相对准确。

在小型比赛中路线长度的设计应参考下列完成时间：竞争性的40分钟以上（1000~6000米），或60分钟以上（6000~8000米）；活动性的30分钟以上（2000~3000米），50分钟以上（4000~5000米）。

（2）比赛路线应具有可选择性，使参加者能够根据自己的能力对前进的方向和路线进行选择；具有可持续性，只有这样才能迫使选手依赖识图用图的能力参加比赛，体现出定向越野的特点。

（3）在比赛中，检查点间最合适的距离应设计在500~1000米，若受地图比例尺或地形条件的限制，距离可以适当放宽，但最短不宜少于1000米，最长不宜超过3000米。

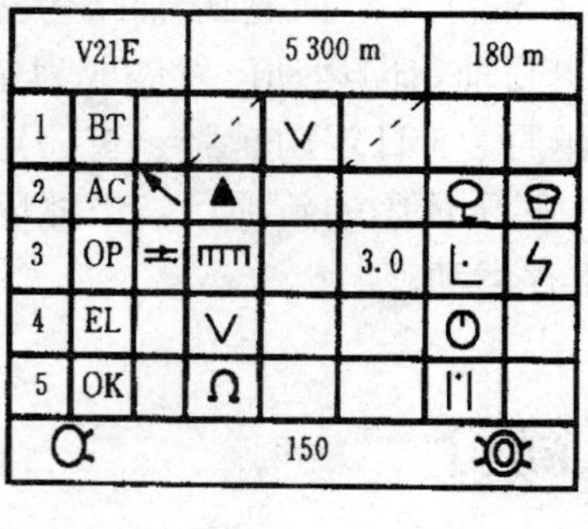

图18-1　定向越野比赛路线

（二）器　材

1. 基础器材

（1）号码布。一般不超过24厘米×20厘米，号码数字的高不小于12厘米，字迹要清晰，字体要端正。正规的比赛还要求将号码布佩戴于前胸及后背两处。

（2）检查卡片。主要用于判定参加者的成绩，用厚纸片制成，分为主卡和副卡两部分。主卡由参加者在比赛中携带，并按顺序将两个检查点的点签图案印在空格中，到达终点时交裁判人员验证。副卡在出发前交工作人员留底和公布成绩时使用。检查卡片的尺寸一般为21厘米×10厘米，基本样式见图18-2。

图18-2　检查卡片

（3）地图。其是定向越野最重要的器材，质量好坏直接影响参加者比赛的成绩和关系到比赛是否公正，因此，国际定联专门为国际间定向越野比赛制定了《国际定向运动制图规范》。

（4）检查点标志。检查点用于检验参加者是否按规定跑完全程，检查点标志是由3面标志旗连接组成，每面正方形小旗，沿对角线分开，左上为白色，右下为红色，旗的尺寸为30厘米×30厘米，可以用硬纸壳、胶合板、布等材料制成。标志旗通常要编上代号，以便选手根据旗上代号判断是否找到了正确的检查点。基本式样见图18-3。

（5）点签。点签是与检查点配合而起作用的，它提供给参加者一个到达位置的凭据。

点签的样式很多，但最常见的还是印章式和钳式（图18-3）。

2. 指北针

指北针用于运动中辨别和保持方向。目前指北针式样较多，国际定向越野比赛多用透明式。这种指北针的好处是：指针灵敏度高；稳定性好；通过指北针可透视图，提高了用图速度。指北针一般由组织者提供，如果组织者不具备条件，可由参加者自备。

图18-3　点签样式

二、定向越野的比赛方法及规则

定向越野就是利用一张详细精确的地图和一个指北针，按顺序到访地图上所指示的各个点标，以最短的时间到达所有点标者为胜。定向运动通常设在森林郊外和城市公园里进行，也可以在大学校园里进行。

一个标准的定向路线包括一个起点（用三角表示），一个终点（用双圆圈表示）和一系列点标（用单圆圈表示）。这些点标已在地图上用数字标明。

在实际地形中，一个橘黄色和白色相间的点标旗标志着运动员应该找到的点标的位置。

点标与点标之间的路线并不指定或固定，而是由运动员自己做出选择。这种路线选择能力及借助于地图和指北针在森林和公园中辨明方向，并以最快速度按顺序到达目的地的能力，便是定向越野的基本要求。

定向运动，还需制作专门的定向图。定向图更加准确精细，更容易比较地图上的符号标记与实际地形中的实物。

第三节　定向越野的基本技能

一、辨别方向

（一）正确使用指北针

（1）辨别方向。当指北针的磁针静止后，其N端（通常都有标志）所指的方向即为北方。

（2）标定地图。先使指北针圆盒内的定向箭头"↑"朝向地图上方，使箭头两则的平行线与越野图上的磁北线重合或平行，然后转动地图，使磁针北端对正磁北方向，地图即已标定。

（3）确定站立点。选择图上和现场都有的两个明显地形点，并用指北针分别测出至该两地形点的磁方位角，将所测磁方位角图解在地图上。图解磁方位角时，要先转动指北针的分度盘，让指标分别对已所测的方位角值；再将指北针的直长边分别切于图上被照准的两个地形点符号并转动指北针；待磁针与定向箭头重合后，分别沿直长边描方向线。两方向线的交点，就是站立点的图上的位置。

（二）利用地物判别

（1）房屋。房屋一般门朝南开，在我国北方尤其如此。

（2）庙宇。庙宇通常也南向设门，尤其是庙宇群的主要殿堂。

（3）树木。树木通常朝南的一侧枝叶茂盛，色泽鲜艳，树皮光滑；向北的一侧则相反。同时朝北一侧的树干上可能有青苔。

（4）凸出地物。如墙、地埂、石块等，其向北一侧的基部较潮湿，并可能生长苔类植物。

（5）凹入地物。如河流，水塘、坑等，其向北一侧的边缘（岸、边）的情况与凸出地物相同。

二、越野地图

（一）越野地图的比例尺

（1）比例尺的概念。图上某线段的长度与相应实地水平距离之比，叫地图比例尺。如某幅图上长为 1 厘米，相应实地的水平距离为 15000 厘米，则这幅地图是按实地缩小 15000 倍测制的，1：15000 就是图比例尺。

（2）用直尺量读图上距离。先从图上量取所求两点间的长度，然后乘以该图比例尺分母，即得出相应的水平距离。如在 1：1.55 越野图上量得某两点间的距离为 3 毫米，则这地水平距离为 3 毫米×15000＝45000 毫米。

（二）符号分类

（1）依比例尺表示的符号。实地面积较大的地物，如森林河流、城镇、湖泊等，其符号图形的外部轮廓都是按比例尺缩绘的。这类符号的轮廓线与实地地物的轮廓相似，在越野图上可以了解其分布形状，依比例尺可量取相应的实地长、宽和计算面积；轮廓线的转折点可供定向越野比赛组织者设置检查点，也可供参加者在运动途中确定运动方向和确定站立点。

（2）半依比例尺表示的符号。实地的线状地物，如道路、沟渠、电线等，这类地物符号的长度是按比例尺缩绘的，而宽度则不是。因此，在越野图上只能量取其长度，而不能量取其宽度。线状地物的转弯点、交叉点同样可供比赛组织者设置检查点和参加者在运动途中确定运动方向和确定站立点用。

（3）不依比例尺表示的符号。实用面积很小而对定向越野运动有影响和有方位意义的独立地物，如窑、独立树等，在越野图上，长与宽都不能依比例尺表示，只能用规定的符号表示。在定向越野运动中，独立地物比大面积地物与线状地物作用更大。因为不但位置准确，而且大多数独立地物突出地面、明显易找，有利于参加者在运动中进行图地对照，准确判定运动方向和确定站立点，准确判定检查点的实地位置；有利于比赛组织者设计出理想的比赛路线。

（4）越野图符号的颜色。专用定向越野图采用不同颜色表示不同的地形内容，使之层次分明、清晰易读。一般原则是蓝色表示水系、棕色表示地面起伏，绿色表示植被，其他内容用黑色。对于禁区或不可逾越的障碍还要用蓝、黄颜色或专门符号表示。

（三）地貌形态

（1）等高线显示地貌的原理。设想把一座山从下至上地按相等的高度一层一层地水平切开，这时山的表面便形成了若干大小不同的截口线，将这些截口线垂直投影到一个水平面上，形成一圈套一圈的等高线圈，可显示出该山的形态。

（2）等高线显示地貌的特点。在同一条等高线上，各点的高度相等，并各自闭合；在同一幅地图上比较，等高线条数多，山就高，等高线条数少，山就低；等高线间隔大，坡度平缓；等高线间隔小，坡度较陡；等高线的弯曲形状则与相应实地的地貌形态相似。

（3）等高距的规定。等高距是相邻两个水平截面之间的垂直距离。等高距的大小，在很大程度上决定着地貌表示的详略。等高距离小，等高线越多，地面表示就越详细；等高距越大，等高线越少，地貌表示得越概略。因此，国际定向运动联合会对越野图的等高距作出了专门规定，并要求将等高说明印制在每张越野图的显著位置上。一般等高距均为5米。

（4）地貌起伏的判定。判定地貌的起伏，也就是判定地貌的斜坡方向。利用示坡线判定：顺示坡线方向为下坡，逆示坡线方向为上坡；利用等高线注记；朝字头方向为上坡，朝字脚方向为下坡。通常是山地高，平地低；山顶高，鞍部低；山背高，山谷低；山脊高，山脚低。

（5）地貌结构的判定。判定地貌的结构，首先应利用图中明显的标高点、河流、谷地等，概略判明区域的总的升降方向并弄清楚大的地貌的起伏、分布规律。然后将主要注意力放在弄清楚地貌结构线。特征线和特征点的平面位置和高度、坡度的比较点上。

第十九章　桥　牌

第一节　桥牌的起源与发展

一、桥牌的起源与演变

桥牌是一种高级纸牌智力游戏。相传，纸牌最早起源于我国宋代，当时，一副牌有 4 种花色，每种花色有 14 张。1269 年意大利旅行家马可·波罗随其叔父来华，对我国的纸牌既好奇又着迷，1295 年返回故土时，他把纸牌游戏带到了威尼斯。起先在王公贵族中流行，后来扩大到民间。1492 年西班牙航海家哥伦布作环球航行时，又将纸牌传入美洲。各国纸牌的玩法五花八门，不尽相同。

桥牌的演变大致可以分为 4 个阶段。

（一）惠斯特牌戏

惠斯特是桥牌的前身，它出现在 16 世纪的英国，惠斯特表示叫大家安静。

惠斯特牌戏是源于英国的一种扑克牌戏。这种牌戏由 4 人进行，2 人为一方与另一方对抗。使用 52 张一副的扑克牌，每人发给 13 张牌。发到最后一张牌时，把这张牌翻开亮出并放在桌面，这张牌的花色即成为将牌花色。由发牌人左方的一个牌手出第一张牌，此后就与桥牌程序相似继续轮流出牌。4 手牌都是暗牌，没有明手。一方赢得 6 墩牌即为得到基本墩数，其超过基本墩数的每一个赢墩，要给赢得的一方 2 人各记 1 分。因此，一副牌任何一方所得到的分数范围为 1~7 分。计分采用按局计分方法。在英国的惠斯特牌戏规则中，还规定有双局奖分和大牌奖分。牌戏结束时，由得分较高的一方获胜。

三人惠斯特是这样出现的：据说是由驻在印度非常偏辟地方的三名英国军官发明的一种改进的惠斯特游戏，由于没有第四个人，而不得不将发牌人的同伴的牌摊在桌上，这个假想的第四人被称为明手。

（二）惠斯特桥牌

惠斯特桥牌的盛行时期是 19 世纪末至 20 世纪初。惠斯特桥牌与上述惠斯特牌戏的主要差别在于选定将牌花色的方法不同。惠斯特牌戏是以翻开第 52 张，即一副发至最后一张以决定将牌花色；惠斯特桥牌则是由发牌人或其同伴选定将牌花色或无将。惠斯特桥牌还规定明手摊牌以及增加了加倍和再加倍，并且可以一直再加倍下去，没有限制。惠斯特桥牌在计分方法上也与惠斯特牌戏不同，惠斯特牌戏超过基本墩数后的每一赢墩得 1 分，惠斯特桥牌中 4 种不同的花色和无将规定的墩分各不相同。黑桃为分数最低的花色，然后按梅花、方块、红心、无将的次序墩分依次提高。成局、成盘（即先赢得两局的一方）以及满贯都另给奖分。持有大牌时还按规定给予大牌奖分。

（三）竞叫桥牌

竞叫桥牌始于 1903 年前后，是桥牌发展史中的第三阶段，它增加了竞争叫牌这一个内容。1905 年，当时的几个俱乐部制定了一套竞叫桥牌的规则，桥牌运动也随之向比较正规化的方向发展。与此同时，打惠斯特桥牌的人相应愈来愈少，直至被全部取代而淘汰。1924—1934 年期间，曾分别由美国桥牌联合会和美国惠斯特联合会举办过多届美国全国性的竞叫桥牌复式比赛和对抗比赛。

（四）定约桥牌

定约桥牌是现代流行的桥牌，它是从竞叫桥牌演变改进并完善起来的。定约桥牌规定只有叫牌所指定的基本墩数的墩分才能用于计算是否足够一局，其余的任何赢墩的分数均不能成为计算成局之用。定约人叫到并做成基本墩数达到 100 分的定约，就算完成一局。

发牌人有权第一个叫牌，可以开叫，也可以不叫。叫牌一直进行到在一项叫品（包括加倍和再加倍）之后其余 3 人顺序不叫时结束。如果一副牌 4 人都未开叫，则双方都不得分。到了 1925 年，定约桥牌经过多次改进后逐渐完善，并经过美国桥牌名流范德比尔特设计和命名，正式称为"定约桥牌"。范氏通过试验和研究，改进了定约桥牌的计分和比赛方法。此后计分好比赛的方法虽有过多次更改变动，其基本规则仍是沿用范氏所创的方法。

美国早期的桥牌界名流柯柏森于 1929 年制定出《定约桥牌国际规则》，由美国、英国和法国的桥牌界的代表会议通过并决定于 1932 年 11 月生效施行。这是定约桥牌的第一部国际性规则。此后于 1935 年、1948 年、1963 年陆续进行了补充和修订。这就是至今沿用的《定约桥牌规则》和《复式定约桥牌规则》。1930 年，克柏森出版了《定约桥牌蓝皮书》。以后在此基础上发展写成了《定约桥牌全书》，形成了完整的系统。克柏森对桥牌方面的理论和见解，以及他在桥牌界的组织能力，对于桥牌活动获得空前的发展作出了很大的贡献。1975 年在世界桥牌联合会的主持之下，对于《复式定约桥牌规则》进一步进行修订。至今世界流行的定约桥牌就是在上述两项规则的指导下进行的。但它仍在不断发展、演进和完善中，新的版本不断问世。1963 年出版的《戈伦桥牌全书》是风靡全球的自然叫牌制的权威性著作。此后继续发展，至今已有很多种定约桥牌叫牌体系。

二、桥牌的发展

（一）桥牌在世界

当今世界盛行的桥牌是定约桥牌。目前桥牌已成为一项世界普及的文体项目。1950 年起，桥牌被列为正式的国际竞赛项目。世界桥牌联合会主办的世界性比赛如百慕大世界桥牌锦标赛、奥林匹克世界锦标赛等都是规模盛大、组织严密的重大赛事，受到各国的重视。世界知名领导人中，也有不少桥牌爱好者。例如，邓小平同志曾获得最高荣誉"戈伦奖"，万里同志曾获得世界最佳牌手奖"所罗门奖"。已故美国总统艾森豪威尔曾参加过北美桥牌锦标赛。

世界桥牌联合会（即国际桥联）成立于 1958 年 8 月，发起单位有欧洲、美国和澳大利亚。世界桥牌联合会的代表大会每两年召开一次，各会员单位可派代表 1 人参加。世界桥联的宗旨和任务是：推动、发展、促进桥牌运动；举办世界锦标赛；推行大师分制；在团体赛中推广胜利分（VP）。

（二）桥牌在中国

桥牌的基本用具就是扑克牌，扑克牌是我国家喻户晓的玩具。20 世纪 20 年代末期，桥牌传入中国。在新中国成立以前，只是上海、天津、北京、广州等几个大城市的知识阶层中有少数人打桥牌。中华人民共和国成立后，随着政治的稳定、经济文化事业的发展，桥牌运动很快得到了发展，特别是改革开放以后，桥牌才真正得以普及和发展。它得到党和国家领导同志的重视和关怀。

1978 年 10 月 12 日，邓小平同志为群众联名要求开展桥牌运动的来信作了批示，成为我国桥牌运动发展的里程碑。1980 年 6 月，在上海举行第一次全国性公开赛，同时成立了中国桥牌协会，荣高棠同志首任主席。1988 年 1 月，聘请邓小平同志为中国桥协荣誉主席。1986 年 11 月在马来西亚举行的第 29 届远东桥牌赛中，中国女队力克群芳，首夺冠军，冲出亚洲，取得参加世界锦标赛的资格。

中国在桥牌上还有值得骄傲的是美籍华人魏重庆先生，他发明了精确叫牌体系，他的夫人"龙女士"杨小燕将精确叫牌法带到了中国台湾，使台湾女队在 1976、1978 年两年获得了百慕大的冠军。在世界上一度掀起了"精确"热。中国在改革开放后，也曾经一度产生了桥牌热。但是在 90 年代后，桥牌就冷落了下来。在大学中，还是有很多的桥牌爱好者。

三、桥牌运动的特点与作用

桥牌是一门科学的技艺，是一项汇合数学概率、逻辑思维、信息处理、运筹技巧、心理战术和时空概念的文娱运动项目。

（一）桥牌能提高智力水平

桥牌本身是数字性很强的智力项目。一个好的牌手，要具备多种素质，其中智力素质是相当重要的，其记忆力、分析力、理解力、逻辑思维能力、数字运算能力、形象思维能力、战略决策能力等，在桥牌活动中都能得到锻炼。

（二）桥牌能磨练性格、陶冶情操

桥牌是整体项目，从比赛的角度出发，上场队员 8 人，4 人 1 队，分为开、闭室。桥牌最重要是联手搭档之间的沟通，需要相互间的理解与信任。桥牌项目之所以能磨练性格，在于处理每一幅牌、每一张牌时，都需要冷静、周密的思考，抓住机会去夺取胜利。

（三）桥牌融科学性、艺术性于一体

桥牌本身是艺术，但更重要的是桥牌艺术的科学性，同时它又是体育竞赛与高级智能的综合产物。艺术的直接特点是人们在欣赏时会带来美的感觉，懂得桥牌的人都会有这样的感觉。桥牌又是科学，科学的特点是很有规律性、层次分明，在规律面前人人平等。当牌力不到而"叫品"过高时，必然会受到应有的惩罚。学习桥牌必须尊重其科学性，持之以恒，打好扎实的基础，才能得到高雅的艺术享受。

（四）桥牌融趣味性、娱乐性于一体

桥牌是一种高雅的交际娱乐方式。桥牌运动最吸引人的地方还在于自身的趣味性。52张牌变化无穷，可以让人们尽情发挥自己的智慧，饱尝胜败、得失的甘甜苦涩。桥牌有"大脑健美操"之称。桥牌越来越多地成为人们休闲娱乐活动的选择。

（五）桥牌是未来性的教育任务

国外经济文化发展较快的地区，有许多桥牌学校，桥牌已成为教育的一个部分。推广桥牌活动的目的并不只是为了拿几块金牌，出几个冠军，而是使千百万人们在这项有益的活动中提高文化素质，从某种意义上讲也是一项重要的教育任务。

第二节　桥牌基础知识入门

一、桥牌的名词与术语

（一）牌　花

牌花又名花色。一副扑克牌共有 54 张，打牌时要去掉大小王（或称大小百搭），还剩 52 张，分为 4 种花色——黑桃、红心（红桃）、方块、梅花（草花）。在牌花中，黑桃、红心称为高花，方块、梅花称为低花，4 种花色的大小顺序是黑桃、红心、方块、梅花。每一门牌花有 13 张，他们的大小顺序是 A、K、Q、J、10、9、8、7、6、5、4、3、2。

（二）牌型、牌套

1. 牌　型

在一手 13 张牌中，按 4 种牌花分布的情况可概括为 3 个类型。

（1）平均牌型（均型）。4 种牌花分布比较均匀，如 4-4-3-2、4-3-3-3，这类牌型适合做无将定约。

（2）非平均牌型（非均型）。有单张，缺门，或 6 张以上长套，如 5-4-3-1、5-2-1-5、5-4-4-0、6-3-2-2，这类牌型适合做有将定约。

（3）奇型牌型。有两个单张或缺门，或有一个 8 张、9 张、10 张的长套，如 6-6-1-0、7-5-0-1、8-3-2-0、9-2-1-1、10-2-1-0 等。这类牌型也适合做有将定约。

2. 牌　套

牌套分为长套与短套。某花色牌有 5 张或 5 张以上称为长套；某花色牌只有 1、2、3张的叫作短套。

（三）牌点、大牌点、牌花点

1. 牌　点

是用来计算牌力的单位。不同的叫牌方法，对牌点有不同的规定。本书介绍的自然叫牌法，把牌点分为大牌点和牌花点两种，并规定了它们的点数，以作为计算牌力的单位。

2. 大牌点

自然叫牌法规定各门牌花的 A、K、Q、J 为大牌，其大牌点是：A—4 点，K—3 点，

Q—2点，J—1点。每门牌的大牌点为10点，4门牌共有大牌点40点。这样从大牌点的多少，大体上可以判断牌力的强弱。

3. 牌花点

其又称将牌（王牌、主牌）点，是判明准备作为将牌牌力的点数。每门牌花的牌花点为：A＝1.4点，K＝1.3点，Q＝1.2点，J＝1.1点，10＝1点，9、8、7、6、5、4、3、2各为0.5点。每门牌的牌花点共为10点。凡某门牌的牌花点在2.6点以上，黑桃、红心在4张以上，方块、梅花在5张以上，就可以作为将牌。

（四）定约桥牌

打牌双方经过叫牌达成的定约叫定约桥牌。定约桥牌分有将定约与无将定约。有将定约即双方约定以某门牌花为将牌，所以有将定约也叫有主牌的定约。双方约定不以任何牌花为将牌，即是无将定约。因为没有将牌，只是在同一门牌花中相比较，因此又叫比大小。

（五）将牌（王牌、主牌）

将牌，也叫王牌、主牌。将牌最小的2也大于其他3门的任何牌。将牌以外的其他3门牌称为副牌或边牌。在打牌过程中，如果手中没有某门牌，就可以用将牌吃掉。

（六）定约人、明手、首攻

1. 定约人

其也称庄家。双方经过争叫，最后一人叫牌后，其他三家连续都不叫牌，最后叫牌者所叫的某个花色或无将，为4个人所达成的定约。最后叫牌者与他的同伴，谁先叫这定约的花色或无将，谁就是定约人，由他主打本牌定约，俗称做庄。

2. 明　手

即定约人的伙伴。他在首攻人打出第一张牌后，按规定把手中的牌按牌花顺序明摊在桌面，有将牌时要把将牌放在前面，由定约人全权支配。

3. 首　攻

即出第一张牌的人。按规定，定约人左手下家为首攻者。也就是说定约人左手下家，是每次定约后攻出第一张牌的人，桥牌术语称为首攻。

（七）牌墩、满贯

1. 牌　墩

4人各出一张牌，称为1个牌墩，简称1墩或1墩牌。全部52张牌正好13墩牌。规定以6墩为基数，完成1个有将或无将定约，必须赢得6+1＝7墩牌，才算完成定约。完成2个有将或无将定约，必须赢得6+2＝8墩牌，才算完成定约。这样13墩牌，由6基数起，组成7个"叫牌阶梯"。

2. 满　贯

所谓满贯，分为小满贯与大满贯。按规定完成6个有将或无将定约，赢得12墩牌，叫完成小满贯定约。完成7个有将或无将定约，赢得13墩牌，叫完成大满贯定约。简单说，小满贯要拿到12墩牌，大满贯要拿到全部13墩牌。

（八）超墩、宕墩

1. 超　墩

超过定约赢得的牌数叫做超墩，也叫超额赢墩。如，达成2无将（无将符合为NT，2

无将即 2NT）或 2 有将定约，按规定拿到 8 墩即为完成定约，打牌结束拿到了 9 墩，超额 1 墩。这超额的 1 墩叫超 1 墩或上 1，依次类推。

2. 宕 墩

"宕"为英文 Down 的音译，意为"下"。宕墩即没有完成定约，如上例应当拿到 8 墩，但打牌结束只拿到 7 墩。这差的 1 墩叫宕 1 或下 1。依此类推。在桥牌中超墩要加分，宕墩要罚分。

（九）止 张

止张，是指能够制止对方进攻的大牌，一般是指 A、K、Q、J 几张牌。除 A 外，其余 K、Q、J 必须有保护张，才能成为止张。所谓保护张是指与 K、Q、J 同牌花的牌，文字符号用 K×表示（×代表任何一张同牌花的牌）。这样 K 必须有 1 张保护张，Q 必须有 2 张保护张，J 必须有 3 张保护张，才能起到止张的作用。道理很简单，如果你只有 1 张 K，而没有 1 张同牌花的小牌作保护张，别人出 A 便把 K 抓走了，这样 K 就起不到止张的作用了。

（十）局 盘

1. 局

不论哪方一次或连续几次完成定约，累计所得墩分首先超过 100 分，该方即赢得这一局的胜利，称胜 1 局。胜 1 局者称有局方，未胜 1 局者称无局方。双方各胜 1 局简称双有，双方均未胜 1 局称双无。

2. 盘

盘局式比赛时，不论哪方连胜 2 局或 3 局 2 胜，均称获胜 1 盘，作为一次比赛的结束。

（十一）加 倍

加倍，有惩罚性加倍、技术性加倍、再加倍之分。

（1）惩罚性加倍，是在叫牌过程中，认为对方不可能完成定约而叫的"加倍"，带有惩罚性，使对方输分增加 1 倍。

（2）技术性加倍，是利用对方的叫牌，乘机传递牌情信息而叫出的加倍。

（3）再加倍，是对加倍的加倍，即当对方对己方的叫牌叫了加倍，自己认为完全有实力完成定约时，可以叫"再加倍"，以便赢得更多的分。也有利用技术性的再加倍，用以传递牌情信息的。

以上"加倍""再加倍"，均表示无论得失，都要按应得分加倍或再加倍来计算。但当被加倍一方另行改叫，或另有人再叫时，则所叫加倍与再加倍立即失效。在做记录时加倍的符号为"×"，再加倍为"××"。

（十二）叫 牌

由发牌人首先叫牌，然后按顺时针方向依次轮流叫牌。叫牌分为以下几种。

（1）开叫。除叫"不叫"者外，第一个向同伴通报牌情信息和询问同伴某种信息的叫牌称为开叫。

（2）问叫。向同伴发现并询问其牌情信息的叫牌称为问叫。

（3）回叫（应叫）。回答同伴开叫或问叫的叫牌称为回叫。

（4）不叫（通过）。不够开叫或回叫条件时称不叫。

（5）跳叫。比正常叫牌加高一级的叫牌，用来显示牌力或某种特定信息。

（6）争叫。对右手上家的叫牌作出的叫牌行为称为争叫。

二、桥牌的准备工作

（一）牌　具

1. 牌

把一副完整的普通扑克牌，抽出其中的大小王，留下余下的 52 张牌就能用于桥牌。

2. 牌　桌

4 个人分别按北、东、南、西四个方向围绕牌桌落座，对面相坐的为同伴，不论是叫牌、打牌还是计分，都需要在桌面上进行。

3. 纸　笔

纸用来叫牌和记分，日常打牌中或非正式比赛中，常用叫牌纸叫牌，用笔写叫牌符合。

4. 推　盘

常用于正规比赛，它由牌套、叫牌卡、牌卡盒、托盘四部分组成。

（二）分　组

东、西 2 人和南、北 2 人各结为同伴，双方进行斗智谋、比技艺。

（三）洗　牌

使用去掉大小王的 52 张扑克牌，将其均匀地掺混打乱称为洗牌。

（四）切　牌

发牌人为了防止有不公正的事发生，发牌前一定要请右手上家切牌（或倒牌）。所谓切牌，就是上家从牌摞上面部分取下几张牌，放在牌摞的下面，或将牌摞下边的部分牌放在牌摞的上面。

（五）发　牌

发牌人在切牌后，牌面始终向下，不得让人看见，按顺时针方向，从左手下家开始发牌。发牌人左手持牌，拇指在上，其余 4 指在下，卡住全部牌摞，拇指在牌摞上面适当用力，向前轻轻推搓，使最上面的一张牌突出牌摞，这时右手拇指和食指及时地捏住已被推出的牌，轻巧地掷到左手的第一家。以后依次发到第二家、第三家，最后是自己，直到全部牌发完。若最后一张不是自己的，发牌失误，必须重洗重发。

发牌人也是先叫牌者。一般由北先发牌，也由北先叫牌，一方达成定约打完牌后，接下来由东发牌并先叫牌，再下来由南、由西依次按顺时针方向轮流进行。

（六）持　牌

牌全部发完后，4 家才能同时取牌到手。牌拿到手后，首先要点张数，是否正好 13 张，多或少应及时申明，要求重发。

三、桥牌计分法

桥牌的分数由以下几部分组成：基本分、奖分和罚分。

（一）基本分

定约方完成定约，可得以下基本分以下几种。

（1）有将定约

	未加倍	加倍	再加倍
方块和梅花每墩	20	40	80
红心和黑桃每墩	30	60	120

（2）无将定约

	未加倍	加倍	再加倍
第1墩	40	80	160
第2墩起每墩	30	60	120

如基本分达到100分则得成局奖。

（二）奖　分

定约方超额完成定约，每超1墩，得分如下。

无局方			有局方		
未加倍	加倍	再加倍	未加倍	加倍	再加倍
基本分	100	200	基本分	200	400

定约方完成任何加倍定约，奖50分，完成任何再加倍定约，奖100分。

定约方完成未成局的定约，奖50分。

定约方完成成局定约，无局方奖300分，有局方奖500分。

定约方完成小满贯定约，除进局奖分外，无局方奖500分，有局方奖750分。

定约方完成大满贯定约，除进局奖分外，无局方奖1000分，有局方奖1500分。

（三）罚　分

定约方完不成定约，罚分如下。

宕数	无局方			有局方		
	未加倍	加倍	再加倍	未加倍	加倍	再加倍
1墩	50	100	200	100	200	400
2墩	100	300	600	200	500	1000
3墩	150	500	1000	300	800	1600
4墩	200	800	1600	400	1100	2200
5墩	250	1100	2200	500	1400	2800
6墩	300	1400	2800	600	1700	3400

（四） 复式赛标准记分介绍

复式赛标准记分表

日期　　　　　　　　　队　　　　　　　　队
　　　　　　　　　　　北　　　　　　　　东
　　　　　　　　　　　　　　　　　　　　西
室别　　　　　　　　　南

牌号	发牌人	局况	定约	定约人	首攻	结果	南　北 +	南　北 −	东西核表	南　北 分差	南　北 I.M.P	东　西 分差	东　西 I.M.P
1													
2													
3													
4													
5													
6													
7													
8													
9													
10													
11													
12													
13													
14													
15													
16													

	胜利分
队	
队	

小计
本场　　　　　　队胜　　国际分
队队长　　　　　　队队长
裁判

以上是较为正规的复式比赛记分表，在桥牌入门中，只要掌握这些便足够了。下面我们介绍一下表格如何填写。

"牌号"是打牌的顺序；"发牌人"是开叫（最先叫牌）的牌手；"局况"中每一幅牌局况的四种不同的情况，即"双有局""双无局""东西有局""南北有局"；"定约人"便是做庄主打人；"定约"便是每一幅牌的最后定约。在"结果"一栏中写上这副牌的结果，"M"表示定约正好完成（Make），"+K"表示超额完成定约墩数，"–K"表示定约宕墩数。南北得分填在南北"+"栏中，东西得分填在南北"–"栏中，签名认可。在一般的比赛中，规定由南家记分，后面的分差及"I. M. P"栏等在这里不宜详细介绍。

（五）国际比赛分（IMP）

为了避免由于一、二副大牌的得失过分影响该场胜负，因而采用了每幅牌的基本分折成国际比赛分的措施。

基本分差	国际比赛分	基本分差	国际比赛分	基本分差	国际比赛分
20～40	1	370～420	9	1500～1740	17
50～80	2	430～490	10	1750～1990	18
90～120	3	500～590	11	2000～2240	19
130～160	4	600～740	12	2250～2490	20
170～210	5	750～890	13	2500～2990	21
220～260	6	900～1090	14	3000～3490	22
270～310	7	1100～1290	15	3500～3990	23
320～360	8	1300～1490	16	4000 以上	24

第三节 桥牌的技术

一、叫牌技术

在桥牌竞赛中，每一幅牌要经过两个阶段。先要通过叫牌阶段来确定这手牌的定约，然后通过打牌阶段来检验定约是否完成。叫牌是桥牌中最关键的一部分，学会叫牌是学习桥牌的基础。叫牌可以采取口述或笔写的方式，也可以采用叫牌卡来进行。

（一）叫牌的目的和作用

互通牌情；为防守作准备；阻击对方的正常叫牌

（二）叫牌的特点

一个特点是叫牌的阶层越叫越高。例如，你方开叫1♠，对方想叫方块就得叫2◆，而不能叫1◆。如果对方争叫2◆，你方想再叫梅花就得叫3♣了。阶层越高，要求取得的墩数也越多，对牌力要求也就更高。因此，叫牌的空间是有限的，相互间互通牌情的机会也是受到限制的，在叫牌中要充分利用叫牌空间，有效地交流牌情，才能选准定约。

另一个特点是，如果某一家叫牌后其余的三家相继都"不叫"，叫牌阶段即告终止。因此，如不想让叫牌有可能终止，就要继续叫牌。

（三）简单叫牌规则

1. 失误叫牌

当你叫牌时出现失误，你所叫的叫品没有超过前面牌手叫品的级别时，规则规定由你将你的叫牌升高一阶以补齐。

2. 更正叫牌

一个牌手可以用他原拟作出的叫牌来代替他已经作出的叫牌，但是必须在没有停顿的情况下方可这样作，如果更改得合法，则后一叫牌成立，且不判罚，如果更改的叫牌不合法，则按有关的规定处理。如果是为时已晚的改正叫牌，他的后一叫牌无效，应予取消，并且：如果第一个叫牌是不合法的叫牌，则对犯规人按有关规定处理；

如果第一个叫牌是合法的，则犯规人必须在下列两项处罚中接受一种；

其一，让他的第一个叫牌成立，但他的同伴在紧接一轮叫牌时必须停叫一次；

其二，另作任何一个合法的叫牌，但以后他的同伴在每次轮到叫牌时都必须不叫。

3. 越序叫牌

在没有轮到你叫牌时，你越序作出了叫牌，属于犯规范围（包括不叫，即 Pass）。

越序不叫的处理。如果在此之前，还没有任何牌手开叫，或者是该轮到他右手对方叫牌，则在这次轮到犯规者叫牌时，他必须不叫。如果在此之前，已有牌手开叫，且又是该轮到他的同伴叫牌，则犯规人在以后每次轮到叫牌时，均可以不叫。犯规人的同伴可作任何足够的叫牌或不叫，但不可以在这一轮叫加倍或再加倍。如果犯规人的同伴不叫，并且以后他又成为首攻人时，庄家可以有两种选择。

其一，要求犯规人的同伴首攻某一指定的花色。

其二，禁止犯规人的同伴首攻某一指定的花色，并且此项禁止在犯规人的同伴不保持出牌权时继续有效。

对越序叫出的叫品，有 3 个原则。

其一，若在此前不曾有人开叫，则犯规人的同伴在每次轮到叫牌时均必须不叫。

其二，若在此前已有人开叫，并且又是应该轮到犯规人的同伴叫牌时，则犯规人的同伴以后在每次轮到叫牌时均必须不叫，并且若犯规人的同伴成为首攻人时，庄家可以规定首攻。这个规定同前一个规定相同。

其三，在此之前已有牌手开叫，并且又是应该轮到犯规人的右手对方时，如果犯规人的右手对方不叫，则犯规人必须重诉一遍叫牌，且不判罚；如果犯规人的右手对方叫牌时（包括叫加倍、再加倍等）则犯规人可依序作出合法叫牌，同时他的同伴在这次轮到叫牌时，必须不叫。

（四）开　叫

叫牌是按顺时针方向依次进行的，有先叫后叫之分。第一个作实质性叫牌的称开叫。在开叫前，掌握一下叫牌语言。叫牌语言实际上只有 15 个符合：1、2、3、4、5、6、7、NT（无将）、S（♠）、H（♥）、D（◆）、C（♣）、×（加倍）、××（再加倍）、——（不叫）。这 15 个符合可以组成各种各样的"叫品"。

叫牌的依据是一手牌的牌力，决定牌力的因素有两个方面：牌点和牌型。

全副牌 4 个花色的 A、K、Q、J 是大牌，大牌多，牌力自然就强。现在通用的是把大牌折算成点，再以牌点来估量牌的力量。方法是：每张 A——4 点，K——3 点，Q——2 点，J——1 点，每种花色大牌共 10 点，全副牌共 40 点。你的牌点在 9 点以下，甚至只有 5~6 点，那就在 40 点 4 人平均数（每人 10 点）以下，便是较弱的牌，或者弱牌；当你的牌点在 13~14 点以上，或在 20 点以上时，便是较强的牌，或是强牌。

一手牌 13 张 4 种花色分配的情况是牌型。牌型分均型和非均型两种。均型是：4-3-3-3、4-4-3-2 两种。均型牌的牌力除了牌点外就没有潜力了。在估计牌力时不能再加点了。而非均型就有增加牌力的潜力。非均型是指下列的各种牌型：4-4-4-1、6-4-2-1、5-3-3-2 等。

学会估计牌力之后，就可学叫牌。在桥牌的发展史上出现过许多的叫牌体系，但各种体系都是各有利弊。本书介绍的是现今既有生命力而又易于掌握的一种——自然叫牌法。下面讲的开叫、应叫、再叫等都是自然叫牌体系。

牌点在 12~13 点以上即可开叫。若在平均数（10 点）以下，又没有牌型点可加，就不够开叫条件。如果轮到你开叫，你就写一个 "—" ——不叫。

1.1 花色开叫

用 1♣、1♦、1♥ 或 1♠ 来开叫，称 1 花色开叫。其条件是：大牌 12~21 点，所叫花色有 4 张以上。

2. 无将开叫

用 1NT 或 2NT 开叫，称无将开叫。其条件如下。

平均牌型，如 4-3-3-3、4-4-3-2、或 5-3-3-2，5 张套只能是不强的低花色套。

大牌 16~18 点，开叫 1NT。大牌 22~24 点，开叫 2NT。掌握了无将开叫后，就应该排除 16~18 点平均牌型用 1 花色开叫。

3. 特强牌开叫

特强牌的条件：大牌 25 点以上的平均牌型；大牌 22 点以上的非平均牌型；有一个强且长的套，一手具有 10 个赢墩的牌。当你拿到特强牌时，必须给同伴一个信号，请他应叫，即使是 0 点且 4-3-3-3 牌型，也要应叫（桥牌术语为逼叫）。

特强牌的开叫：

2♣ 开叫：持 25 点以上的平均牌型或 22 点以上的非平均牌型，将牌尚未确定，还有待双方配合。

2♦ 开叫：持有一门特强且长的花色，将牌一般讲已经确定。

4. 阻击性开叫

为了不让对方有足够的叫牌时间与叫牌空间来寻找最佳定约，开叫时抢先把叫牌水平抬得很高，占据了很多叫牌空间，使对方叫牌发生困难，这种叫牌带有强烈的阻击性，称阻击性开叫，当前国际上甚为流行。

阻击性开叫的条件：大牌 8~10 点；6 张以上长套，大牌有 5 点以上集中在这套；有局方准备宕 2、无局方（对方有局）准备宕 3，通常称 "二三法则"。以上所述虽是常规，但对初学者来说，由于打牌技巧尚不够熟练，虽然准备宕 2，打起来说不定宕 3 甚至宕 4，因此还是慎重为妥。因为宕 3、宕 4 在对方加倍的情况，往往对方得分比成局还高。

2♥、2♠、3♣、3♦、3♥、3♠、4♣、4♦ 开叫，均系阻击性开叫。

（五）应叫与再叫

应叫是指对同伴开叫后的应对的叫牌。作为应叫人，对同伴的自然花色开叫（指一阶上的 4 种花色开叫），如果有 7 点牌就必须应叫。有时持有 5 点或 6 点牌也可以应叫。而对于同伴的逼叫性开叫，则无论持任何牌，哪怕是0点，都必须应叫。

应叫的目的在于使同伴了解你的持牌情况，同时，你也将从同伴的再叫中，进一步了解他的牌，并由此逐步达到你们的最终定约。

1.1 花色开叫后的应叫

1花色开叫后的应叫，有消极应叫、积极应叫和有限应叫等方法。

消极应叫：其形式有加叫开叫方花色一副（简称加叫）和应叫1NT两种。条件区别如下：加叫一副的条件是大牌6~9点，该花色有4张以上；应叫1NT的条件是大牌6~9点，开叫方花色仅3张甚至更少，一水平上又无其他花色套可叫。消极应叫不论哪一种形式，对可叫方来说均非逼叫，也就是开叫方的牌点并不太高，牌型一般的话即可不叫。

积极应叫（逼叫）：其形式有一盖一应叫，条件是应叫花色有4张以上，实力在6点以上，逼叫（即开叫者必须继续叫牌）；二盖应叫，开叫方以1花色开叫，而应叫2花色，称二盖一应叫，条件是叫出的花色有4张以上，大牌11点以上，逼叫。不论是一盖一还是二盖一应叫，对开叫方来说均系逼叫。

有限应叫：跳加叫开叫方的花色（逼叫）；跳叫无将（逼叫）；跳加叫成局（非逼叫）。

两套牌的应叫：2个4张套，为了不浪费叫牌的空间，先叫与开叫花色靠近的4张套（近套是高套、低套均有可能）；5张、4张各1套，5张高套，先叫高套，5张是低套，先应叫近套；6张、4张各1套。

应叫的原则：高套配合立即加叫；2个4张套先应叫与开叫方的花色靠近的那一花色套；5张、4张各一套，如果5张是高套，先叫高套，5张是低套先应叫与开叫方的花色靠近的套；关于1♣开叫后的消极应叫，应叫1NT，大牌6~9点，无4张♦、4张♥、4张♠，必定是4张♣，是4-3-3-3牌型。

2.1 花色开叫后的再叫以及实力表达

当同伴应叫后轮到你叫牌时，称再叫。再叫时必须表达自己的实力。本书将1花色开叫实力定为13~21点，并把它分为13~15点（低档），16~18点（中档），19~21点（高档）。

在1花色开叫时同伴只能知道开叫者有13~21点，究竟多少，必须在再叫时表达出来，表达方法如下。

低档实力（大牌13~15点）　再叫原花色；平叫无将；加叫应叫方花色；顺叫（先叫高花色后叫低花色）；一水平上叫新花色。以上几种再叫均系低档实力。

中档实力（大牌16~18点，非均牌型）　再叫时表达方法有跳叫原花色；跳加叫应叫方花色；逆叫（先叫低花色后再叫高花色，称逆叫。一水平无逆叫）。

高档实力（大牌19~21点）　再叫时表达方法有跳叫新花色；跳叫无将；跳加叫成局。

3.1NT 开叫后的应叫及再叫

平均牌型的应叫：由于1NT开叫只有16~18点，不同于1花色开叫13~21点。因此，应叫方如果拿的是平均牌型，则实力在0~7点，不叫，因为成局无望，定约越低越好；实力8~9点，应叫2NT（这是邀请进局的叫法，简称邀请叫），开叫家如果是18点则接受邀请叫3NT，开叫家如果只有16点则不叫，停在2NT上；实力10~14点，应叫3NT；

实力 15 点以上，问 A 以试探满贯。

非平均牌型的应叫（0~7 点）一般情况下，开叫家不再叫，只有在高限 18 点且高套配合的情况下，才可加叫邀请。

2♣约定应叫：当开叫 1NT 后，应叫方叫 2♣是约定应叫，含意是寻求高套配合，争取打 4♥或 4♠。应叫 2♣的条件是大牌 8 点以上，至少有一高套♥或♠。

2♣应叫以后的再叫：开叫家有♥4 张叫 2♥，有♠4 张叫 2♠，无高套低限（16、17点）叫 2♦，高限（18 点）叫 2NT。这时应叫方可根据开叫方的回答，如果高套配合则叫4♥或 4♠，若开叫方无高套，而应叫方再叫♥或♠，则必须有 5 张（否则叫无将），开叫方有 3 张即加叫成局，只有 2 张叫 3NT。

强牌应叫：同伴开叫 1NT，应叫方手中持大牌 13 点以上的非平均牌型，可跳叫 5 张以上的长套（逼叫成局，并含有试探满贯的意思）。

强牌应叫后开叫方的再叫：1NT 开叫后，应叫方以 3♦、或 3♥、3♠的跳叫应叫表示强牌。开叫方再叫时直接叫成局，如 3NT、4♥、4♠均系低限大牌 16 点，对试探满贯不感兴趣。开叫方再叫新花色（4 张套）表示高限 18 点大牌（也表示对试探满贯有兴趣），并在寻找 4-4 配合的将牌。

4. 2NT 开叫后的应叫

平均牌型：0~2 点，不叫；3~8 点，叫 3NT；8 点以上，试探满贯。

非平均牌型：应叫 3♣问高套，原理与 1NT 应叫 2♣同；应叫 3♦、3♥、3♠，5 张以上均系逼叫成局。

5. 2♣、2♦开叫后的应叫

2♣开叫后的应叫是约定特强牌开叫，开叫者具有大牌 25 点以上实力的平均牌型，或大牌 22 点以上实力的非平均牌型，因此应叫方即使是 0 点也要应叫，约定如下：0~3 点，应叫 2♦；4~7 点，作花色应叫；8 点以上跳叫 5 张以上的花色套，如系平均牌型则叫2NT，试探满贯。

2♦开叫后的应叫，由于开叫者有一特长强套，将牌已确定，因此应叫者不必报套报点，最主要的是考虑手中的大牌（A、K、Q）对开叫者是否有用。对此我们作如下约定：当开叫者叫 2♦后，应叫者叫出花色为 A 或 K，先报 A 后报 K，先近后远，无 A、K 应叫2NT；待开叫者叫出长套后，应叫者再应叫的花色为 Q，无 Q 叫 3NT。

6. 阻击性开叫后的应叫及再叫

同伴阻击性开叫后，应叫的关键在计算赢墩，而不在于牌点。具体有加叫（邀请叫）；跳加叫直接叫成局（止叫）；新花色应叫（逼叫）；2NT 约定性问叫（逼叫）。

（六）争 叫

1. 争叫的目的与作用

（1）能指示同伴作一有利于己方的首攻，特别是当对方想试探无将定约时，争叫出长套好花色尤为重要。

（2）当同伴对争叫的花色有好的配合时，一旦对方叫到成局或满贯定约，争叫方就能对牺牲叫是否有利作出选择，有时也能起到抬高对方定约水平，造成打宕对方定约的机会的作用。

（3）争叫者的争叫。争叫者同伴的加叫可起到占据对方叫牌空间和阻止对方轻易达到最佳定约的作用，特别是争叫方作跳争叫时，作用更大。

当然，有时争叫方在争叫过程中会遭到对方的惩罚性加倍而蒙受损失，但如能遵循争叫条件，并在叫牌过程中作出正确的判断，争叫的有利方面还是多于不利方面。

2. 争叫时需要考虑的因素

争叫方在争叫时需要考虑的条件和因素很多，主要有：局方情况；参与竞叫的叫牌水平；大牌点的多少；赢墩的多少；对方牌手的实力和打牌习惯。

3. 一盖一争叫

对方开叫1◆，你用1♥或1♠争叫，称一盖一争叫。争叫者作一盖一争叫需具备的条件。

（1）大牌实力为7~15点。

（2）争叫花色为5张或5张以上好套。

（3）即使将牌分配不平均时，也至少有4个赢墩。

4. 二盖一争叫

对方1花色开叫，你用2花色争叫，称二盖一争叫。其条件是：大牌11~15点，所叫花色有5张以上。

5. 三水平争叫

对方用弱的2♥、2♠阻击性开叫时，你用3♣或3◆争叫，称三水平争叫。其条件是：大牌13~15点，所叫花色6张以上（或5张强套）。

6. 无将争叫

争叫1NT与开叫1NT的条件相同，即平均牌型，大牌16~18点，且对方开叫花色有止张。争叫2NT与开叫2NT要求相同，即平均牌型，大牌22~24点，对方开叫花色有两轮止张。如：A、J、10，K、Q、J，或A、K等。

7. 阻击性争叫

当对方开叫后，你按照"二三法则"作跳高一级或二级的叫牌，称作阻击性争叫。其条件是：大牌8~10点，所叫套6张以上，且牌点大部分集中在这一套上。

8. 技术性加倍

当对方在不超过2NT的开叫时，你的加倍均属技术性加倍，并非表示惩罚，而是要同伴叫出长套。其条件是：大牌13点以上，对方所叫花色少于3张。

9. 扣　叫

将对方所叫花色加叫1个水平作为你的争叫，称作扣叫。如：对方开叫1♣，你争叫♣。其条件是：对方开叫的花色恰好是你的单张或缺门，实力又非常强，在一般情况下你可一手成局。这样扣叫的目的是：逼同伴应叫，即使同伴1点也没有，且是4-3-3-3牌型也要应叫，绝对不可不叫。

二、做庄技术

定约方的主打人称庄家。庄家的打牌为"做庄"。当叫牌过程已经结束，定约已经确定，这时就进入打牌阶段。当首攻的牌张打出，明手摊开牌后，做庄即开始。

（一） 庄家

当庄家的伙伴成为"明手"后，他便不能参与打牌了，他既不可为庄家出谋划策，也不能为庄家提供任何信息，他唯一的工作就是按庄家的指示出明手的牌。因此，定约是否能完成，完成质量好坏，全靠庄家一人来努力了。做庄技术的高低，打牌路线是否正确，将直接影响到竞赛的效果。在临场时，庄家应努力做到以下几点。

（1）要对叫牌过程进行回忆分析，从而对防守方的牌情有所估计。

（2）认真琢磨对方的首攻，并从这张牌中分析得出某些信息。

（3）在概率论的基础上，计算联手所能得到的赢墩数。同时计算一下失墩数，核查完成定约有没有问题。

（4）在打第一张牌前就要订出一个全盘的打牌计划，其中包括如何发展和开拓赢墩，采取什么打法确保定约，如何在安全的前提下完成和超额完成定约。如果客观上定约已注定打不成，则应考虑如何减少损失等。

（5）当出现意外的牌情，与预先设想的打牌计划不相符合时，要当机立断，修订打牌计划，更改打牌路线，采取新的措施，力求定约的完成。

做庄打法的理论和技巧是基于以下一些桥牌规定和特点而形成的。

（1）在每个花色套中 A 是最大的，K 其次。当 A 已经出掉，或者在持有 A 者没有出 A 的情况下，K 就升级为最大的牌了。同理，在 A、K、Q 已经出掉的情况下，J 就是最大的牌了。

（2）出牌是按顺时针方向进行的。

（3）每一轮牌的胜方，取得下一轮的领出权，也就是下一轮的首先出牌者，他可以出他想出的任何一张牌。

（4）在 13 墩牌中，如庄家联手已取得 9 墩，那么防守方就不可能取得 5 墩。同理，在防守方已取得 5 墩的情况下，庄家是不可能取得 9 墩的。这就是"先下手为强"的道理。

（5）在有将定约中，如对方所出的那张牌的花色套你已告缺，你可以用将牌中的任何一张牌胜过它。

（二） 赢墩的产生

庄家的任务是努力去完成定约，也就是千方百计去取得定约要求的赢墩。如果定约为 4♥，那么你就设法取得 10 个赢墩。打牌中赢墩的产生不外乎以下几种途径：一是大牌取胜；二是树立长套胜张；三是将吃取胜。

（三） 无将定约做庄技术

1. 做庄的思维方法

（1）明确目的。做庄的目的并不是要拿到尽可能多的赢墩，而是要全力以赴地拿到完成定约所需的赢墩数。只有在你的定约已肯定有把握打成的情况下，才可以考虑怎样争取超额赢墩，并且要在不对定约构成任何危险的前提下进行。这就是做庄打牌中"安全打法"的概念。

（2）判断局势。当你明确了所要求拿到的赢墩数目后，便应对联手牌的情况进行分析判断。算出你所拥有的大牌赢墩，以及肯定可以建立的赢墩。

2. 做庄技术的要点

（1）原则。当大牌赢墩不足以完成定约时，一定要在兑现大牌赢墩之前，首先设法建立你所缺少的赢墩。因为，你的大牌赢墩往往会对建立赢墩起到极大的帮助作用和保护作用。

（2）明暗两手联通——桥。即使你有，或者已经建立了完成定约所需的赢墩，也还存在着是否有进张——桥——来兑现这些赢墩的问题。并且这也是在你建立赢墩时就应考虑的问题。

（3）洞察潜在的危险。只考虑建立自己的赢墩还不行，与此同时还要注意到你所用来建立赢墩的方法是否会给对手造成机会，导致他们得到打宕定约所需的赢墩。

（四）有将定约做庄技术

有将定约同样需要制定打牌计划，并且较之无将定约更为重要，也更为复杂一些。因为在有将定约中存在一门特殊的花色——将牌，因而便产生出许多在无将定约中所没有的打法，比如将吃等。但庄家打牌的思维方式，与打无将定约是完全一样的。

1. 输墩计算法

在无将定约中，庄家只要计算赢墩即可了解定约能否完成。在打有将定约时，由于赢墩的来源不像无将定约那样简单，因此作为庄家，还应该学会计算输墩的方法。在有将定约中，多数情况下计算输墩的方法更简单。如果能将两种计算方法结合应用，那就更加有利于对局势的判断。

在应用输墩计算法时，你首先要知道各个阶次的定约所允许的输墩数，即 13 减去完成定约需要的墩数。特别应注意的是：输墩的计算应该是针对单独的一手牌进行，但也应将另一手牌的赢墩能力考虑在内。首先要在联手牌中选定一方为主，另一方则为辅。主方通常应选择将牌较长的一手，或在将牌等长时选择牌力较强的一手。因为这手牌的输墩显然比另一手少，从而可使计算较为简单。

2. 减少输墩的方法

在学习打无将定约中，我们知道建立赢墩的方法有：建立大牌赢墩、建立长套赢墩和飞牌。这些方法当然也可在有将定约中运用，树立赢墩实际上与消灭输墩有着很大的一致性。比如飞牌，如果成功的话即树立了赢墩，与此同时也消灭了输墩。在有将定约中还有两种减少输墩的手段：由短将牌将吃和用辅助方的额外赢墩垫牌。

（1）由短将牌进行将吃要注意以下 3 方面问题。

①吊将的问题。首先是你自己可不可以吊将的问题，其次是敌方能否通过吊将来破坏你将吃的问题。如果你准备将吃的一侧有足够的将牌，你就应该先争取吊光敌方的将牌，这样可以防止后面的一家进行超将吃；如果你吊光敌方将牌后，短将牌的一侧也没有将牌可用于将吃，那就应该先行将吃再吊将。

②将吃的条件。当你联手存在短将牌将吃的花色时，并非都是能将吃到的。因为多数情况下这种将吃都不是直接可以进行的，而是要先通过让送的办法造成将吃的机会。

③进手张。这是一个直接而简单的问题，如果你没有办法从需要将吃的一侧出牌，这种打法便不能实现。因此，当你准备采取这类将吃打法时，要特别注意保护长将牌一侧的进张。

（2）用赢墩进行垫牌。

另外一种减少输墩的方法，是用辅助方的额外赢墩垫掉输张。

辅助方的额外赢墩有两类：一类是额外大牌赢墩；一类是额外长套赢墩。

三、防守技术

当叫牌结束以后，作为定约方的敌方一方即成为防守方。定约方要使定约如约完成，防守方则要设法击败定约。双方围绕着定约的成败展开激烈的斗智。防守方为击败定约所采取的打法和技巧称为防守技术。

（一）防守方

防守打法较之做庄打法有它自身的特色，而且一般说来防守要较做庄的难度大，往往有不少本来打不成的定约由于防守失误却被庄家做成了。为什么防守要较做庄难呢？这主要是由于以下原因造成的。

第一，防守方对牌情的了解有较大的局限性。当明手亮牌后，庄家能够对明暗手的牌情做到明确、整体的了解。他能够确切地计算他能得到的赢墩数和失墩数，他也可以根据每个花色套中的张数和大牌情况来优选最佳的做庄路线。而防守方不能做到这一点。首先，防守方在出第一张牌时，也就是首攻，是在只看见自己的手中的13张牌的情况下作出的，势必具有很大的盲目性。其次，在打牌过程中虽然都能看到明手的牌，但了解明手和自己手中的牌并不能对防守方联手构成一个明确的、完整的认识。比如，在叫牌中缺乏信息的情况下，你不能确切地知道你和同伴能得到哪几个赢墩，也不知道某一花色套中的张数和大牌情况。因此，你是在半明半暗、既清楚又不十分清楚的情况下进行防守的，这就容易造成失误或贻误战机。

第二，防守需要两人配合进行，是在独立思考的基础上进行合作防守的，而庄家可以一个人统一指挥明暗两手的出牌。两个人都在对牌情不很清楚的情况下进行防守，这就需要相互合作配合、相互提供信息和共同采取一个一致的、最优的防守路线。如果两个人各有各的想法，合作不默契，或者互不通气，缺乏通信语言，就不可能形成有效的防守，甚至错误百出、坐失良机。

（二）首 攻

当你的上家做庄，第1轮由你先出，你出的这张牌是整个打牌过程的第1张时，这张牌叫首攻。

首攻的原则：不使己方吃亏，而且尽量地给敌方造成困难。一般来讲，当定约方存在某个薄弱环节，或者防守方需要抢先取得足够击败定约的赢墩时，应采取进攻性首攻。而当定约方牌力很强，你的大牌又处于分散状态时，一般应采取保护性首攻，以保持实力，避免无谓的牺牲。首攻大牌连张往往是较理想的，它既有攻击性，又不会造成损失。由于无将定约、有将定约和满贯定约分别具有不同的特点，以及通过叫牌过程收集到的信息不同，因此，首攻考虑的因素也有所不同。

首攻方的信息，主要来源于叫牌。定约方在来回几次的叫牌中，提供了大量的牌型与牌力的信息，而把这些纷乱繁多的信息组织起来，再去分析同伴的牌型，然后制定出或假设出正确的防守方案，首攻是整个防守方案正确与否的第一步。

（三）无将定约防守技术

无将定约的打牌，纯粹是一个双方争先恐后建立赢墩的过程，每一方都力求尽快增加自己的赢墩从而压倒对方。我们假设定约建立了双方牌力不等情况下的均势，即大牌多的定约方要多拿一些赢墩。那么在这一竞争过程中，定约方的优势在于庄家能看到自己一方的联手牌，因而十分清楚联手大牌的配置，于是便可准确地设法建立赢墩，以及兑现赢墩。

（四）有将定约防守技术

1. 三种理想的首攻

（1）以 A、K 领头的花色。通常应首攻这门花色的 K，这样可以使你在看见明手牌之后仍保持着出牌权，从而继之以正确的防守。保持出牌权的另一个好处在于，可以在这轮出牌上看同伴的跟牌。而同伴的跟牌，往往可能向首攻人指出正确的防守路线。这就是"防守信号"的应用。

（2）单张。在有将定约中，如果你有将牌的话，单张往往是理想的首攻花色。若同伴恰好有这门花色的 A，或在庄家没有吊光你的将牌时同伴能够获得出牌权。便可以回出这一首攻花色的牌给你将吃。也许你还记得，单张在防守无将定约时是应避免的首攻。

（3）大牌连接张。连接大牌的顶张永远是理想的首攻，无论在有将或无将定约中都同样如此。这种首攻既无吃亏的危险，又可以迅速为己方建立赢墩。

2. 首攻将牌

这类首攻涉及比较高级一点的技术问题，我们只要记住在下面两种情况中要首攻将牌。

（1）防守方牌力过强。当庄家依仗牌型上的优势（牌型点很多）来打定约时，防守方必然有较多的大牌，这时首攻将牌往往是十分有利的。这样可以尽量削弱庄家的优势。

（2）定约方有短将牌将吃的可能。我们前面已经学过短将牌将吃的原理，因此当定约方可能存在这种打法时，你便应该首攻将牌。这样的信息有时还是可以知道的。

3. 应该避免的首攻

（1）单张将牌。由于将牌通常是定约方最强大的花色，因此以单张将牌作为首攻会使庄家获得很大利益。一旦同伴在将牌中有中间大牌，便极有可能使己方损失 1 个赢墩。除非有明显的理由，否则最好不要以单张将牌作为首攻张。

（2）不要从带 A 的长套中出小牌。

（3）带大牌的双张。类似 Q 4、K 4 这样的花色最好不要从中首攻，尤其不能出小牌。本来那张小牌可以对大牌起到一定的保护作用，当你把它打出后，剩下的单张大牌就更危险了。除非你已断定同伴在这门花色中也有大牌，否则在情况不明时不要轻易出这门花色。即使出，也要出那张大牌。

（五）防守方的信号

信号是打牌中防守方的专用技术。这里我们学习 3 种基本的，也是通用的防守信号。防守方的信号有欢迎信号，张数信号和要花色信号。

第四节 桥牌的战术

一、做庄战术

（一）庄家的战略谋划

1. 计算赢墩

（1）无将定约先计算赢张，如发现不足，应设法在打牌中产生赢张。

（2）有将定约时，应先计算输张，如发现过多，则设法避免，充分利用将牌，选择最佳战术。

（3）最好二者统筹划算，以确定最佳作战方略。

2. 首攻信息分析及叫牌过程分析

防守方首攻，包含多种信息。庄家应结合本方牌型、牌力及叫牌过程，首先判断首攻的目的，其次判断防守二家的牌型和大牌点分布情况，再次预测第三家可能跟什么牌及以后防守家的主要进攻方向、路线，以及对方哪家上手会产生什么后果等。

3. 全盘筹划

在做了上述观察、分析、判断后，做出自己的全盘做庄计划：

（1）赢张兑现是否会有意外阻碍，如对方单缺、牌型偏畸等，打最安全路线，不冒不必要的风险。此外，兑现赢张要考虑时机，结合战术运用。

（2）桥路是否畅通，上、下手各有多少桥引，桥路不够时如何建立进手张。

（3）战术运用。以何种战术为主，须根据己方牌型、桥路，对方牌型、意图等因素决定，如飞张，应考虑飞哪一家，飞哪一张，单飞、双飞或深飞等。一般说来，战术运用是为了多赢张，少失张。各种战术的难度、安全度在不同牌局中也不一样。庄家应选择最安全、难度低的战术，不要逞强好胜，而应在完成定约的前提下再考虑多赢墩。

（4）多准备几套方案。根据排列组合计算，桥牌有几十亿种牌型。打牌过程中，什么意外都可能发生。万一原计划受阻，应事先准备好第二、第三套方案，随机应变。

（二）飞 张

这是一种使用率最高的战术。这个术语是由英语 Finesse 的译音"飞内斯"沿用下来的。它是越过对方大一点的牌，而能用一张比对方小一点的牌来取得成功的打法。飞张术也是发展赢墩最基本的手段。在发展赢墩的过程中，用大牌直接取胜，或者用大牌并未构成连张，如联手持有 A 和 Q 缺 K，或者 A、J、10 缺 K、Q，这种情况下就得采用飞张的技巧来最大限度地发挥大牌的作用。飞涨包括简单飞张、单飞、双飞、深飞、逆飞、强制飞、铲飞。

（三）趋避法

庄家防守战术之一。其原则就是避险，它不在于增加赢墩而是避免被击败的危险。其要领是：准确判断对方哪家是危险方（他持有打宕定约的树立套或处于有利的攻牌位置），从而在处理不可避免的输张时只能让无危险方上手。趋避法对于打无将定约尤其重要。趋避法是一种用途广泛的原则性战术。运用飞张、树立长套、忍让、紧逼、投入等战术时都要考虑避险原则。

(四) 投 入

投入，就是用一输张投送到对方手里，迫使对方出对己方有利的牌，从而使自己多赢墩。投入法一般是在中盘以后，特别在残局中常用。

(五) 移花接木

"移花接木"是一种防守打法，也常被称为"用输张垫输张"，与前面介绍的一些进攻技巧不同，多是用来防阻对方的进攻而采取的巧妙战术。除了防堵的极少数情况外，基本上只用于有将定约，庄家应着重从有关将牌的几个方面考虑。

(1) 当大将牌盖吃可能使敌将牌升值时。

(2) 当将牌不够充裕时。

(3) 当将牌需要做进手张时。

(4) 当将吃可能被敌方盖吃时。

此外，还要考虑到打牌时效与赢墩的一方上手对己有无致命的威胁。

(六) 诈 术

在通常情况下，防守方更少使用，因为在欺骗庄家的同时，也会使同伴上当，除非这种误解不会导致不良后果。比如，已知同伴没有进手张，不会发生副作用。有时，防家在将牌花色上使用一下诈术往往也能奏效，而它带来的危险比较小，因为一般防家的将牌比较短。诈术有定约人的诈术与防守方的诈术。

二、防守战术

(一) 断 桥

无论有将、无将定约，都应尽早打断对方桥路，使对方已成赢墩的牌作废。常用方法有：打掉或顶掉持有长套赢张的对方的进手张；反吊将；忍让，至对方无以为桥。

(二) 反 飞

飞张不仅是做庄基本技巧，也是防守重要战术。一般说，定约方牌力较强，叫牌过程长，牌力分配形势较明朗，且可知明手牌。在充分加以分析后防守方选择有利的进攻方向，对定约方反飞，以求更多赢墩。

(三) 缩短定约方将牌

当庄家将牌以外花色有较多失张，企图利用明手将牌将吃，或用明手长套垫已输张时，应千方百计缩短庄家将牌，直至失控，使其无法垫掉输张。方法是如下。

(1) 反吊将。

(2) 攻自己长强套，庄家已告缺，只有将吃。

(3) 攻同伴亦告缺的花色，迫使庄家超吃或迫用大将牌吃，以缩短定约方将牌或使防御方将牌升级。

第五节　桥牌规则与裁判法

一、桥牌规则

（一）发牌时，参赛双方均应有人到场。打牌之前，应先数清牌张。如出现牌张丢失或牌张错误时，应召请裁判长到场。

（二）牌手有权对违例提请注意。

（1）在叫牌阶段：牌手均可以对违例提请注意，并召请裁判长到场。

（2）在打牌阶段：除明手外，其余牌手均可以对违例提请注意，并召请裁判长到场。而明手只能在打完这副牌后提出或者在打牌过程中试图阻止违例发生。

（三）在裁判长对有关的事项作出解释并且作出判罚之前，任何牌手均不得叫牌或者打牌。

（四）犯规人对其违例行为在裁判长作出判罚之前作出过早的改正，可能使他受到进一步的判罚。

（五）判罚权归裁判长。当按规则规定，非犯规方可以在几种判罚中作出选择时，两同伴之间不得就指定何种判罚而交换意见。在定约人对几种判罚进行选择时，不得与明手商量或交换意见。任何牌手都无权自动作出判罚或放弃判罚。

（六）在召请裁判长之前，如非犯规方的任何一名牌手采取了行动，则可能丧失对违例的处罚权。例如，非犯规一方的牌手在裁判长作出判罚之前打了牌或者叫了牌；非犯规方就指定何种解决方法互相交换意见或者已经交换了意见。

（七）在非犯规方丧失处罚权后，裁判长仍然可以行使其斟酌决定权，处以一定的判罚。

（八）在叫牌期间，任何一个牌手只要在轮到由他叫牌时，他可以对对方的任何一个叫牌提出询问，要求对方作出充分的解释。

（九）在叫牌结束后以及整个打牌期间，定约人还可以要求防守方对约定出牌法作出解释。

（十）禁止同伴间有任何关于打牌和叫牌的秘密约定。

（十一）每一对同伴必须按规定填写定约卡。在叫牌和打牌期间（除明手外），任何牌手只要是轮到他叫牌或打牌时，都有权查阅对方的约定卡。

（十二）在首攻牌张打出后，明手摊牌。明手只能是作为定约人的助手，遵照定约人的指令出牌。明手不得离座，不得参与打牌，不得主动去看防守人的牌张。

（十三）任何牌手必须遵守规则，具有良好的作风，在比赛中不得以任何方式传递非法信息，不得有不尊重对方的行为。

二、桥牌裁判法

（一）叫牌阶段的违例及处理办法

1. 叫牌阶段的牌张暴露及处理办法

在叫牌阶段，一个牌手若使自己的一张或更多张牌面让自己的同伴看见，这些牌称为暴露的牌张。此时，裁判长必须要求把所有的这样的牌面向上放在桌上，直至叫牌结束；如果这个牌手最后成为防守人时，定约人可以把这些牌都当作罚张。并且视下列情况而进一步判罚。

（1）如果是一张小牌并且不是过早攻出的牌，不再判罚。

（2）如果是一张大牌（通常是指 10 以上的牌），或者是过早攻出的一张牌，则进一步判罚。要求犯规人的同伴在紧接的一轮叫牌时必须是"不叫"，俗称停叫一轮。

（3）两张或更多的牌张暴露时，判罚与第 2 条相同。所有的罚张必须按规则的规定打出。

2. 更改叫牌及其处理

在叫出牌以后，又要一新的叫牌来代替它，称更改叫牌。

（1）在不停顿的情况下更改由于疏忽而叫出的牌，而且是一个合法的叫牌，这种情况不予判罚。

（2）对一个不合法的叫牌的更改，后一叫牌作废，并且判罚。判罚是针对这一不合法的叫牌而言。如果在更改这一不合法的叫牌的同时还传递出信息，则还可以按规则的规定处理。

（3）对一个合法叫牌的更改，则后一个叫牌无效并予以取消，原叫牌成立。但要进一步判罚。

①犯规人的同伴在以后每次轮到他叫牌时，都必须作"不叫"，俗称停叫。

②对犯规人的同伴可以按规则的规定进一步判罚。

3. 不足的叫牌及其处理

如果一个花色或无将的牌，按其额外墩的数目和花色的级别无法取代前面最后一个叫牌，这一叫牌称不足的叫牌。

（1）不足的叫牌被接受，则不判罚。所谓一个不足的叫牌被接受，是指犯规人的左手方牌手在这个不足的叫牌之后叫出了牌，即作为这个不足的叫牌已被接受。

（2）未被接受的不足叫牌必须改正。改正后的处理视下述几张不同的情况分别进行。

①如改正为同一花色名称（或无将）的最低足够叫牌时，不判罚。如果裁判长认为该不足的叫牌传递出了重要的信息，从而损害了非犯规一方的利益时，裁判长可以酌情判处犯规方一定的罚分。

②除上述情况外，改正成任何其他的足够叫牌都被判罚。判罚犯规人的同伴在以后每一轮叫牌时都必须作"不叫"。

③如果用"不叫"来改正原来的不足叫牌也会被判罚。判罚犯规人的同伴在以后每一轮叫牌时都将作"不叫"。并且，当叫牌结束后，犯规人的同伴恰好是首攻出牌人的话，还将按如下规定继续判罚：定约人可以要求或禁止他首攻某一指定的花色。只要他还保持

有出牌权时，这个"禁止"继续有效。这就是常称的"攻牌判罚"。

④如果犯规人用"加倍"或"再加倍"来改正原来的不足叫牌，则这个"加倍"或"再加倍"应当作废，而必须作"不叫"。除此之外，还将按上述第③款的规定进行判罚。

4. 越序叫牌及其处理。

一牌手在没有轮到自己叫牌时而叫出了牌称为越序叫牌。

越序叫牌被认作是合法的依序叫牌或者被抵消，不判罚，叫牌按顺序继续进行。例如：

A. 右手方的那一位牌手按规定必须作"不叫"时；

B. 左手方的牌手在一个越序叫牌之后又叫出了牌。

除上述两种情况外，任何一个越序叫牌都必须取消。在再轮到犯规人叫牌时，可以作任何合法的叫牌。但是，对其越序叫牌应按下述3种情况分别予以判罚。

（1）越序不叫及处理

①在没有任何人叫过牌时，一牌手作了越序不叫，则这次依序轮到他叫牌时，判罚他必须作"不叫"，此后不再作进一步的判罚。

②在有牌手叫过牌之后，一牌手作了越序不叫。对这越序不叫又要按下述情况分别处理。

越序不叫如果是在轮到应由他右手方牌手叫牌时而作出的，则在这次轮到他叫牌时，必须作"不叫"，并且不作再进一步判罚。如果这一越序不叫是具有约定的意义而传递了某种信息的话，可按规则的规定处理。

越序不叫如是在轮到应由其同伴叫牌时作出的，则判罚犯规人在以后每次轮到他叫牌时，他必须作"不叫"。除此之外，还可按规则的规定处理，对于犯规人的同伴，则限制他在这次轮到他叫牌时不得作"加倍"或"再加倍"。并且，当以后犯规人的同伴恰好成为首攻人时，还应继续执行攻牌判罚：定约人可以要求或禁止他首攻某一指定花色。

在有任一牌手叫过牌之后，犯规人在轮到应由其左方牌手叫牌时作出了越序不叫，这个叫牌应看作是更改叫牌，并且按前述之更改叫牌有关条款处理。

（2）越序叫牌及处理

越序叫牌是指一牌手违反叫牌顺序而作出了一个花色（或无将）的叫牌，这个叫牌亦不合法又未被抵消，这个叫牌应予取消并按下述情况处理。

①是在没有任何一个牌手叫过牌时所作出的，并且是在轮到应由右手方牌手叫牌时作出的。如果右手方牌手作的是"不叫"，则犯规人必须在轮到他叫牌时重诉刚才越序叫牌时所叫过的那一叫牌。其余不再判罚。

如右手方牌手叫出了某一花色或无将，则犯规人在轮到应由他叫牌时可以作任何合法的叫牌或"不叫"。但是，当他重复原越序叫牌时所叫的花色或无将，则判罚其同伴在这次轮到由他叫牌时必须"不叫"，其后还将按规则处理。而当他未重复越序叫牌时所叫出的花色或无将时，则判罚其同伴在以后每轮应由他叫牌时必须作"不叫"，其后还可按规则来处理。

是在轮到应由其同伴或左手方牌手叫牌时，犯规人作出了越序叫牌，则按前述之"未重复原越序叫牌时所叫出的花色或无将"一款来处理。

②是在有牌手叫过牌时作出，又可根据下述不同情况，分别处理。

若是在应由犯规人的同伴叫牌时作出，则判罚犯规人的同伴在以后每轮叫牌时必须"不叫"，还应参见规则的规定处理和进行攻牌判罚。

若是在应由犯规人右手方牌手叫牌时作出。如在右手方牌手叫牌之后，这一越序叫牌是一个不足的叫牌，则犯规人的叫牌作为不足的叫牌来处理。

若是在应由犯规人左手方牌手叫牌时作出。这一越序叫牌就应看作是一个更改叫牌，并按此处理。

（3）越序的加倍或再加倍及其处理

①一个越序的加倍或再加倍，应当作是不允许的加倍和再加倍处理。任何不允许的加倍和再加倍都应取消，并且必须作出一个合法的叫牌代替，其后再按规则的规定处理。

如这个加倍或再加倍是在违反规定他作"不叫"时而作出的，这个加倍和再加倍必须取消，并判罚其同伴在以后各轮中均必须"不叫"，其后还可以进行"攻牌判罚"。

②是在轮到犯规人的同伴叫牌时作出的越序加倍或再加倍，则应判罚犯规人的同伴在以后每次轮到他叫牌时必须作"不叫"，其后还可以进行"攻牌判罚"。

是在轮到应由犯规人的右手方牌手叫牌时作出了越序加倍或再加倍，则需要视其右方牌手的叫牌而定：右手方牌手"不叫"，则犯规人重诉越序时所作的加倍或再加倍，且不判罚；如右方牌手作出了一个其他的叫牌，则犯规人可随之作任何合法的叫牌，但必须判罚，判罚犯规人的同伴在以后的每轮叫牌时必须"不叫"，其后还可以进行"攻牌判罚"。

（二）打牌阶段的违例及处理办法

1. 步骤中的违例

（1）在指定明手打出的牌张时，定约人应把花色和牌点两者都说清楚。如指令不全或完全错误，则按下列各条限制予以处理。

①只说出"大"或"小"，则应看作是要求打出该花色最大或最小的一张牌。

②只说了花色而未指明牌点，则应看作是定约人要求明手打出该花色的最小的一张牌

③只说了牌点而未指明花色，则应看作是定约人要求明手继续打出上一墩的那个花色。

④如果定约人所指的牌点明手没有，则这一指令作废，且由定约人重新另行指定。

⑤如果花色和牌点均未指明，则任一防守人均可指定明手打出某一张牌。但是，这一张牌一定不是定约人明显不会打出的。

（2）在下述情况下，方可收回已打出的牌张。

①为了执行某一个判罚。

②为了改正一个不合法的打牌。

③因为疏忽而打错了牌，但是在没有停顿的情况下立即改正，且不判罚。

④在对方更改打出的牌张之后，可以把自己已打出的牌收回，且不判罚。

⑤由于对方错误指令及解释而更改打出的牌张，不判罚。

以上①②两条的处理还须参见防守人暴露出牌张的条款进行处理。在执行上述④⑤两条时，裁判长如果认为按规定执行会使对方获得重要信息时，可以判处对方一定的罚分。

除合乎上述各条件外，已经打出的牌张均不得收回。

2. 罚张及罚张的处理

（1）定约人在打牌阶段暴露出的牌张

①定约人暴露的牌张不判罚。定约人或明手的牌均永远不会成为罚张。

②如果定约人不是在对方作越序首攻之后立即摊牌，而是在任何别的时间把自己的牌摊出，则应看作是定约人已打算声称或承认他所赢得的牌墩数。

（2）防守人在打牌阶段暴露出的牌张

无论何时，一防守人不是根据正常的打牌过程或按规则规定而使其同伴明白这一张牌的名称。则每一张这样的牌都将成为罚张。

（3）罚张的处理

①罚张应使其牌面向上，保持暴露状态。

②如攻牌人的同伴持罚张，他必须暂缓攻牌。

③罚张必须在第一次合法的机会打出。

（4）两张或两张以上的罚张处理

①当可以合法地打出罚张时，应按定约人的指定打出。

②如攻牌人的同伴有两张或更多的罚张时：

当这些罚张为同一种花色时，定约人可以要求或禁止攻牌人攻出这个花色。此时，攻牌人的同伴可以把这些罚张收回，然后再作合法的打算。

当这些罚张是不同的花色时，定约人可以要求攻牌人攻出任一罚张的花色。此时，攻牌人的同伴可以把该花色的罚张全部收回。定约人也可以禁止攻牌人攻出有罚张的每一花色。此时，攻牌人的同伴可以把定约人所禁止的每一个花色的罚张全部收回。其后，攻牌人的同伴再作合法的打牌。

3. 违例的攻牌和打牌

（1）越序首攻

一防守人在不应由他首攻时，而作了首攻，这一首攻称越序首攻。定约人可以接受防守人的越序首攻。

如果定约人在叫牌期间已经看到过明手的牌，则当防守人作出越序首攻之后，定约人必须接受。

如果定约人拒绝接受防守人的越序首攻，则可以要求防守人收回这一张牌，并将这张牌作罚张处理。

（2）定约人越序攻牌

如定约人作了越序攻牌，任一防守人均可以接受。

如轮到是由某一防守人攻牌时，而定约人作出越序攻牌。此时，任一防守人都有权要求定约人收回这一张牌，则定约人必须收回，但不判罚。

如是应由定约人手中或明手攻出时，而是由错误一方出了一张牌，这张牌成为一越序攻牌。此时，任一防守人都可以要求收回此张牌而另从合法的一方出牌。定约人必须收回并从合法的一方手中打出与此花色相同的一张牌。如果定约人对此判罚无法执行的话，则按规则进行处理。

（3）防守人越序攻牌

如定约人接受或必须接受防守人的这一越序攻牌，则不判罚；如定约人拒绝，则此牌收回并成为罚张。另按规则的规定处理。

（4）过早出牌

如一防守人在同伴尚未对正在进行的一墩牌打出牌时，就攻出了下一墩的一张牌，这一张牌称过早攻牌。如是在同伴还未打出牌就作了越序出牌，这一张牌称过早打牌。以上两种情况所打出的牌均成为罚张。此时，定约人必须在下列几种办法中作出一个选择，他可以要求犯规人的同伴：跟出该花色中最大的一张牌；跟出该花色中最小的一张牌；打出另一花色的一张牌。如犯规人的同伴无法执行判罚，他可以打出任何一张合法的牌。

（5）同时攻牌或打牌

①一防守人同时打出两张或更多的牌，而又只有一张被看见时，则此防守人必须打出这一张牌。如果有两张以上的牌已经暴露，则此防守人必须指定准备打出的那一张牌，其余的牌均成为罚张。

②定约人同时打出两张或更多的牌，他只须指定他准备打出的是哪一张牌，其余的牌全部收回。

4. 藏牌及藏牌的处理

（1）藏牌的定义

凡是没有按打牌的进程和步骤跟牌或者是没有按规则的规定、判罚的要求跟出或打出本来可以打出的牌，均构成藏牌。

（2）提出质询

任何牌手在一位牌手未能跟出与领出的花色相同花色的牌时，都可以对该牌手提出询问。

（3）藏牌的改正

①在藏牌成立之前，如犯规人已经发觉，则必须改正。

②改正藏牌的方法是收回藏时所打出的那一张牌，另用一张可以合法打出的牌跟牌。如收回此牌的人是防守人，则此牌成为罚张；如收回此牌的人是定约人或明手，或者是防守人本来就暴露了牌面的牌，则不判罚。

③第11墩牌之后的藏牌必须改正。即使已经打完，如在将全部牌都装回牌套之前发现，都必须改正。如果藏牌是在犯规人的同伴打出第12墩牌之前发生，则应判罚。由非犯规方（定约人或任一防守人）要求犯规人的同伴打出他两张牌中任何一张可以合法打出的牌。

（4）藏牌的成立

①犯规人或其同伴对下一墩牌作了攻牌和打牌。

②犯规方的成员指出了一个攻牌和打牌。

③犯规方的成员说出或者以摊牌方式作出了声称或承认。

凡出现上述情况之一时，藏牌即告成立。

（5）藏牌成立之后的处理

①判罚

一个藏牌成立之后，且犯规方又赢得了这墩牌。在打牌结束之后，应把此墩牌以及此墩之后犯规方所赢得的任一墩牌一并转给非犯规方。如果犯规方未能赢得此墩牌，则只需把此后犯规方所赢得的任何一墩牌转给非犯规方。

②不判罚

如果在一个藏牌成立之后，犯规方既未赢得这一墩牌，以后也未赢得任一墩牌时，则不判罚。如果犯规方在同一花色中出现两次藏牌，对其所发生的第二次藏牌不再判罚。如果非犯规方已对下一幅牌作了叫牌之后方才提出藏牌，对此藏牌不判罚。对第 11 墩之后才发生的藏牌不判罚。

（三）牌墩的处理、声称和承认

1. 牌墩的处理

（1）牌墩的 4 张牌都打出之后，每个牌手应把自己所打出的牌面向下放在自己面前。

（2）放置牌张时应按规定摆放。竖直方向（指向同伴）表示赢得了此牌墩；横直方向（指向对方）表示失去的牌墩。

（3）凡是已经打出的牌张应按照出牌的先后次序互相搭接地放成一排。以便在双方出现争议时，供裁判长检查并作为裁决的依据。

（4）在双方对各自所赢得的牌墩数认可之前，每个牌手均不得把自己面前的牌张顺序搞乱。

（5）任何一个牌手，当其认为需要对刚才所打过的牌张进行检查时，该牌手必须在自己还未对下一墩牌打出牌之前，将自己刚才所打过的那一张牌面向上置于桌上。

（6）打牌结束前，任何牌手不得对已经打过的牌墩进行检查。

2. 声称和承认

（1）只要定约人声明他要丢失剩下的所有牌墩或者他同意一个防守人的声称，他就是作了承认。

（2）只要定约人声明在剩下的牌墩中他所能赢得的或者丢失的牌墩数，他就是作出了声称。

定约人有意地摊开自己的牌也算作是作出了声称。

（3）定约人作了声称后，还应对其所拟定的打牌路线加以说明。

（4）当任一防守人对定约人的声称提出异议时，必须停止打牌，并召请裁判长到场。

（5）防守人亦可作出声称。如定约人对防守人的声称提出异议，亦应召请裁判长到场裁决。

（6）一个承认可以因为下述原因而被裁判长撤销。

①一个牌手承认丢失一墩牌，但事实上却是他这一方赢得此牌墩。

②一个牌手承认定约已经完成，而事实上这个定约已经被击败。

③一个牌手承认定约已经失败，而事实上这个定约已经完成。

④如果承认丢失一墩牌，但是在所剩牌张中，无论采用任何可能的打法都不可能丢失这一墩牌。

第六节　比赛裁判长

一、职责和权利

（1）比赛裁判长是举办机构的正式代表。

（2）裁判长负责处理有关比赛的技术安排事宜。

（3）裁判长有义务执行竞赛规则和举办机构所宣布的各项补充规定。

（4）裁判长可指派若干助手协助其工作。

（5）裁判长负责竞赛规则的施行与解释。

（6）裁判长要对他所发现或知道的任何违例进行纠正。

（7）裁判长有权根据具体情确定适当的判罚。

（8）裁判长负责收集得分记录，并将结果制成表格。

（9）裁判长负责解决有争议的问题，并于需要时将争议问题向仲裁委员会报告。

（10）裁判长负责将比赛结果向举办机构报告，并作正式记录。

二、对程序中的错误纠正及仲裁

（1）裁判长负责对程序中的错误进行纠正。

（2）裁判长可以在纠正错误时对犯规方按规则判处一定的罚分。

（3）裁判长可以要求立即打某一副牌或决定将其推迟进行。

（4）如果根据规则规定，犯规人可在两种或两种以上的判罚中选择时，裁判长应将各项判罚向犯规人作出解释，以供其选择后再执行。

（5）如果发生违例，虽然规则中没有规定判罚，但裁判长仍然可以斟酌决定判处一定的罚分。

（6）裁判长除执行竞赛规则的判罚规定外，还可以对迟到、打牌迟缓，大声议论、触及别人的牌、程序上的错误以及任何不正当，无礼貌的行为进行判罚。

（7）经特别授权，裁判长有命令牌手停止比赛的权力和取消牌手比赛资格的权力。

第七节　复式桥牌赛的补充规定

在一次比赛中，总会遇到这样或那样的问题，有的根据上述规则可以圆满解决，有的则无法双方都满意地解决，出现这种情况，主办机构应在赛前提出具体方案，并召开领队和教练员会议，讨论通过，然后执行。显然，仅凭《复式定约桥牌规定》作为组织比赛的指南是不够的，因此，在举行正式赛之前，各主办单位总要根据实际情况拟定有关的"补充规定"并提前通知各队，以便在整个比赛中实施，从而保证比赛的顺利进行。

一、赛场的纪律和要求

（1）闭室除当场比赛的赛员、裁判工作人员外，其他人均不得进入。在闭室内比赛的赛员必须等开、闭室比赛全部结束之后方可离开闭室。

（2）比赛进行期间，赛员不得随意离开牌桌。有特殊情况，必须征得裁判同意，方可离开牌桌。

（3）比赛进行中，在开室的任何观看比赛的人员都不得与赛员交谈，也不得互相议论，不得以任何形式干扰赛员。

（4）所有人员（包括不上场的队员和教练）均不得观看本方队的比赛。

（5）每节比赛完毕，只限于双方参加当节比赛的赛员各一人及队长（或教练）到闭室结算比分，其他人员不得入内。

（6）每节比赛结分完毕，结分单由胜方队长于该节比赛结束后 15 分钟内交记分区（由工作人员组成的专门收、验结分单的机构）。结分单必须经双方队长签名方才生效。

二、牌 风

（1）所有赛员都应努力做到牌风正、技术精、速度快。

（2）严禁密约。任何预先安排好的非正当信息的传递（如同伴间的秘密约定，利用特殊方式进行叫牌、打牌和对对方提问或将对方要求的解释在同伴间传递信息）都是严重的犯规行为。一经查出，一律取消比赛资格。

（3）每一赛员均应以均匀一致的方式进行叫牌或打牌。任何明显的表示出对自己的一手牌的好、坏或对一个叫牌或出牌显示赞成、不赞成的表情和动作，均作为传递非法信息，将受到判罚。

（4）故意拖延比赛时间，以使别的牌手感到难以适从，或在叫牌或打牌上故作急促或迟疑（例如在打出一个单张之前故作迟疑），以图把对方引入迷途，是重大的不正当行为，将受到处罚。

（5）应使每一个赛员熟悉桥牌活动中多年来一般公认的、应有的习惯和礼貌。对同伴和对方要谦恭有礼。比赛进行中不得对叫牌或定约的缺点作无理的评头品足和"事后分析"。

（6）自觉服从裁判的判罚。召请裁判时不礼貌、不服从裁判、中途罢赛者，将根据情节轻重，给予判罚，直至取消比赛成绩。

三、申 诉

（1）设立仲裁委员会。

（2）所有申诉必须由队长（教练）或领队递交。申诉的申明必须在有关比赛结束后 30 分钟内提出，并在此后 24 小时内作出书面陈述，否则不予受理。

（3）比分结算错误，应在该场比赛结束后 30 分钟内会同对方向记分长提出改正，逾时不予更正。

（4）仲裁委员会对于申诉取决于表决时的简单多数。

四、胜利分（VP）的计算

（1）每场比赛将 IMP 差换算成 VP。

（2）如遇两队在循环赛中所得 VP 相等，则按下述办法处理。

①先比较这两个队在相互比赛中实得的 VP（扣除罚分后）。

②如所得 VP 相等，则比较 IMP。

③如 IMP 再相等，则比较基本分。

④如再相等，则比该两队在整个比赛中所得基本分和所失基本分（即对方所得的基本分）。

⑤如再相等，则加赛一幅牌分胜负。

（3）如遇两个以上队在循环赛中所得 VP 相等，则按下述办法处理。

①如三个队所得的 VP 相等，以这三个队相互之间的比赛所得 IMP 进行比较，得分多者列前，如有两个队所得的 IMP 相等，则按照前面两个队比较的办法处理。

②如三个队中有一个队胜其中一个队，而与另一个队战平，则这个队的名词列前，其他两个队再照前述方法处理。

③如有一个对均败于其他两个队，则这个队列最后，其他两个队再按照前述办法处理。

④其他情况按下述办法处理。

A. 三个队互相比赛所得的 IMP 进行比较，多者列前，如有一个队的分在前，其他两个队再照前述办法处理。

B. 如再相等，则看互相之间比赛的基本分，得分多者列前，如有两个队相等，照前述办法处理。

C. 如再相等，按全部比赛中所得 IMP 值和所失 IMP 值相比较。

E. 如再相等，按全部比赛中所得基本分值和所失基本分值相比较（即 TP 率）。

D. 如再相等，则抽签定先后。

F. 如四个队得分相等，参照以上办法处理。

参 考 文 献

[1] 田磊，陆炎．大学体育与健康 [M]．北京：高等教育出版社，2016.

[2] 金其荣．体育与健康实践教程 [M]．北京：北京大学出版社，2015.

[3] 彭雪涵，王萍丽，汪焱．大学体育 [M]．北京：高等教育出版社，2014.

[4] 黄彩华，赵双印，闫艺．大学体育运动与健康教程 [M]．北京：高等教育出版社，2016.

[5] 张振县，卿洪华．大学生体育运动与健康教程 [M]．长沙：中南大学出版社，2016.

[6] 李仪．大学体育与健康教程 [M]．北京：高等教育出版社，2012.

[7] 徐复智．大学体育与健康教程 [M]．北京：中国人民大学出版社，2016.

[8] 杨锡岩，邓正富．大学生体育与健康教程 [M]．厦门：厦门大学出版社，2016.

[9] 徐春华，单小忠．大学体育与健康教程 [M]．北京：中国水利水电出版社，2016.

附录　国家学生体质健康标准

《国家学生体质健康标准》是国家学校教育工作的基础性指导
文件和教育质量基本标准，是评价学生综合素质、评估学校工作和
衡量各地教育发展的重要依据，是《国家体育锻炼标准》在学校的
具体实施，适用于全日制普通小学、初中、普通高中、中等职业学
校、普通高等学校的学生。

本标准从身体形态、身体机能和身体素质等方面综合评定学生
的体质健康水平，是促进学生体质健康发展、激励学生积极进行身体锻炼的教育手段，是
国家学生发展核心素养体系和学业质量标准的重要组成部分，是学生体质健康的个体评价
标准。

本标准的学年总分由标准分与附加分之和构成，满分为 120 分。标准分由各单项指标
得分与权重乘积之和组成，满分为 100 分。附加分根据实测成绩确定，即对成绩超过 100
分的加分指标进行加分，满分为 20 分；小学的加分指标为 1 分钟跳绳，加分幅度为 20
分；初中、高中和大学的加分指标为男生引体向上和 1000 米跑，女生 1 分钟仰卧起坐和
800 米跑，各指标加分幅度均为 10 分。

学生测试成绩评定达到良好及以上者，方可参加评优与评奖；成绩达到优秀者，方可
获得体育学分。测试成绩评定不及格者，在本学年度准予补测一次，补测仍不及格，则学
年成绩评定为不及格。普通高中、中等职业学校和普通高等学校学生毕业时，《标准》测
试的成绩达不到 50 分者按结业或肄业处理。